山西省特色重点学科
产业经济学专业建设经费资助

异质性服务企业对外直接投资动机研究

刘军　著

中国财政经济出版社

图书在版编目（CIP）数据

异质性服务企业对外直接投资动机研究／刘军著．—北京：中国财政经济出版社，2015.12

ISBN 978－7－5095－6589－6

Ⅰ.①异…　Ⅱ.①刘…　Ⅲ.①服务业－企业－对外投资－直接投资－研究－中国　Ⅳ.①F719

中国版本图书馆 CIP 数据核字（2015）第 314542 号

责任编辑：吕小军　　　　责任校对：胡永立

封面设计：思梵星尚　　　　版式设计：兰　波

中国财政经济出版社出版

URL：http：//www.cfeph.cn

E－mail：cfeph@cfeph.cn

社址：北京市海淀区阜成路甲 28 号　邮政编码：100142

营销中心电话：010－88190406　北京财经书店电话：64033436　84041336

北京富生印刷厂印刷　各地新华书店经销

787×1092 毫米　16 开　14.5 印张　255 000 字

2015 年 12 月第 1 版　2015 年 12 月北京第 1 次印刷

定价：28.00 元

ISBN 978－7－5095－6589－6/F·5301

（图书出现印装问题，本社负责调换）

本社质量投诉电话：010－88190744

打击盗版举报热线：010－88190492，QQ：634579818

摘 要

全球经济的服务化促使跨国服务企业在国际直接投资中逐渐占据了主导地位，2008年全球金融危机向实体经济的扩散进一步强化了跨国服务企业的主体地位。与此同时，全球经济发展的不平衡以及科学技术的迅猛发展使得跨国企业对外直接投资动机日益凸显，在有形产品领域主要体现为生产价值链的碎片化和分散化，而在服务领域，由于服务产品的无形性、不可存储性等特殊属性，主要表现在拓展东道国市场和寻求较低生产及经营成本等形式上。在上述背景下，本书借鉴 Helpman et al.（2004）将企业异质性引入“临近—集中权衡”中分析异质性企业出口与 FDI 抉择的思路，基于企业生产率异质性视角，解释了异质性跨国服务企业对外直接投资动机的行为。

首先，基于世界银行提供的大样本企业层面微观数据，采取 LP 方法在克服同时性和选择性偏差的基础上考察了服务企业的生产率异质性，并进一步通过对投资动机的界定（市场寻求型和效率寻求型）考察了跨国服务企业对外直接投资的动机表现，在此基础上，从静态层面对异质性服务企业对外直接投资动机的生产率溢价进行了分析。结果显示：相对于制造业企业，服务企业的生产率水平普遍偏低，但拥有较强的异质性；在投资动机表现上，跨国服务企业的对外直接投资主要表现为市场寻求型，但拥有较强的效率寻求型投资动机强度；在东道国寻求效率的跨国服务企业的生产率高于市场寻求型跨国服务企业，即存在投资动机的生产率溢价。

其次，为了解释跨国服务企业在静态层面表现出的生产率溢价，本书分别从理论和实证两个视角进行了动态层面的分析。在理论分析上，通过在 Helpman et al.（2004）的 HMY 模型中纳入 FDI 动机因素以及服务产品的特性因素（沟通成本），对异质性服务企业不同对外直接投资动机的自我选择效应进行了解释，并进一步通过构建反映不同投资动机的服务企业产出与劳动投入系数之间关系的函数，从规模经济效应路径对服务企业不同投资动机的学习效应进行了比较静态分析。在 CES 偏好和冰山贸易成本的假设下，所得理论预期主要有：生产率较高的跨国服务企业倾向于在东道国寻求效率，而生产率较低的服务企业在东道国生产和提供服务产品；沟通成本降低能够通过选择效应和行业内再配置效应带来母国该服务行业总体生产率水平的提升；市场寻求型和效率寻求型对外直接投资都能够促进跨国服务企业自身生产率的提高，但在东道国寻求效率的跨国服务企业具有更大的投资学习效应。

在构建数理模型对投资动机的生产率溢价进行理论层面解释的基础上，为了验证所得理论预期在现实中的适用性，我们基于不同工作活动所需的沟通水平视角，并结合文化、语言、制度环境等因素分别构建了测算行业层面和国家层面的跨国服务企业与消费者等组织外部沟通水平的指数，在此基础上，采取美国跨国服务企业的微观层面数据，分别从母国和东道国视角对理论分析所得的理论预期进行了实证检验，估计结果显示：跨国服务企业对外直接投资动机的选择效应在国家层面显著存在，即生产率较高的服务企业倾向于在东道国寻求效率，但在行业层面投资动机的选择效应的表现不显著；异质性服务企业对外直接投资动机的学习效应在国家和行业层面均存在，即效率寻求型跨国服务企业存在显著的投资学习效应，其在东道国市场寻求生产和经营效率的同时提升了自身的生产率水平。

最后，与制造业跨国企业的比较分析发现：跨国服务企业与消费者等组织外部的沟通水平和成本高于制造业跨国企业；制造业跨国企业对外直接投资动机的学习效应在国家层面显著存在，但在行业层面未呈现出明显的选择效应，这与服务领域的分析结论是一致的；在投资动机的学习效应方面，制造业跨国企业无论在国家层面，还是行业层面，均发现制造业跨国企业不存在投资动机的学习效应；总体层面上，投资动机的学习效应仅体现在跨国层面，说明对外直接投资动机的学习效应在服务领域表现得更加明显。

上述结论对于一国政府和企业，特别是像中国这样的引资和对外投资大国的服务业生产能力和发展水平的提升、服务贸易的快速发展、服务业引资和对外投资政策的制定以及服务企业“走出去”战略的选择等方面有着十分重要的现实意义。

Abstract

Multinational service enterprises (MSEs) have gradually dominated the foreign divect investment (FDI) in the context of global service economy, which has been further strengthened with the diffusion of financial crisis from virtual economy to real economy since 2008. Simultaneously, the imbalance and repid development respectively in global economy and science & technology make the FDI motivation of multinational enterprises has become increasingly distinct. FDI motivation is characterized by gobal value chains, in which intermediate goods are traded in fragmented and internationally dispersed production processes. In service sectors, however, the main forms of FDI motivation are expanding market and seeking lower production or operating costs in the host market due to the characteristics of intangibility and unstorage. In the above context, the HMY model proposed by Helpman et al. (2004), which explained the firm's choice between export and FDI by introduced firm heterogeneity into the proximity-concentration trade off framework, has been expanded to the behavior of FDI motivation of MSEs with the perspective of enterprise productivity heterogeneity in this dissertation.

Firstly, based on the large sample data of the micro-enterprise level from the Word Bank, and taking the LP approach, which overcoming the simultaneity bias and selection bais, to analyze the productivity heterogeneity of service enterprises and the FDI motivation of MSEs by the definition of FDI motivation which contains two types (marketing-seeking and efficiency-seeking). And then, the productivity premium of FDI motivation with heterogeneity MSEs was analyzed in a static level. The results are as follows: compared with manufacturing enterprises, the productivity level of service enterprises is lower, but has strong productivity heterogeneity among ervice enterprises; the FDI motivation of MSEs is mainly market-seeking, whereas manufacturing enterprises have increasingly pursued specialization across countries, but a higher motivation strength of efficiency-seeking among the MSEs; the productivity levels of efficiency-seeking MSEs are higher than market-seeking MSEs, named the productivity premium is existed in FDI motivation of MSEs.

Secondly, in order to explain the productivity premium of FDI motivation of MSEs in static level, the theoretical and empirical analyzes have been further taken in this dissertation which based on the dynamic levels.

In the theoretical analysis, the self-selection effect of FDI motivation of heterogeneity MSEs was explained in an expand HMY model which introduced the factors of FDI motivation and service characteristics, e. g. communicating costs between enterprises and consumers. And then, the learning effect of FDI motivation of heterogeneity MSEs was comparative static analyzed from the way of scale economy effect, by building the function of differnet FDI motivations of heterogeneity MSEs which reflects the relationship between the labor input and output. Under the assumption of CES preferences and iceberg trade costs, some interesting theoretical expectations were drawn: the MSEs with higher productivity tend to seek efficiencies in the host country, the MSEs with lower productivity, however, product and provide service products in the host country; the aggregate productivity in a service secter would be promoted through the seclection effect and reallocation effect when the communicating costs was reducing; both market-seeking and efficiency-seeking of FDI motivations could improve their own productivity of the MSEs, but a higher learning effect exists in the MSEs whose motivation in the host country is mainly efficiency-seeking.

In the empirical analysis, in order to test the applicability of reality of the aboved theoretical expectations, the indexes of level of industry and nation, which measure the communicating costs with the comsumers, were respectively given based on the perspective of communicating level required in different work activities and combined some specific factors, such as cultural, linguistic, institutional etc. And then, the empirical analysis that testing the above theoretical expectations were further respectively given from the perpectives of the home and host countries. The results include: the selection effects of FDI motivation of the MSEs were significantly existed in the national level, namely the MSEs with higher productivity tend to seek efficiencies in the host country, however, there were no significant selection effects existed in the industrial level; the learning effects of FDI motivation of the MSEs were existed both in national level and industrial level, namely, the learning effect of the MSEs whose motivation is

mainly efficiency-seeking was existed, which indicate the MSEs could improve their own productivity when they seek the production and operating efficiency in the host market.

Finally, comparing with the manufacturing multinationals, some findings are given in this dissertation: the communicating level and costs are much higher in the MSEs than in the manufacturing multinationals; the selection effects of FDI motivation of the manufacturing multinationals were significantly existed in the national level, however, there were no significant selection effects existed in the industrial level, which is the same with the analysis result of the MSEs; the learning effects of FDI motivation of the manufacturing multinationals were non-existed both in national level and industrial level, and only existed in the national level when the aggregate data were taken, which indicate that the learning effect of FDI motivation of multinationals in the service sector is more significant than in the manufacturing sector.

The above conclusions for a government and enterprises, especially for China which have the large scales both in FDI inflows and outflows, have great practical significance. Such as: promting the production capacity and development level of services; the rapid development of trade in services; the policy in attracting FDI inflows services and promting service FDI outflows; the strategic choice of the service enterprises "going out"

Keywords: Firm heterogeneity in services, FDI motivation, Productivity premium, Selection effect, Learning effect

目　录

第 1 章
绪　论

1.1　选题背景与意义

1.1.1　选题背景

在全球经济服务化浪潮的推动下，外商直接投资（Foreign Direct Investment, FDI）的重心逐渐由非服务领域转向服务领域。早在 2010 年，UNCTAD（2010）预计，FDI 流向服务业的比重将在 2012 年达到 70% 左右，但受金融危机的影响，2008 年之后，服务业 FDI 的比重将急剧下降。2011 年，全球服务业 FDI 规模在连续两年的大幅下降之后出现反弹，绿地投资和跨境并购金额达到 5990 亿美元（UNCTAD，2013）。但受一些主要发达国家的经济脆弱性和政策不确定性的影响，2012 年全球 FDI 规模再次出现下降，其中，服务业绿地投资和跨境并购金额也下降至 4470 亿美元（UNCTAD，2013）。虽然服务领域 FDI 规模呈现出下降态势，但全球金融危机在一些主要经济体的恶化和由虚拟经济向实体经济的扩散，使得制造业相对于服务业失去了其核心地位，加强了服务业在 FDI 活动中的主导地位，FDI 流入服务领域的比重由 2011 年的 40.75% 上升至 2012 年的 48.59%。由此可见，跨国服务企业在全球经济服务化的推动下已成为对外直接投资的主体，而全球金融危机向实体经济的扩散进一步强化了其主体地位。

此外，全球价值链活动逐步渗透于包括服务业在内的所有部门，使得企业的生产过程日益碎片化和分散化。UNCTAD（2013）发布的《World Investment Report 2013》的主题是“全球价值链：投资和贸易促进发展”，强调了跨国企业的全球价值链配置活动在当前国际投资和对外贸易发展中的重要性，以及对外直接投资动机的差异性。Alfaro & Charlton（2009）指出，目前跨国企业的对外直接投资主要以寻求效率的垂直型 FDI 为主，甚至在发达国家之间也大量存在。

因此，在全球外商直接投资活动日益服务化的同时，跨国企业的投资动机差异也逐步凸显出来。在此背景下，结合企业的异质性特征，针对服务企业在不同投资动机（市场寻求 vs. 效率寻求）下的对外直接投资行为进行理论和实证层面的解释是本书研究的主要目的，以期从企业异质性视角揭示服务企业“走出去”的战略选择。

1.1.2 研究意义

（1）理论意义。异质性企业贸易理论（新—新贸易理论）关注的重点是企业异质性与其出口行为，之后 Helpman et al.（2004）进一步将 FDI 行为纳入，同时考察了异质性企业的出口与 FDI（水平型 FDI）行为（简称 HMY 模型），之后部分学者进一步基于 FDI 的进入方式和所有权结构视角，在理论模型框架中解释了异质性企业的跨境并购与绿地投资行为（Nocke and Yeaple，2007；Stepanok，2015），以及独资与合资行为（Cieślik and Ryan，2009）。然而，目前仍缺乏从企业异质性视角对不同投资动机的 FDI 行为进行理论诠释，特别是在跨国服务企业已成为对外直接投资主体的现实背景下，结合服务企业与服务产品的特性对异质性服务企业对外直接投资动机的考察几乎为空白。此外，传统微观层面的国际直接投资理论，比如：厂商垄断优势理论、内部化理论、产品生命周期理论、厂商增长理论、折中理论等，也未能从生产率异质性视角对企业对外直接投资的动机进行解释。因此，基于生产率异质性视角，结合 FDI 动机差异对企业对外直接投资动机的考察，一方面是对异质性企业贸易理论和 HMY 模型的拓展，弥补异质性企业对外投资动机研究在服务领域的空白；另一方面，也丰富了现有的国际直接投资理论体系。

（2）现实意义。金融危机之后，全球 FDI 流入和流出规模快速回升，尤其是服务领域的外商直接投资活动，再次呈现出强劲的上涨势头，目前已恢复到危机前的70%左右的水平（UNCTAD，2012）。与此同时，当前世界经济的显著特征是价值链的全球化，中间产品与服务的碎片化贸易使得企业的生产过程分布世界各地，而这一现象的主要驱使者是跨国企业，母公司与其附属企业之间的投入与产出的跨境贸易占据了全球贸易量的80%左右（UNCTAD，2013）。跨国企业的全球价值链配置活动凸显出其效率寻求型对外直接投资动机，说明并非所有跨国企业都是单纯地在东道国进行生产和销售，而导致跨国企业对外直接投资动机存在差异的关键因素是企业之间的异质性。此外，与制造业企业相比，服务企业具有更强的异质性特征（Federico and Tosti，2012），使得跨国服务企业对外直接投资动机的差异性更为明显。

因此，在全球经济服务化和跨国服务企业已成为对外直接投资主体的背景下，系统研究异质性服务企业不同对外直接投资动机的选择以及带来的学习效应，对于一国政府和企业，特别是像中国这样的引资和对外投资大国的服务业生产能力和发展水平的提升、服务贸易的快速发展、服务业引资和对外投资政策的制定以及服务企业“走出去”战略的选择等有着十分重要的现实意义。

1.2　研究思路与方法

1.2.1　研究思路

本书在全球经济和国际投资服务化的背景下，将异质性企业贸易理论和国际直接投资理论中的两大核心主题——企业异质性与对外投资动机结合起来，在Helpman et al.（2004）的HMY分析框架下，引入沟通成本这一典型的服务特征，对异质性服务企业对外直接投资的动机进行系统研究，主要的研究思路是：首先，基于生产率视角考察服务企业的异质性特征，并探析服务企业对外直接投资动机的现实表现；其次，将服务企业异质性与其对外直接投资动机差异结合起来，从静态层面分析异质性服务企业对外直接投资动机的生产率溢价，即效率寻求型跨国服务企业的生产率是否高于市场寻求型跨国服务企业。

在此基础上，为了检验静态层面表现出的服务企业投资生产率溢价是跨国服务企业在投资之前“事先”决定的（选择效应），还是投资之后的学习效应所带来的，即“事后”造成，本书进一步引入服务企业与服务产品的特性——沟通成本，首先通过构建数理模型从理论层面给出一般意义上的解释，然后在对跨国服务企业与消费者等组织外部沟通成本进行测算的基础上，运用计量经济模型实证检验静态层面表现出的投资动机生产率溢价在现实中是“事先”的自我选择效应决定，还是“事后”的投资学习效应带来的。

最后，结合我国目前服务领域引资及对外直接投资状况，给出今后在服务业引资中的投资动机鉴别和“引智”方式，以及服务企业在“走出去”进程中的投资动机选择等方面的对策建议。

1.2.2 研究方法

本书针对异质性服务企业对外直接投资动机的研究，采取的研究方法有：

（1）比较分析方法。该方法是贯穿全文的一个主要的研究方法，包括：不同投资动机的跨国服务企业在生产率、选择效应和学习效应方面的比较；服务企业与制造业企业在对外直接投资动机行为和效应上的比较；行业层面与国家层面在生产率异质性、投资动机表现、选择效应和学习效应方面的比较；等等。

（2）静态分析与动态分析相结合的方法。主要体现在两个方面：一是在静态层面分析跨国服务企业对外直接投资动机的生产率溢价的基础上，从动态层面探析投资动机的生产率溢价表现是属于“事前”的选择效应，还是“事后”的学习效应；二是在选择效应和学习效应的经验检验中，分别从静态层面和动态层面对样本数据进行回归分析，以得到较为稳健的结论。

（3）数理分析方法。在对异质性服务企业对外直接投资动机生产率溢价的理论解释中，结合服务企业和服务产品的特性，对 HMY 模型进行了拓展，分析了服务企业对外直接投资动机的抉择，并进一步通过构建反映不同投资动机的服务企业产出与劳动投入系数之间关系的函数，从规模经济效应路径对服务企业不同投资动机的学习效应进行了比较静态分析。

（4）理论分析与经验分析相结合的方法。通过构建数理分析模型，从理论层面对异质性服务企业对外直接投资动机的选择效应和学习效应进行分析，并得出相应的理论假说，在此基础上，采取计量经济方法，通过构建实证检验模型并采取样本数据，分别对理论分析提出的选择效应和学习效应假说进行经验验证，当然这一分析方法也属于从一般到特殊的研究方法范畴。

1.3 研究内容与技术路线

1.3.1 研究内容

本书的研究内容主要由 8 个部分组成：

第 1 章：绪论。包括：本书的选题背景与研究的现实及理论意义；研究的思路与主要采取的研究方法；研究的内容与技术路线以及本书的创新点。

第 2 章：异质性企业对外直接投资行为的文献综述。主要有：国内外学者关于异质性企业出口与 FDI 的抉择、FDI 方式抉择以及 FDI 动机抉择等。

第 3 章：异质性服务企业对外直接投资动机的生产率溢价。采取大样本企业数据在考察服务企业生产率异质性和对外直接投资动机表现的基础上，进一步对异质性服务企业对外直接投资动机的生产率溢价进行经验研究。

第 4 章：异质性服务企业对外直接投资动机的理论分析。采取数理分析方法，在对理论模型分析框架进行基本假设的基础上，结合服务企业和服务产品的特性分别对服务企业对外直接投资的动机表现（选择效应）和生产率效应（学习效应）进行动态层面的理论分析。

第 5 章：跨国服务企业与组织外部的沟通成本衡量。分别构建行业层面和国家层面跨国服务企业与消费者等组织外部的沟通成本指数，并采取相关数据，测算了行业层面与国家层面美国跨国服务企业与组织外部的沟通成本，为动态层面进一步的经验分析提供了数据支持。

第 6 章：异质性服务企业对外直接投资动机的选择效应。在构建计量经济模型的基础上，采取美国跨国服务企业的行业面板和跨国面板数据，分别基于母国视角和东道国视角检验了跨国服务企业对外直接投资动机的抉择，并进一步与制造业企业投资动机的选择效应进行了比较分析。

第 7 章：异质性服务企业对外直接投资动机的学习效应。通过构建实证分析模型，同样基于母国视角和东道国视角对跨国服务企业对外直接投资动机的学习效应进行了静态和动态面板检验，以考察静态层面的投资动机生产率溢价是否属于“事后”效应，同时也与制造业企业的学习效应进行了比较分析。

第 8 章：总结及启示。包括：本书研究的主要结论；对中国在服务业引资和对外投资方面的政策启示；今后进一步研究的方向。

1.3.2 研究的技术路线

根据本书的研究内容，研究的技术路线如图 1－1 所示。

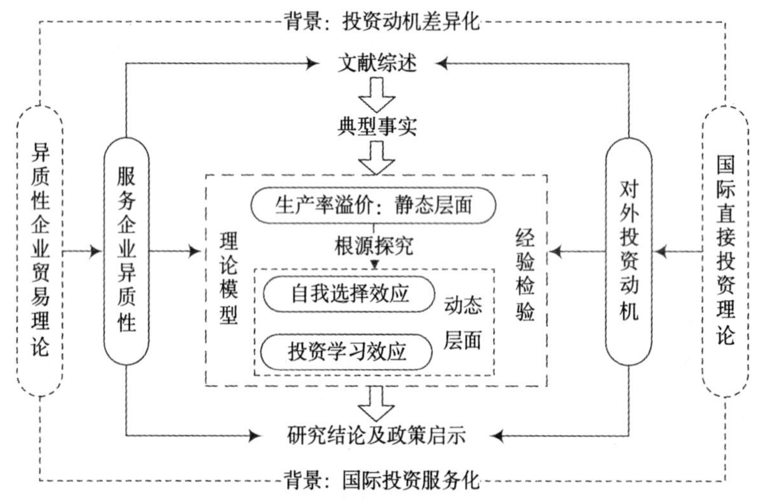

图 1－1 本书研究的技术路线图

1.4 本书的创新点

根据本书所掌握的文献，已有的关于异质性企业对外直接投资行为的研究成果中，一方面，涉及异质性企业对外直接投资动机表现的文献较少，且研究内容不够系统全面；另一方面，目前研究主要集中在制造业领域，解释跨国服务企业对外直接投资行为的相关研究仍较为单薄。因此，本书在异质性视角下针对服务企业对外直接投资动机的研究，具有一定的创新性，主要的创新点有：

（1）在跨国企业对外直接投资动机日益凸显的背景下，将企业异质性与 FDI 动机相结合，从企业生产率异质性视角解释了跨国企业对外直接投资动机的行为表现。与已有研究基于生产价值链视角将 FDI 动机分为水平型与垂直型的普遍划

分方法不同，本书根据跨国企业的海外经营行为，将对外直接投资动机分为市场寻求型和效率寻求型两类，这一方法更能直观地反映出跨国企业在东道国的生产和经营动机。

（2）结合跨国服务企业已成为全球及多数国家对外直接投资主体的现实状况，将异质性企业对外直接投资动机的研究应用于服务领域。与制造业企业相比，服务企业具有更强的异质性及效率寻求型投资动机强度，但限于服务产品的特殊属性以及服务企业相关统计的滞后性，仅有部分学者解释了异质性服务企业的出口与 FDI 抉择，较少涉及服务企业的 FDI 动机表现，尤其在国内，该领域的研究尚属首次。

（3）在理论模型中，引入企业与消费者的沟通成本这一更符合服务产品生产和消费的因素，解释了跨国服务企业在市场寻求型与效率寻求型对外直接投资动机中的抉择以及学习效应。此外，基于不同工作活动所需的沟通水平视角，并结合文化、语言、制度环境等因素分别构建了测算行业层面和国家层面的跨国服务企业与消费者等组织外部沟通水平的指数，为今后该领域的经验研究提供了一个可行的视角。

（4）从静态和动态层面对异质性服务企业对外直接投资动机的表现进行了系统地分析。在从静态层面检验跨国服务企业不同投资动机的生产率溢价的基础上，进一步基于动态视角的国家及行业层面探析了上述投资动机的生产率溢价的来源，即是“事先”的自我选择效应带来，还是“事后”的学习效应导致。同时，本书也对跨国企业对外直接投资动机的表现在服务领域与制造业领域的异同进行了详细的比较分析。

第 2 章

异质性企业对外直接投资行为的文献综述

以 Melitz（2003）和 Bernard et al.（2003）为代表的异质性企业贸易理论，在从微观层面考察企业贸易行为的同时，也放松了传统贸易理论中关于企业同质性的假设。之后，“企业异质性”（firm heterogeneity）被学者们广泛采纳用来解释经济发展中的各种现象。其中，Helpman et al.（2004）将企业异质性纳入 Markusen（1984）提出的“临近—集中权衡”（proximity-concentration tradeoff）框架中，从企业异质性视角考察了企业出口与水平型 FDI（绿地投资）的抉择（简称 HMY 模型）。HMY 模型提出之后，较多学者对 HMY 模型的理论预期在现实中的适用性进行了检验，也有部分学者借鉴 HMY 模型的思路，从企业异质性视角进一步解释了跨国企业对外直接投资的行为。纵观已有研究成果，主要涉及三个方面：异质性企业出口与 FDI 的抉择，包括对 HMY 模型的检验以及在制造业和服务业中的适用性等；异质性企业对外直接投资方式的抉择，包括绿地投资与跨境并购的选择以及两种方式下的股权结构（独资与合资）抉择；异质性企业对外直接投资的动机表现，包括水平型 FDI 与垂直型 FDI 的抉择等。①

① 限于篇幅，并结合本书的研究内容，本章只对异质性企业对外直接投资的行为进行评述，关于异质性企业的贸易行为和国际直接投资理论演进的评述，可见 Munoz（2009）、Kneller & Pisu（2011）、Bernard et al.（2012）、Wagner（2012）和 Yeaple（2013）等。

2.1 企业异质性与国际化经营路径：出口 vs. FDI

2.1.1 HMY 模型的理论预期及其适用性

经济全球化日益凸显出跨国企业在全球价值链中的重要作用，早在 20 世纪 60 年代，部分学者已尝试对跨国企业的国际化经营行为进行理论解释（如 Mundell，1957；MacDougall，1960）。Dunning（1977）作为集大成者，在前人的理论基础上提出了解释跨国企业对外直接投资行为的 OLI 理论，认为跨国企业需要具备三个方面的优势：所有权优势（Ownership）、区位优势（Location）和内部化优势（Internalization）。之后，OLI 理论逐渐被更为细致的 FDI 理论所替代，其中之一便是根据跨国企业的投资动机将 FDI 细分为水平型、垂直型和复杂型三类（Helpman，2014）。水平型 FDI 是为了拓展东道国市场而进行的直接投资；垂直型 FDI 是指跨国企业通过在东道国设立附属公司以实现企业内部资源的全球化配置；复杂型 FDI 包括出口平台型 FDI 等，是指跨国企业分割生产价值链，将在东道国所生产的产品销往除东道国和母国外的其他国家。①

其中，纯粹的水平型 FDI 主要起源于 Markusen（1984）提出的“临近—集中权衡”框架（Helpman，2014），其主要观点是：通过出口方式服务国外市场的企业需要承担一定的贸易成本，但节省了设立附属公司的固定成本；而采取水平型 FDI（绿地投资）方式的企业虽然节省了贸易成本，但需承担设立附属公司的成本，因此企业国际化路径的选择需要权衡两种方式下所承担的成本。②

Helpman et al.（2004）将异质性企业贸易理论的核心观点——企业异质性，引入“临近—集中权衡”的分析框架中，在垄断竞争市场条件下以及 CES（Constant Elasticity Substitution）偏好和冰山贸易成本的假设下，从企业异质性视角解

① 本节主要是对异质性企业的出口与水平型 FDI（绿地投资）抉择的相关研究进行评述，关于异质性企业的垂直型和复杂型对外直接投资以及跨境并购行为的研究成果，后文将给出详细的评述。

② Brainard（1993）和 Lankhuizen et al.（2011）验证了国际化经营企业的“临近—集中权衡”是存在的。

释了进行国际化经营的企业在出口与水平型 FDI（绿地投资）上的抉择（HMY 模型）。发现由于进行 FDI 的固定成本高于出口的贸易成本，同一行业内生产率最高的企业会通过 FDI 方式服务国外市场；而生产率最低的企业只在国内生产和销售产品；生产率居中的企业会选择出口方式。同时，还发现企业出口额相对于附属公司的销售额比重不仅受“临近—集中权衡”的影响，还受到企业异质性程度的影响。随后通过采取美国企业层面数据证实了 HMY 模型的理论预期。①

自 HMY 模型提出之后，大量学者对 HMY 模型进行了检验，包括对理论模型假设条件的必要性检验以及对模型所得理论预期的适用性检验。Head & Ries（2003）通过设定线性市场需求函数，将所生成的二次效用函数纳入 HMY 分析框架中，并在单位运输成本的假设下对 HMY 模型进行了拓展，所得结论与 Helpman et al.（2004）的理论预期基本一致，因此认为 HMY 模型并不依赖于 CES 偏好和冰山贸易成本的假设，可以将这两大假设放松。但是，Mukherjee（2010）认为 Head & Ries（2003）之所以能够得出与 HMY 模型一致的理论预期，主要是因为单位运输成本的假设在其理论模型推论中起到关键的作用。为了验证这一观点，Mukherjee（2010）在 Head & Ries（2003）的理论分析框架中将单位运输成本替换为 HMY 模型中的冰山贸易成本，发现此时的 Head & Ries（2003）的理论模型已无法得出与 HMY 模型一致的理论预期。当冰山贸易成本较小时，生产率较高的企业选择 FDI 方式的动机大大降低。因此，Mukherjee（2010）指出，HMY 模型的 CES 偏好假设对于其所得推论是至关重要的。

在 HMY 模型的适用性方面，较多学者采取不同的样本数据对 HMY 模型的理论预期进行了验证（见表 2－1），但主要集中在发达国家的制造业企业，如德国（Wagner，2006）、法国（Nefussi，2006）、波兰（Hagemejer and Kolasa，2011）、爱尔兰（Girma et al.，2004）、英国（Girma et al.，2005）、土耳其（Yasar and Paul，2007）、意大利（Castellani and Zanfei，2007）、美国（Yeaple，2009）、日本（Wakasugi and Tanaka，2009）以及跨国面板（Pietrovito et al.，2012）等；针对 HMY 模型的理论预期在发展中国家制造业企业的适用性研究主要涉及中国（Wakasugi and Zhang，2012）、印度（Bhattacharya et al.，2012）和斯洛文尼亚（Damijan et al.，2007）等国家。从研究结论来看，多数结论显示 HMY 的理论预期是存在的（Nefussi，2006；Kwon，2010；Arnold and Hussinger，

① Yeaple（2009）采取美国跨国企业的数据进行了更为细致的分析，进一步证实了 Helpman et al.（2004）的研究结论。

表 2-1　　异质性企业出口与 FDI 抉择的经验研究——对 HMY 模型的验证

作者	研究样本	样本期（年）	研究对象	研究方法	研究结论
Girma et al.（2004）	爱尔兰	2000	制造业	非参数 KS 法	选择 FDI 方式的企业具有最高的生产率，但出口企业的生产率溢价不显著
Girma et al.（2005）	英国	1990—1996	制造业	非参数 KS 法	HMY 模型的理论预期是成立的
Murakami（2005）	日本	1998	制造业	统计分析 回归分析	生产率最高的企业同时进行 FDI 与贸易活动；只从事出口的企业生产率高于只进行 FDI 企业的生产率
Wagner（2006）	德国	1995	制造业	非参数 KS 法	HMY 模型的理论预期是成立的
Nefussi（2006）	法国	1999—2003	化学品业；金属制品、机械及设备业	回归分析	生产率较高的企业选择 FDI，但市场规模对企业国际化经营方式抉择的影响更大
Kimura & Kiyota（2006）	日本	1994—2000	制造业和服务业	回归分析	生产率最高的企业同时进行 FDI 与出口；生产率水平次之的企业进行 FDI；生产率较低的企业选择出口
Kwon（2010）	日本	1994—2001	总体	非参数 KS 法	HMY 模型的理论预期是成立的
Damijan et al.（2007）	斯洛文尼亚	1994—2002	制造业	回归分析	HMY 模型的理论预期只在高收入的东道国才成立
Yasar & Paul（2007）	土耳其	1990—1996	制造业	回归分析	HMY 模型的理论预期是成立的
Castellani & Zanfei（2007）	意大利	1944—1996	制造业	非参数 KS 法 回归分析	HMY 模型的理论预期是成立的
Benfrarello & Razzolini（2008）	意大利	2001—2003	制造业	非参数 KS 法 回归分析	HMY 模型的理论预期是成立的
Yeaple（2009）	美国	1994	制造业	回归分析	HMY 模型的理论预期是成立的；且生产率最高的企业在多个东道国投资并销售更多的产品
Wakasugi & Tanaka（2009）	日本	2001—2005	制造业	回归分析	HMY 模型的理论预期是成立的
Chen & Moore（2010）	法国	1993—2001	制造业	回归分析	生产率较高的企业更倾向于在条件较差的东道国投资

续表

作者	研究样本	样本期（年）	研究对象	研究方法	研究结论
Arnold & Hussinger（2010）	德国	1996—2002	制造业	非参数 KS 法	HMY 模型的理论预期是成立的
Engel et al.（2010）	法国	—	制造业和服务业	回归分析	生产率较高的企业从事出口，但在 FDI 的抉择上不显著
Todo（2011）	日本	1997—2005	制造业	回归分析	企业国际化路径的选择过程可能是低效率的，目前服务于国外市场的低生产率企业可能继续服务于国内市场，而生产率较高的国内企业进入国外市场的几率较小
Hagemejer & Kolasa（2011）	波兰	1996—2005	总体	非参数 KS 法 回归分析	国际化经营的企业在生产率水平和增长率上都高于非国际化经营的企业
Oberhofer & Pfaffermayr（2012）	欧盟 10 国	—	总体	回归分析	HMY 模型的理论预期是成立的，且同时采取出口和 FDI 方式的企业是大量存在的
Wakasugi & Zhang（2012）	中国	2007	制造业	非参数 KS 法 回归分析	进行 FDI 的企业的生产率高于非 FDI 企业；随着企业生产率的增长，其趋向于由出口转向 FDI；HMY 模型的理论预期只在高收入东道国成立；在跨国企业中，在越多国家经营的企业，其生产率越高。
Bhattacharya et al.（2012）	印度	2000—2008	化学品行业	随机前沿法 非参数 KS 法	HMY 模型的理论预期是成立的
Pietrovito et al.（2012）	跨国面板	1994—2004	制造业	回归分析	生产率较高且规模普遍较大的行业中的企业更倾向于采取出口和 FDI 方式进行国际化经营
Bush & Lipponer（2007）	德国	2000—2006	银行业	回归分析	利润较高且规模较大的银行进行国家化经营的可能性更大，拥有更为密集的海外活动
Bush et al.（2009）	德国	2002—2006	银行业	回归分析	HMY 模型的理论预期是成立的，对风险厌恶程度越高的银行，进行国际化经营的可能性越小
Kox & Romagosa（2010）	荷兰	1997—2005	服务业	回归分析	FDI 的生产率溢价高于出口企业，当控制了企业的特征因素后，FDI 的生产率溢价不存在

续表

作者	研究样本	样本期（年）	研究对象	研究方法	研究结论
Tanaka（2011）	日本	2008	制造业与服务业	非参数 KS 法	服务业与制造业的跨国企业都呈现出生产率溢价
Engel & Procher（2012）	法国	2004	除农业外的其他行业	非参数 KS 法 回归分析	除建筑业外，HMY 模型的理论预期是成立的
Kelle et al.（2013）	意大利	2005	生产性服务业	回归分析	HMY 模型的理论预期是成立的
Federico & Tosti（2012）	意大利	2008—2009	服务业	描述统计 回归分析	控制企业的固定效应后，与 HMY 模型的预期是一致的
Engel & Procher（2012）	法国	2004	服务业	非参数 KS 法	HMY 模型的理论预期是成立的
Bhattacharya et al.（2012）	印度	2000—2008	软件服务业	随机前沿法 非参数 KS 法	HMY 模型的理论预期在服务领域不适用，生产率最高的企业会选择出口，生产率次之的企业选择 FDI
Tanaka（2013）	日本	1997—2009	零售贸易行业	回归分析	异质性企业贸易与投资的模型在零售贸易服务行业是成立的
McGregor et al.（2014）	19 个非洲国家	2010—2011	制造业和服务业	非参数 KS 法	HMY 模型的理论预期在制造业是成立的，但服务业中出口企业与 FDI 企业之间的生产率差异较小
Shepherd（2014）	119 个发展中国家	2006—2011	服务业	回归分析	出口服务企业和外资服务企业拥有较高的投资水平，服务企业出口的生产率溢价大于制造业企业，但外资服务企业的生产率溢价低于制造业企业
Wagner（2014）	德国	2006	服务业	参数与非参数、回归分析	HMY 模型的理论预期在服务领域不适用，生产率最高的企业会选择出口，生产率次之的企业选择 FDI

注：表中给出的研究成果主要是针对 HMY 模型的验证，即基于生产率异质性视角对企业出口与 FDI 抉择的检验，而企业其他异质性视角的相关研究将在后文分析中给出。

2010；Haller，2012；等等），但也有部分学者得出了不同的结论，认为HMY模型的理论预期是不存在的（Engel et al.，2010；Girma et al.，2004；Murakami，2005），甚至相同样本国家的研究结论也截然相反，比如Nefussi（2006）和Engel et al.（2010）针对法国制造业企业的研究；Murakami（2005）和Wakasugi & Tanaka（2009）针对日本制造业企业的研究；等等。此外，也有部分学者在经验检验中对HMY模型的理论预期进行了拓展，Damijan et al.（2007）针对发展中国家（斯洛文尼亚）制造业企业的研究发现，HMY模型的理论预期只在高收入的东道国才成立；Chen & Moore（2010）针对法国的研究发现，生产率较高的企业更倾向于在条件较差的东道国投资；Kimura & Kiyota（2006）和Pietrovito et al.（2012）的研究结论显示，生产率最高的企业同时采取出口与FDI方式向国外市场提供产品。①

但是，由于服务产品的特殊性以及全球服务领域统计的滞后性，关于HMY模型及其理论预期在服务领域的适用性研究远远滞后于制造业领域。Bush et al.（2009）将银行业企业出口与FDI的抉择引入Freixas & Rochet（1998）提出的封闭经济下的证券组合框架，并考虑到银行国际化经营的信息成本和风险规避因素，对银行国外活动的集约边际和外延边际进行比较静态分析，发现：当FDI的固定成本、风险或信息成本较低，以及银行拥有较高的生产率时，银行采取FDI方式的可能性增大。而且，银行的国际化经营路径存在一个生产率门槛，当生产率超过这一门槛时，银行会选择FDI方式为国外消费者服务；而当生产率低于这一门槛时，则选择出口模式。此外，银行的风险规避也会对其国际化路径造成影响，当风险规避程度降低时，银行倾向于选择FDI方式。②此外，Kelle et al.（2013）通过构建一个简单的模型，分析了上游行业中的生产性服务企业的国际化路径选择，在遵循Markusen（1989）假定的基础上，即生产性服务企业为国外下游行业中以利润最大化为目标的企业提供服务产品，发现生产率较高的服务企业会选择FDI方式为国外下游企业提供服务产品，而生产率较低的服务企业会选择出口方式。

虽然Kelle et al.（2013）得出了与HMY模型一致的理论预期，但其对企业不同国际化经营方式下所需承担的成本假设与HMY模型是一致的，忽略了服务

① Oberhofer & Pfaffermayr（2012）在垄断竞争市场框架下构建了一个多东道国视角下的企业出口与FDI抉择的理论模型，对企业同时从事出口和FDI的现象进行了解释。

② Bush et al.（2009）还发现服务领域的贸易与FDI之间是互补的（Bush and Lipponer，2004，2007）。

产品的特性。服务产品的无形性、生产和消费的同时性以及不可存储性等特征使得服务企业在国际化路径的抉择中可能与制造业企业存在较大差异，主要表现在：一方面，多数服务产品的生产和消费在自然和技术上要求服务的提供者和消费者临近，甚至“面对面”，这在一定程度上限制了服务企业只能通过附属公司进行海外销售；另一方面，大部分国家在外资所有权上的法律限制，以及部分服务产品较低的运输成本（如 IT 服务业、电信服务业等），使得服务企业更愿意选择出口方式向国外市场提供服务产品。Bhattacharya et al.（2012）在 HMY 模型的框架中引入上述服务产品的特性，对软件服务业中企业的出口与 FDI 抉择进行了理论分析，发现生产率最高的服务企业从事出口；生产率较低的企业进行 FDI。① Wagner（2014）对德国服务业的研究也得出了相同的结论。此外，Kox & Romagosa（2010）对荷兰服务业的研究，以及 McGregor et al.（2014）对 19 个非洲国家的研究也证实了 HMY 模型的理论预期在服务领域不是完全适用的。当然，与制造业领域呈现出的相反结论一样，部分学者针对服务企业的研究也得出了生产率较高的企业会进行 FDI，而生产率较低的企业从事出口的结论，比如：Bush et al.（2009）对德国银行业的研究；Engel & Procher（2012）对法国服务业的研究；Kelle et al.（2013）和 Federico & Tosti（2012）分别对意大利生产性服务业和服务业的研究；Tanaka（2013）对日本零售贸易业的研究；等等，详见表 2－1 给出的研究结论。②

2.1.2 生产率异质性视角下的 HMY 模型拓展

HMY 模型的理论预期是在一系列假设条件的基础上得出的，比如：目的国与母国具有相同的工资水平；行业内企业的生产率是既定的，且服从随机分布；企业国际化经营所面临的不同目的国的市场规模是相同的；目的国与母国的宏观经济环境在企业国际化路径的抉择中是外生的；等等。但是，现实中进行国际化经营的企业在选择服务国外市场的方式时，所面临的工资水平、市场规模和宏观经济环境等因素，都会对其国际化路径的抉择产生影响。鉴于此，部分学者将不确定性因素引入 HMY 模型中，通过对 HMY 模型拓展考察了企业在不确定因素

---

① 当然，这与服务产品较高的贸易成本也有一定关系，Asier（2012）对服务业与制造业国际贸易成本的比较发现，虽然信息和通讯技术取得了飞速发展，但服务贸易成本仍比制造业贸易成本高 50%—60%。

② Shepherd（2014）发现服务企业出口的生产率溢价大于制造业企业（Breinlich and Criscuolo, 2011），但外资服务企业的生产率溢价则低于制造业企业。

下的出口与 FDI 抉择。

Head & Ries（2003）放松了 HMY 模型中相同工资水平的假设条件，对目的国与母国在存在工资水平差异时企业国际化路径的抉择进行了分析。相同工资水平假设的放松使得模型框架更符合现实状况，因为不同国家之间必定存在一定的工资差异，尤其是不同经济发展水平国家之间的工资差异尤为显著，而发生在不同经济发展水平国家之间的贸易和 FDI 规模占据了越来越大的比重。随后，Head & Ries（2003）通过采取日本制造业企业的数据检验发现，在目的国工资水平低于母国的情况下，若企业进行 FDI 的目的不是在东道国寻求市场，而是为了利用成本较低的劳动力，此时生产率较高的企业更倾向于选择出口。借鉴 Head & Ries（2003）的这一思路，Mukherjee & Marjit（2009）指出，在劳动力市场存在工会的国家中，工会能够影响企业的绩效（Flanagan，1999）和 FDI 决定（Lommerud et al.，2003；Mukherjee，2008），甚至影响行业的工资水平。为此，在理论模型中纳入劳动力市场的工会因素，分析了劳动力市场中存在工会时异质性企业的出口与 FDI 抉择，发现当母国与目的国劳动力市场中都存在工会时，即使目的国的工资水平高于母国，也存在出口企业的生产率高于 FDI 企业的现象，[①]且在 FDI 固定成本给定的情况下，较高的贸易成本和工会议价能力增大了生产率较高企业从事出口的可能性。此外，Mukherjee & Marjit（2009）还发现企业国际化经营路径的选择还与其所处行业的初始生产率水平相关，在生产率水平较低的行业中，生产率较高的企业倾向于通过 FDI 方式进行国际化经营；而在生产率水平较高的行业中，选择出口方式的企业往往拥有较高的生产率水平。

此外，如前文所述，在 HMY 模型中，行业内企业的生产率异质性是随机分布的结果，但是，企业生产率的异质性是由多方面因素造成的，比如不同企业之间在管理措施（Bloom and Van Reenen，2007）、R&D 投入等方面的差异。因此，行业内企业的生产率服从随机分布的假设使得 HMY 模型得出的生产率溢价在很大程度上仍然是一个黑箱（Castellani and Giovannetti，2010）。为了揭开生产率溢价这一黑箱，Castellani & Giovannetti（2010）采取意大利 1998—2003 年制造业企业的数据，研究发现进行 FDI 的企业的生产率要高于出口企业，即 HMY 模型的理论预期是存在的，但考虑到行业内的部分企业中知识型员工（经理、文员、R&D 员工）所占的比重较大这一事实，跨国企业与出口企业之间的生产率溢价会减小。事实上，当考虑到资本与劳动的报酬可能存在差异时，上述两类企业的

① 得出这一结论的重要前提是母国的保留工资（reservation wage）水平高于东道国。

生产率溢价已不存在，甚至出现出口企业的生产率高于跨国企业的现象，说明行业内企业的生产率异质性不是一层不变的。

除了工资水平、企业内部员工结构等上述因素对 HMY 模型的理论预期带来不确定性外，企业国际化经营的目的国的市场规模、引资政策等因素也会影响其出口与 FDI 抉择。Nefussi（2006）指出，不同的目的国市场规模对异质性企业的出口与 FDI 抉择可能带来异质性影响，为了验证这一观点，Nefussi（2006）将 HMY 模型中的 CES 偏好假设放松，通过在 Melitz & Ottaviano（2008）模型中引入“临近—集中权衡”，并采取 Ottaviano et al.（2002）提出的线性需求函数得出了可变的价格需求弹性，①考察了目的国的市场规模差异对企业出口与 FDI 抉择的影响，发现对于一个给定的目的国，运输成本与母国劳动力成本的上涨，以及目的国劳动力成本和 FDI 方式下固定成本的下降会导致更多企业选择 FDI 方式，而由最大价格弹性决定的市场规模差异对异质性企业的国际化路径选择会产生不同的影响：当目的国市场规模较大时，生产率较高的企业会选择 FDI 方式，这与 HMY 模型的理论预期是一致的；而当目的国市场规模较小时，生产率较高的企业会从事获利更高的出口贸易，而不是 FDI 方式。

在东道国引资政策方面，FDI 流入对一国经济发展的促进作用已得到大量学者的支持，②因此，为了提高引资规模和质量，各国政府都出台了一系列优惠措施与政策，特别是发展中国家和欠发达国家，为了吸引发达国家中拥有先进技术和管理经验的跨国企业在本国设立附属公司或研发机构，在税收、土地等方面给予外资企业较大优惠。那么，东道国出台的这些优惠措施是否会对母国企业的国际化经营策略产生影响，Chor（2009）在对 HMY 模型拓展的基础上，从理论层面回答了这一问题，通过对东道国引资的补贴政策所带来的福利效应进行研究，发现这种补贴政策使得出口企业中生产率较高的企业从出口形式转向 FDI 形式，反映出各国在引资上的优惠政策取得了一定成效。

此外，Ramondo et al.（2013a）指出 HMY 模型是在一个静态的环境中分析异质性企业的“临近—集中权衡”，未考虑到一国（包括目的国和母国）生产率波动带来的单位生产成本变动对异质性企业出口与 FDI 抉择的影响。通过构建一个多国的一般均衡模型，将单位生产成本的不确定性引入到异质性企业出口与

---

① 在这一价格弹性下，生产率较高的企业面临的是需求函数中缺乏弹性的部分，因此价格的下降对于这类企业并不意味着销售量的大幅增长，而当销售量增长无法弥补 FDI 方式下的固定成本时，生产率较高的企业会选择出口方式向国外提供产品。

② 比如：Crespo & Fontoura（2007）、Beugelsdijk et al.（2008）、Cristina（2012）等。

FDI 的抉择中对 HMY 模型进行了拓展。发现在目的国拥有较高的市场需求和工资水平的假设下，若母国与目的国的单位生产成本呈现负相关关系时，出口企业面临母国较低的单位生产成本和目的国较高的市场需求，此时生产率较高的企业会选择出口方式；若目的国的单位生产成本的波动性越大，出口企业的成本差异波动越大，这意味着出口企业在目的国产出波动性中的期望利润将会增加，此时生产率较高的企业也会选择出口方式。

Lewis（2014）进一步考虑到名义货币的不确定性（nominal uncertainty）因素对企业出口与 FDI 抉择的影响，①通过构建两国的一般均衡模型将 HMY 模型拓展至一个随机环境，假设企业的出口产品是以生产者所在国家货币计价，而 FDI 方式下的产品是由东道国货币计价，②发现目的国货币波动性的增大使得生产率较高的企业更倾向于选择出口形式。之后，采取美国 1999—2007 年跨国企业数据，发现较高的通货膨胀波动性会对企业选择 FDI 方式产生显著的负向效应。

Conconi et al.（2013）则将不确定性应用于国际化经营企业在国外市场所面临的一系列状况，指出企业在决定是否向国外市场提供产品时，面临着一系列不确定因素，包括目的国关于产品销售等方面的法规、需求规模、产品满足本地偏好的能力，等等。这些不确定性会影响企业国际化经营方式的选择。鉴于此，通过构建在不确定性条件下企业出口与 FDI 抉择的动态数理模型，分析了企业在国际化经营之前对其在国外市场的盈利状况不确定时的路径选择，发现生产率较高的企业在初期会选择固定成本较小的出口方式向目的国提供产品，经过一段时期之后，那些在国外经营绩效较差以至于无法承担贸易成本的企业会退出国外市场；盈利能力较强的企业会通过设立附属公司向东道国提供产品，即转向 FDI 方式；中等水平盈利能力的企业则继续采取出口形式提供产品。因此，企业国际化经营的路径呈现出先出口后 FDI 的模式。③

---

① 在具体研究中，Lewis（2014）主要考察了通货膨胀的不确定性对企业国际化经营方式选择的影响。Cavallari（2007，2008，2010）也通过构建模型对名义和实际货币的不确定性影响出口与跨国生产的效应进行了理论分析，不同的是，其模型中未考虑到企业的异质性，因而不存在企业出口和 FDI 的抉择问题。

② 对于外资企业而言，无论是出口还是在目的国就地销售，其所生产的产品都是以目的国货币计价的，因此这种不确定性不会对其投资动机产生影响。

③ Conconi et al.（2013）随后采取 1998—2008 年比利时制造业企业层面的数据，发现在采取 FDI 方式的企业中，86.32% 的企业在设立附属公司之前已经开始向所在东道国出口；在出口企业中，99.9% 的企业在出口之前没有在出口国投资建厂。

2.1.3 非生产率异质性视角下的 HMY 模型拓展

HMY 模型是基于行业内企业的生产率异质性视角得出了企业出口与 FDI 抉择的理论预期，[①]之后部分学者仍然从企业生产率异质性视角对 HMY 模型进行了拓展（见上一节的评述）；还有一部分学者也对 HMY 模型进行了拓展，但主要是基于企业非生产率异质性的视角，这部分研究成果较为杂乱，大致上可以分为两类：一类是基于企业非生产率异质性视角对企业国际化经营的“临近—集中权衡”进行解释；另一类是将其他因素引入“临近—集中权衡”，在企业异质性的假设下分析其出口与 FDI 的抉择。

在第一类研究成果中，与前文 Castellani & Giovannetti（2010）的观点较为相似，Xie（2011）指出 HMY 模型中企业在国际化经营之前的生产率是外生决定的，为了考察企业生产率内生化时的出口与 FDI 抉择，在假设企业可以通过选择最优的 R&D 投入决定其生产率水平，以及母国与目的国拥有相同的市场规模的基础上，通过构建一个开放经济下古诺竞争市场中的企业国际化路径抉择的理论框架，分析了分别位于两个国家的两个企业之间的成本效率差异所导致的企业“事后”生产率选择和国际化路径抉择。发现：若两个企业“事前”的成本效率差异较小，企业会选择许可方式，且“事后”的生产率差异为零；若企业之间“事前”的成本效率差异较大，企业会选择 FDI 方式，且导致较大的“事后”生产率差异；中等水平的“事前”成本效率差异会导致企业选择出口方式和中等水平的“事后”生产率差异。此外，Xie（2011）进一步在固定企业边际成本函数和假设世界市场需求规模不变的基础上，分析了不同市场需求规模对企业国际化路径选择的影响，发现若母国的市场需求规模相对较大时，生产率较高的企业会选择出口方式；当目的国的市场需求规模相对较大时，生产率较高的企业会选择许可方式；而当相对市场需求规模处于中等范围时，FDI 方式对于生产率较高的企业是最优的选择。

Pietrovito et al.（2012）借鉴 Helpman et al.（2004）在验证 HMY 模型的理论预期时的思路，认为行业内企业的生产率异质性是由企业之间的规模差异造成的，不同的是，Pietrovito et al.（2012）指出企业的规模差异不是由行业内企业规模的分散度决定，而是取决于行业内大规模企业的数目，通过采取 1994—2005

① Helpman et al.（2004）在对 HMY 模型的理论预期进行检验时，考虑到行业内的生产率分散度较难衡量，采取行业内企业规模的分散度来衡量企业生产率的异质性程度。

年25个母国、91个东道国和57个制造业行业的数据，检验发现行业内大规模企业数目越多，该行业中企业选择FDI方式的可能性越大。

在第二类研究成果中，Larry（2008）放松了HMY模型中垄断竞争市场和企业生产率异质性的假设，在强调企业分销成本（产品生产之后的所有成本，包括销售、广告、运输等成本）的基础上，从企业国际战略联盟形成动机视角解释了寡头垄断市场中企业国际化经营路径的选择，即当企业面临形成国际战略联盟决定时的出口和FDI抉择，发现：跨国战略联盟使得较多的企业放弃出口形式，通过FDI方式进行国际化经营；较低的分销成本和较高的联盟协同效应提高了国际化经营路径中FDI方式相对于出口的吸引力；在均衡时，只有当企业之间的产品异质性较强时，跨国战略联盟才能形成。与HMY模型相比，Larry（2008）弱化了"临近—集中权衡"中贸易成本和新设企业的固定成本在企业出口与FDI抉择中的作用，更加强调企业分销成本和产品异质性条件下国际战略联盟形成对企业国际化路径抉择的影响。①

此外，伴随着市场经济的高度化演进，虚拟经济取得了迅速的发展，目前已经在全球经济发展中处于举足轻重的地位，2008年，金融危机爆发引发的全球经济衰退很好地反映出虚拟经济在当前经济发展中的重要性。但是，虚拟经济具有高流动性、高风险性和不稳定性等特征，使得作为微观经济主体的企业，在自身发展受到资本制约的同时，也会受到所在部门能力和国家金融市场结构的影响，而在国外市场进行国际化经营的企业面临着更大的金融约束和风险。因此，金融约束也会影响企业的国际化经营战略，一般而言，企业进入国际市场时所面临的金融约束主要来自于三个方面：第一，企业自身的特征，主要是指企业的顾客结构和生产组织结构等影响企业借贷能力和运营资本的因素；第二，企业所在部门的特征，是指与行业整体抵押能力相关的行业生产技术水平；第三，国家层面的因素，主要是指国内金融市场结构造成的金融约束。

Manova（2013）和Chaney（2013）在Melitz（2003）的模型框架中引入金融约束因素，分析了金融约束下企业的出口决策。② Buch et al.（2010a）进一步分析了企业在有限内部资金和需获取外部借贷的条件下进行对外直接投资的抉择，分别从广延边际（extensive margins）和集约边际（intensive margin）视角对

① Nocke & Yeaple（2007）在分析异质性企业的跨境并购与绿地投资的抉择时，也引入了企业的分销成本，同时也将东道国与母国之间非对称的营销成本视为影响企业FDI方式的一个重要因素。

② 在经验检验方面，Ber et al.（2002）、Campa & Shaver（2002）以及Berman & Héricourt（2010）等学者分别采取以色列、意大利和跨国面板数据检验了金融约束对企业出口决策的影响。

企业在无流动性约束和存在流动性约束时进入国外市场的抉择以及在国外市场的销售额进行了比较静态分析，发现金融约束对企业对外投资决定和在东道国的销售额都会产生负面影响，但对前者的影响更大，且由于规模较大、生产率较高的企业对外扩张的意愿更强，因而金融约束对于这些企业而言更具重要性。在此基础上，Bush et al.（2010b）在 Chaney（2013）和 Manova（2013）模型的基础上，进一步将 HMY 模型中的部分假设引入（比如：FDI；FDI 与贸易的成本；等等）。同样从广延边际和集约边际视角对金融约束下垄断竞争市场中（Dixit - Stiglitz 类型）的企业出口与 FDI 的抉择进行了比较静态分析，发现在出口与 FDI 抉择的广延边际方面，较高的金融约束和外部金融成本会对企业国际化经营的决定带来负面影响，且对企业进行 FDI 造成更大的负面影响，但对生产率过低和过高企业的出口与 FDI 抉择不会造成影响；在集约边际方面，较高的外部金融成本对附属公司销售额的负面影响大于在出口规模上的影响。随后，Bush et al.（2010b）采取德国企业层面的数据，发现金融约束对制造业企业和服务企业的出口与 FDI 抉择都会产生负面影响，但对服务企业的负面效应大于制造业企业，且进一步的门槛回归发现，由于小规模企业的生产率较低，不会考虑国际化经营，因此金融约束不会对其产生影响。

在基于上述视角对企业“临近—集中权衡”解释的同时，部分学者还从语言、文化和制度环境等视角探析了企业的出口与 FDI 抉择。比如：Lankhuizen（2011）从不同的距离维度分析了企业国际化路径的抉择，发现“临近—集中权衡”是显著存在的，且当母国与目的国之间存在语言差异、文化距离和体制障碍时，企业更倾向于通过出口方式向目的国提供产品。Keuschnigg（2008）在垄断竞争市场条件下，对企业的税收成本影响其国际化路径的抉择进行了比较静态分析。[①] Oldenski（2012）基于沟通成本视角，将企业的信息沟通分为两类：企业内部在生产过程中的信息沟通；企业与顾客在消费过程中的信息沟通，通过采取美国 54 个制造业行业和 33 个服务行业的数据，检验了上述两类沟通成本对企业出口与 FDI 抉择的影响，结果显示：在与消费者沟通水平较高的行业中，企业倾向于选择 FDI 方式；而在企业内部沟通水平较高的行业中，企业更倾向于从事出口。[②]

---

① Becker（2013）认为一国不应该对本土跨国企业征收其在国外的利润税，因为跨国企业的海外扩张提高了其在国内的活动，能够使本国的经济获利（Desai et al.，2009）。

② Oldenski（2012）的检验结果还发现，服务业中企业与消费者的沟通水平是制造业的两倍，这一结果也在一定程度上解释了目前服务业 FDI 流入规模占出口额的比重远远高于制造业的现象。

2.2 企业异质性与 FDI 方式：绿地投资 vs. 跨境并购

在 HMY 模型中，进行国际化经营的企业选择 FDI 方式时需承担在东道国新建附属公司的固定成本，因此，从 FDI 进入方式来看，HMY 模型中的此类 FDI 属于绿地投资（greenfield investment）。所谓绿地投资，是指跨国企业不考虑东道国相应产业是否已存在一定的生产能力，通过在东道国新建附属公司，将“一揽子”生产要素投入以形成全新的生产能力。然而，在现实的全球 FDI 流入流出规模中，以兼并和收购东道国现存企业为主要形式的跨境并购（cross - border merger & acquisitions）方式，无论在制造业领域还是服务领域，都占据了绝大部分比重（Norbäck and Persson，2008）。Brakman et al.（2006）指出，在全球 FDI 进入方式的构成中，跨境并购所占比重达到 78%，远远高于绿地投资的 22% 的比重。因此，部分学者在 HMY 模型的基础上，将企业的跨境并购行为引入，对异质性企业的跨境并购与绿地投资抉择进行了理论与实证层面的考察。与前文异质性企业的出口与 FDI 抉择的研究成果一致，针对跨国企业的绿地投资与跨境并购抉择的研究也可以根据研究视角的不同分为两类：基于企业生产率异质性视角的研究和在企业异质性假设下基于其他视角的研究。此外，由于绿地投资和跨境并购这两类方式下又都包含了独资与合资两类（李春顶，2009），[①]部分学者也探讨了异质性企业在东道国所有权结构的选择。

2.2.1 生产率异质性视角下的 FDI 方式抉择

Nocke & Yeaple（2007）指出，现有的“临近—集中权衡”研究中忽略了不可流动能力（non - mobile capability）的作用。根据管理战略中的“企业的资源导向型观点”（resource - based view of the firm），异质性企业的绩效能够追溯至企业互补能力或无形资产禀赋之间的相互影响（Wernerfelt，1984）。在经济全球化的背景下，一些能力，如技术和组织能力等在国家之间能够实现流动，即为可

① 李春顶（2009）对异质性企业出口与非出口的抉择、出口与 FDI 的抉择进行了详细的理论和实证分析，在异质性企业的 FDI 方式（绿地投资和跨境并购）抉择的分析中，限于数据的可得性，只借鉴 Nocke & Yeaple（2007）的理论框架，进行了理论层面上的解释。

流动能力（mobile capability）；而另一些能力，如本地市场和分销知识以及国家特定的机构能力在国家之间是无法流动的（Anand & Delios，2002），即为不可流动能力。企业跨境并购的目的是为了寻求东道国特定能力和并购企业无形技术优势之间的补充，即主要是为了寻求国际可流动和不可流动能力之间的补充；而绿地投资是根据企业自身拥有的能力在国外经营。通过将“企业的资源导向型观点”引入企业贸易与投资的一般均衡模型中，对异质性企业的绿地投资与跨境并购抉择进行了分析。结果发现：当一些能力在国际流动性降低时，企业更倾向于选择跨境并购方式；在企业异质性主要由其流动能力导致的行业中，生产率较高的企业会选择跨境并购方式，而当企业异质性主要由不可流动能力导致的行业中，生产率较低的企业才会选择跨境并购方式。

之后，Nocke & Yeaple（2008）又提出了一个 FDI 的分配理论（assignment theory of FDI），对异质性企业在 FDI 方式（绿地投资与跨境并购）上的抉择进一步进行了解释。在这个理论框架中，并购市场被看作是异质性企业为设立附属公司而出售和购买异质性企业资产（corporate assets）的场所。企业的异质性资产主要由两类资产构成：企业总部拥有的资产和存在于生产部门的资产。那么，并购市场均衡时将导致企业资产在总部与生产部门之间产生分配：较好的生产部门将被较好的总部管理。此外，在 Nocke & Yeaple（2008）的模型中，跨境并购是指缺少生产部门的企业在国外购买本地企业的生产部门；绿地投资是指企业通过在国外部署其资产，将现存的生产部门置于国外。在两国的工资水平、劳动生产率和企业家能力存在差异和自由贸易的假设下，模型的理论预期主要有：总体而言，采取绿地投资方式的企业的生产率高于跨境并购企业；当两国生产成本差异较小时，企业更倾向于选择跨境并购形式；高收入国家的企业偏向于采取跨境并购形式，但随着低收入国家企业资产的相对供给量的下降，企业对高收入国家的跨境并购偏好会降低；新设生产部门的成本增加导致了高收入国家的企业在低收入国家投资时转向采取跨境并购形式。

除了上述结论外，Nocke & Yeaple（2008）还发现，两国在地理上越接近，一国企业在另一国建立附属公司的固定成本越低，因此越倾向于选择绿地投资方式。Stepanok（2015）在 Dixit - Stiglitz 垄断竞争市场的框架中分析异质性企业绿地投资和跨境并购的抉择时，也得出了同样的结论，但认为主要的原因是，地理上越接近，运输成本越低。与 Nocke & Yeaple（2008）不同的是，在 Stepanok（2015）的理论框架中，企业进行并购的目的不是为了降低竞争程度，而是为了获得效率以及技术和管理经验的转移。此外，遵循现有的研究结论，在模型中假设绿地投资企业的生产率是最高的，而出口企业的生产率是最低的。模型的分析结论显示：绿地投资和跨境并购是同时存在的，且呈现出两国相互投资的现象，这与 Nocke & Yeaple（2008）的结论相似，但也存在不同之处。[①]

Spearot（2012）则考虑了产品需求结构在企业跨境并购与绿地投资抉择中的作用，通过构建异质性企业的投资模型，分析了企业在新投资和并购中的抉择，其中，新投资是指企业为了现存产品种类而购买一个新的附属公司；并购是指企业购买了一个与其现有产品种类相同的出售企业。在均衡时，发现产品的需求结构影响企业的投资决定：若差异性产业中的产品种类是不完全替代的，中等生产率水平的企业会选择投资；若产品种类是完全替代的，高生产率水平的企业会选择投资。在上述两类企业投资的情况下，生产率最高的企业会选择并购，而不是新投资。

在理论研究的同时，一些学者也从实证层面进行了经验检验，见表 2 - 2。从研究结论来看，部分显示生产率较高的企业倾向于选择绿地投资方式（Raff et al.，2012；Kalkbrenner，2010），也有部分结论呈现出不一致现象，比如 Kalkbrenner（2010）针对欧洲的研究；Spearot（2012）针对北美国家的研究。这与前文异质性企业出口与 FDI 抉择的经验研究结论的表现是一致的。

在服务领域，同样由于服务业研究和统计的滞后性，针对服务领域异质性企业的绿地投资与跨境并购抉择的研究较为匮乏。Lehner（2009）在一个内外资银行竞争的空间模型中，将外资银行进入东道国的跨境放贷、绿地投资和收购本土银行等三种银行扩张方式纳入分析框架中，在这一框架中，银行为了潜在的从事风险投资的借贷者在利率上竞争，外资银行与内资银行相比，拥有相对较高的技术水平和较低的再融资成本，但是，除了市场进入成本外，内资银行与借贷人之间已存在的借贷关系，使得外资企业在借贷人信息方面不具备优势。此外，外资企业也面临着对东道国市场信息的不确定。因此，外资企业在决定其进入东道国市场的方式时，面临着市场进入成本规模、借贷人信息的劣势和本地市场信息的不确定性等三个方面的抉择。通过比较静态分析发现：生产率最低的银行不会进行海外扩张；生产率较高的银行会进行跨境放贷；之后是绿地投资；生产率最高的银行倾向于收购本地银行。此外，还发现在银行市场发展水平较低的东道国，外资银行倾向于选择跨境放贷和收购方式，而不是绿地投资；东道国银行市场的

① Nocke & Yeaple（2008）的模型结论为：跨境并购在两个国家之间同时存在，而绿地投资只发生在发达国家向发展中国家的单项投资。

表 2－2　异质性企业绿地投资与跨境并购抉择的经验研究

作者	研究样本	样本期（年）	研究对象	研究方法	研究结论
Griffith et al.（2004）	英国	1998—2001	服务业	统计分析	采取跨境并购形式的外资企业的生产率高于绿地投资形式的外资企业，这一现象主要是由选择效应导致的，学习效应不存在
Schiffbauer（2009）	英国	1999—2007	总体（除农业外）	倾向匹配得分法	跨境并购的学习效应在不同行业上呈现出较强的异质性，且在总体上是不存在的
Stiebale & Trax（2011）	英国和法国	2000—2007	总体	倾向匹配得分法	跨境并购对法国的并购企业具有显著的生产率效应，即学习效应存在；而对于英国企业，学习效应不存在
Kalkbrenner（2010）	美国和欧洲	2003—2004	总体	回归分析	在美国，生产率较高的企业倾向于选择绿地投资方式；欧洲跨国企业未表现出明显的生产率溢价；较高的东道国制度质量使得跨国企业更倾向于选择跨境并购形式
Spearot（2012）	北美国家	1980—2004	农产品业和制造业	回归分析	中等生产率水平的企业选择投资，且生产率越高，企业越倾向于选择并购形式
Raff et al.（2012）	日本	1985—2000	制造业	回归分析	绿地投资企业的生产率高于跨境并购企业；在绿地投资企业中独资企业的生产率高于合资企业
Hijzen et al.（2007）	OECD 国家	1990—2001	制造业	统计分析	总体上空间距离和关税壁垒对跨境并购具有负向效应，但对水平型跨境并购的负向效应较小
Byun et al.（2012）	40 个发展中国家	1990—2009	总体	回归分析	国家的特定因素（人均 GDP、宏观经济因素、政策稳定性等）对企业跨境并购和绿地投资抉择都有着显著的影响；东道国金融稳定性（收入增长）对跨境并购具有显著的负向（正向）效应，但对绿地投资的效应相反
Ayca（2012）	瑞典	1987—1998	制造业	回归分析	东道国腐败对企业绿地投资有着直接的负向效应，但对跨境并购的正向效应较微弱；跨国企业的国际经验削弱了腐败对两类进入方式的影响效应

规模越小，外资银行越倾向于在东道国收购本地银行，而采取绿地投资方式的动机较小。

此外，Griffith et al.（2004）采取1998—2001年英国服务企业的数据，发现采取跨境并购形式的企业的生产率高于绿地投资形式的企业生产率，进一步研究表明这一现象是由自我选择效应带来的，而学习效应不存在。Schiffbauer（2009）采取1999—2007年英国总体层面的数据也得出了跨境并购的学习效应不存在的结论，但Stiebale & Trax（2011）采取2000—2007年英国和法国的总体层面数据，表明跨境并购的学习效应在法国是存在的，而在英国不存在。

2.2.2 非生产率异质性视角下的FDI方式抉择

在前文生产率异质性视角下企业的绿地投资与跨境并购抉择的文献中，已有部分学者从非生产率异质性视角对企业FDI方式的抉择进行了分析。比如，Nocke & Yeaple（2008）和Stepanok（2015）得出了两国在地理上越接近，企业越倾向于选择绿地投资方式的结论。[①]

此外，也有学者基于东道国的腐败程度、市场竞争度、税收政策、金融稳定性、收入水平等视角对异质性企业FDI方式的抉择进行了理论和实证层面的分析。Müller（2007）假设并购的价格和利润在绿地投资和跨境并购中都是外生决定的，考察了东道国市场竞争程度影响跨国企业在两种FDI方式中的抉择，发现当市场竞争程度较低或较高时，绿地投资方式是企业最优的进入方式；而当市场竞争程度处于中间水平时，企业最佳的进入方式是跨境并购。

Becker & Fuest（2011）将跨境并购行为引入一个标准的税收竞争模型中，分析了跨境并购和绿地投资同时存在时对企业税收竞争的影响。在其理论框架中，假设跨国企业在海外投资时，首先在东道国市场寻找适合并购的现存企业，若未找到合适的并购企业，则进行绿地投资，因此跨境并购和绿地投资之间是替代关系。在此基础上，税收可能扭曲了对总体项目数量的决定，以及对跨境并购和绿地投资的认识。结果显示：与只存在绿地投资相比，这两类FDI方式的同时存在增强了税收竞争。当企业税收增加时，并购数量增加了，但总投资项目数减少。当对并购行为征收一个特定的税收时，与只存在绿地投资相比，税收竞争得以缓解，但是并购税的存在可能导致企业被过度征税。

在东道国腐败的影响上，Ayca（2012）构建了一个简单的两国、两部门、两

① Hijzen et al.（2007）采取1990—2001年23个OECD国家的制造业企业数据也得出了相同的结论。

企业（2×2×2）的模型，将东道国的腐败因素引入，并借鉴 Nocke & Yeaple（2007）的方法，将企业特定的能力分为可流动和不可流动两类，其中，移动能力使得企业在腐败程度增加时获利降低；而不可移动能力使得企业在腐败的环境中获利增加。在此基础上，通过对东道国腐败影响跨国企业绿地投资与跨境并购的抉择进行了比较静态分析，发现：东道国腐败降低了企业选择绿地投资的可能性，但提高了选择跨境并购的几率；在东道国腐败的环境中，拥有较高的流动和不可流动能力的跨国企业倾向于选择绿地投资方式；拥有较低的流动和不可流动能力的企业将不会进行 FDI；拥有较高流动能力、但不可流动能力较低的跨国企业倾向于选择跨境并购方式。之后，采取 1987—1998 瑞典制造业企业的数据，发现东道国腐败对跨国企业绿地投资有着直接的负向效应，但对跨境并购有着微弱的正向效应；跨国企业的国际经验则削弱了腐败对两类 FDI 进入方式的影响效应。

Byun et al.（2012）则从多个方面对企业选择 FDI 方式的因素进行了检验，通过采取 1990—2009 年 40 个发展中国家的数据，发现国家特定的因素（人均 GDP、宏观经济因素、政策稳定性等）对跨国企业的跨境并购和绿地投资都有着显著的影响。跨国企业向发展中国家投资的决定受到东道国是否属于全球发展中市场经济体或者特定的发展中区域的影响，且对企业跨国并购的影响要大于对绿地投资的影响。此外，是否来自同一区域的国家——这一因素对跨国企业的两类投资方式都具有较强的效应；东道国金融稳定性对跨境并购具有显著的负向效应，但对绿地投资的效应显著为正；东道国收入增长对跨境并购具有显著的负向效应，但对跨境并购的效应显著为正；东道国金融稳定和收入增长对并购的单笔价格（广延边际）具有显著的负向效应，但对并购数目（集约边际）的效应显著为正。

在分析和检验上述因素对企业绿地投资和跨境并购行为影响的同时，也有学者从实证检验视角分析了东道国市场规制对跨国企业 FDI 方式选择的影响。比如：Hijzen et al.（2007）采取 1990—2001 年 23 个 OECD 国家制造业企业的数据，发现关税壁垒对企业跨境并购行为具有负向效应，且主要体现对垂直型跨境并购的负向效应上；Boudier & Lochard（2013）发现服务业规制程度的降低促进了服务企业的跨境并购活动，但对母国服务企业的跨境并购行为的影响呈现出“U 字型”效应。

2.2.3 异质性跨国企业所有权结构的抉择

前文已提到，绿地投资和跨境并购两种方式下都包含了独资与合资这两类所有权结构，Cieślik & Ryan（2009）认为 Helpman et al.（2004）的 HMY 模型中只分析了异质性企业出口与独资 FDI 的抉择，①忽略了外资企业在东道国与本土企业设立合资附属公司的事实。鉴于此，在 HMY 模型的基础上，将外资企业的合资形式引入，考察了进行国际化经营的企业在出口、独资附属公司（wholly - owned subsidiary）与合资附属公司（joint - venture）上的抉择，发现生产率由高到低的企业形式分别是：独资企业、合资企业、出口企业、非出口企业。之后，进一步根据外资企业在合资企业中所占股权比重，将合资企业细分为外资控股企业（majority joint ventures）、内资控股企业（minority）和共同控股企业（双方股权比重都为 50%），发现生产率越高的企业在与东道国企业设立合资附属公司时，所占的股权比重越大，即生产率由高到低的企业股权形式分别为：外资控股企业、共同控股企业、内资控股企业。之后，采取 1985—2001 年日本在 20 个 OECD 国家的制造业跨国企业数据，发现生产率较高的企业选择独资形式，生产率较低的企业选择外资合资形式，生产率最低的企业采取出口形式。在合资企业的三种具体形式上，外资控股企业的生产率最高；本土控股企业的生产率最低；而共同控股企业的生产率与其他两类企业的生产率之间的差异不显著。因此，在总体上的生产率由低到高的排名是：国内企业、出口企业、本土控股企业、外资控股企业、独资企业。

Decker & Zhao（2004）则关注了中小企业在东道国的所有权结构选择，通过构建一个中小企业进入模式选择的数理模型，得到了一些有益的结论：企业决策者对风险厌恶程度越高，采取独资形式的可能性越小；当决策者风险厌恶程度降低时（比如：由于决策者经验的增加或者企业替换为对风险厌恶程度较小的决策者），会导致企业在东道国的合资企业的股权比重上升；当东道国经营风险越大，企业在附属公司中所占股权比重越低；随着东道国经营风险的降低（比如，由于学习效应降低了对东道国市场的不确定性或者东道国市场变得成熟），能够导致企业在东道国的合资企业的股权比重上升；企业在东道国的经营利润越高，越倾向于在合资企业中拥有较高的股权比重；母国市场相对于东道国市场越有吸引力，企业越倾向于在合资企业中占有较低的股权比重。

此外，也有少部分学者采取相关样本进行了经验检验，Raff et al.（2012）采取 1985—2000 年日本制造业企业的数据，发现在绿地投资企业中独资企业的生产率高于合资企业；而 Görg et al.（2010）采取 2003 年德国在印度的跨国企业

① Cieślik & Ryan（2009）认为 HMY 模型中企业的 FDI 行为采取的是独资形式。

数据，发现企业生产率与其所有权结构之间无显著关系，但与行业的研发密度成正相关关系，即在研发密度越高的行业，跨国企业越倾向于拥有较高的股权比重。

2.3 企业异质性与全球生产网络：产品价值链分割

如前文所述，若从 FDI 进入方式视角定义 HMY 模型中的企业对外直接投资，其属于绿地投资，但是如果基于“临近—集中权衡”视角，HMY 模型中的企业进行对外直接投资的主要目的是为了绕过较高的贸易成本在东道国市场销售产品。因此，这一视角下的对外直接投资属于水平型 FDI（Horizontal FDI，HFDI）。然而，目前跨国企业的全球价值链活动使得其生产价值链日益网络化和分散化，即对外直接投资主要表现为垂直型 FDI（Vertical FDI，VFDI）。UNCTAD（2004）和 Görg et al.（2009）指出，目前跨国企业越来越追求产品跨国间的垂直专业化生产，特别是在制造业领域，这一现象表现得尤为明显。①部分学者也意识到跨国企业的这一现实行为，并结合企业异质性对跨国企业的垂直一体化抉择进行了研究。目前已有的研究成果较少，主要集中在两个方面：跨国企业 HFDI 与 VFDI 的抉择；跨国企业在复杂型 FDI（complex FDI）上的选择。

2.3.1 水平型 FDI 与垂直型 FDI 的抉择

同一行业内的企业在决定对外直接投资时，面临着不同的选择：是将整个生产价值链复制于国外，在东道国生产和销售产品；还是对生产价值链进行分割，只将其中一部分转移至国外，以利用东道国相对较低的投入成本。Matsuura & Hayakawa（2012）在 HMY 模型纳入了企业的 VFDI 行为，在 CES 偏好和垄断竞争市场的假设下，将企业的三种生产模式（国内生产、HFDI、VFDI）置于一个分析框架中，解释了企业在上述三种模式中的抉择。其中，国内生产是指企业在

---

① Irarrazabal et al.（2013）指出标准的“临近—集中权衡”模型认为跨国企业的公司内贸易（intra－firm）为零的假设是有误的，通过采取挪威的企业层面数据，发现公司内贸易在跨国企业的全球生产分布中起到了关键的作用。Hanson et al.（2005）也对美国跨国企业的公司内贸易进行了研究。

母国生产和销售产品的同时，也通过出口向国外提供产品；VFDI 方式是指企业在母国进行产品第一阶段的生产，然后将中间产品出口至附属公司所在的东道国进行第二阶段的生产，并将得到的最终产品向母国和东道国提供；HFDI 方式是指企业在母国和东道国都进行中间产品和最终产品的生产，并将所生产的产品在生产地就地销售。此外，假设 HFDI 与 VFDI 方式下拥有相同的新建附属公司的固定成本，以保证企业不会同时选择 HFDI 和 VFDI,①发现，生产率较高的企业选择 HFDI 或 VFDI 方式，而生产率较低的企业在国内生产；在贸易成本较低（较高）的情况下，生产率较高的企业选择 VFDI（HFDI）方式；母国与东道国工资水平差异较大（较小）时，企业倾向于选择 VFDI（HFDI）方式。

遗憾的是，Matsuura & Hayakawa（2012）虽然在 HMY 模型中纳入了企业分割生产价值链的因素，但没有从生产率异质性视角对企业的 HFDI 与 VFDI 抉择进行解释。Aw & Lee（2008）同时考虑到企业进行 HFDI 和 VFDI 的情形，并指出现有的解释跨国企业一体化战略的模型大多集中在发达国家之间或发达国家向发展中国家的对外直接投资，而这些模型无法较好地解释中等收入水平国家的跨国企业的对外直接投资活动。鉴于此，通过在 Grossman et al.（2006）的理论框架的基础上纳入中等收入国家因素，解释了中等收入水平国家的跨国企业在发达国家和发展中国家的生产区位选择。在其理论框架中，跨国企业若在发达国家生产和提供产品，可以节省运输和贸易成本；而在发展中国家则需承担生产和贸易成本。此外，将跨国企业在发达国家的直接投资视为市场寻求型 FDI；而在发展中国家的直接投资视为资源寻求型 FDI。在固定投资成本相同、工资差异较小、贸易成本较高的假设下，发现生产率最高的跨国企业同时在发达国家和发展中国家进行投资；生产率次之的跨国企业在发达国家投资；生产率较低的跨国企业在发展中国家投资；生产率最低企业将不进行 FDI，即生产率最高的跨国企业同时寻求市场和资源；生产率处于中等水平的跨国企业只寻求市场；而生产率较低的跨国企业只寻求效率。Engel & Procher（2012）也采取了同样的方法对市场寻求型 FDI 和资源寻求型 FDI 进行了界定，并得出了市场寻求型跨国企业的生产率高于资源寻求型跨国企业的结论。

不可否认，Aw & Lee（2008）和 Engel & Procher（2012）为异质性企业对外直接投资行为的研究作出了较大贡献，但是基于东道国发展（收入）水平对 FDI

① Matsuura & Hayakawa（2012）未对跨国企业在 VFDI 与 HFDI 方式中的抉择进行分析。

动机的界定方法存在较大误差。[①]事实上，在高收入国家也存在大量的 VFDI（Konings and Murphey，2006；Alfaro and Chaelton，2009）。Ramondo et al.（2013b）针对美国跨国企业的研究发现：与美国相邻国家的附属公司更多地体现出垂直型活动；在欧洲的附属公司主要表现为出口平台型 FDI；在拉丁美洲的附属公司以 HFDI 为主；从市场规模来看，在市场规模较大国家（GDP 衡量）的跨国附属公司呈现出较高的水平型活动。这表明跨国企业的 FDI 动机不仅与东道国收入（发展）水平相关，其更多地受东道国的市场规模以及空间距离所带来的贸易成本等因素的影响。国内学者高越和李荣林（2008）以及 Gao & Whalley（2013）在 DS 垄断竞争框架内，将企业的分割生产投资引入 HMY 模型中，考察了企业国际化经营的路径后发现：生产率最低的企业从事出口；生产率较高的企业进行分割生产；生产率最高的企业选择 HFDI。

在经验研究方面，见表 2－3，已有的研究成果呈现出不同的结论，比如，Aw & Lee（2008）针对中国台湾制造业跨国地区企业在中国和美国附属公司的研究以及 Görg et al.（2009）针对德国在捷克跨国企业的研究，所得结论支持 HFDI 跨国（地区）企业的生产率高于 VFDI 跨国（地区）企业的结论；而 Damijan et al.（2004）对斯洛文尼亚制造业跨国企业的研究、Engel & Procher（2012）对法国跨国企业的研究以及 Chang & van Marrewijk（2013）对拉丁美洲国家跨国企业的研究，都得出了 HFDI 跨国企业与 VFDI 跨国企业之间未表现出明显的生产率溢价。此外，也有部分学者对 HFDI 与 VFDI 的学习效应进行了检验，比如：Matsuura et al.（2008）采取 1985—2003 年日本电子机械制造业企业层面的数据，发现进行 HFDI 的企业对母公司的生产率未表现出显著的正向效应，而进行 VFDI 的企业，国（地区）外附属公司的活动能够提高与其具有投入产出关系的母公司的生产率水平和增长率；Huang et al.（2013）采取 2000—2005 年中国台湾电子和非电子企业的数据也得出了类似的结论，即 VFDI 的学习效应显著存在，而 HFDI 存在滞后的学习效应。[②]

① 尤其是 Aw & Lee（2008）的研究，其研究的对象是中等收入水平国家（地区）的跨国企业对外直接投资动机的抉择，采取东道国发展（收入）水平的界定方法明显是不合适的。

② Huang et al.（2013）对 HFDI 和 VFDI 的界定方法与 Aw & Lee（2008）以及 Engel & Procher（2012）相同，即将投向发展中国家和发达国家（地区）的 FDI 分别视为 VFDI 和 HFDI。

表 2-3 异质性跨国（地区）企业产品价值链分割的经验研究

作者	研究样本	样本期（年）	研究对象	研究方法	研究结论
高越和李荣林（2008）	美国	2004	制造业	回归分析	生产率最低的企业从事出口；生产率较高的企业进行分割生产；且生产率水平越高的企业配置在国外的生产环节越多；生产率最高的企业选择水平型 FDI
Aw & Lee（2008）	中国台湾	2000	制造业	回归分析	生产率最高的企业同时投资于中国和美国；生产率中等的企业只投资美国；生产率较低的企业只投资中国
Chen（2010）	法国	2005—2007	制造业	回归分析	当从已存在的下游附属公司进口最终产品的贸易成本较高时，跨国企业倾向于进行水平型扩张；当跨国企业与东道国附属公司的公司内贸易成本较低时，尤其是存在投入产出关系时，跨国企业倾向于在东道国建立垂直型联系的附属公司
Katayama et al.（2011）	日本	1998	制造业	回归分析	生产率水平较低的企业采取出口导向型 FDI；生产率较高的企业选择市场导向型 FDI
Hayakawa & Matsuura（2011）	日本	1994—2003	制造业	空间计量法	生产率较高的跨国企业将产品的价值链置于多个国家进行生产
Engel & Procher（2012）	法国	2002—2005	制造业	非参数 KS 法	寻求市场的跨国企业的生产率高于寻求资源的跨国企业生产率
Matsuura & Hayakawa（2012）	日本	1995—2006	制造业	回归分析	贸易成本的下降使得企业倾向于选择垂直型 FDI，而不是水平型 FDI
Tanaka（2012）	日本	2008	制造业	非参数 KS 法	生产率最高的企业倾向于在多个东道国进行投资
Chang & van Marrewijk（2013）	拉丁美洲国家	2006	总体	非参数 KS 法	本土非出口企业；本土出口企业；外资出口企业；外资非出口企业四类企业之间没有明显的生产率临界点
Huang et al.（2013）	中国台湾	2000—2005	电子业和非电子业	倾向匹配法 GMM 法	垂直型 FDI 的学习效应仍显著存在，水平型 FDI 存在滞后的学习效应

除了从生产率异质性视角进行分析外，Chen（2010）还基于第三国附属公司的视角分析了其对跨国企业 HFDI 与 VFDI 抉择的影响，通过采取 2005—2007 年法国制造业企业的数据，回归结果显示：跨国企业的国外生产区位之间有着明显的水平型和垂直型相互影响，且第三国的附属公司对跨国企业在上下游生产的进入决定有着显著的影响：当从已存在的下游附属公司进口最终产品的贸易成本较高时，跨国企业倾向于进行水平型扩张；而当跨国企业与东道国附属公司的产业内贸易成本较低时，尤其是存在投入产出关系时，跨国企业倾向于在东道国建立垂直型附属公司。此外，当考虑到第三国的网络效应时，跨国企业在母国的生产和国外新投资之间无显著的水平型相互依赖关系。

国内学者田东文和贾科华（2010）解释了异质性企业参与垂直专业化生产的抉择，在理性、自利和均衡的基本假设下以及产品生产过程可分割的情形下，通过引入企业异质性，考察了效率异质性企业服务于不同市场的形式。首先，通过将生产环节分割，研究了生产率异质性引起的企业市场行为差异：生产效率较低的企业不参与生产或只从事整个产品生产的某几个阶段，其他阶段依靠进口，该类企业仅服务于国内市场；生产效率中等的企业以出口中间产品的形式服务于外国市场；生产效率较高的企业通过 FDI 生产中间产品的形式服务于外国市场；生产效率最高的企业通过 FDI 生产最终产品的形式服务于外国市场。其次，通过引入 Krugman and Venables（1995）的产品增值链分割以及 Hummels et al.（2001）的垂直专业化概念，得到结论：即使效率较低的企业，也可能通过垂直专业化生产参与贸易并从中获益。最后，在垂直专业化情形下，效率异质性决定着企业面临两种生产或供给模式的选择：效率相对较低的企业只在国内专业化生产某一阶段；效率相对较高的企业则可通过 FDI 在国外专业化生产某些阶段的同时，在国内专业化从事另外一些阶段的生产。

2.3.2 异质性企业的复杂型 FDI 表现

现实中跨国企业的对外直接投资动机除了涉及前文提到的市场寻求型（HFDI）和资源寻求型（VFDI）之外，还存在一些混合型投资动机，即复杂型 FDI。比如：出口平台型 FDI（export - platform FDI），是指跨国企业在东道国设立附属公司，将所生产的产品输向第三国。这一类型的 FDI，在东道国设立附属公司的目的是为了寻求东道国相对较低的生产要素投入成本，即表现为资源寻求动机，而将产品销往第三国市场（有时与东道国在空间上是临近的）的主要目的是为了拓展当地市场，此时表现为市场寻求型动机。因而，采取出口平台型 FDI 的跨国企业包含了市场寻求型和资源寻求型两类动机，属于复杂型 FDI。此外，传统的 VFDI 只涉及两个国家（东道国与母国）之间的中间产品贸易，属于“单纯型 VFDI（pure VFDI）”；但现实中部分跨国企业为了充分利用各国的比较优势，将产品价值链分割并置于多个国家进行生产，[①]以实现资源的全球配置，因此需要在多个国家设立附属公司，并与其进行中间产品贸易，这类型 FDI 被称为“复杂型 VFDI（complex VFDI）”（Hayakawa & Matsuura，2011）。除了上述两类复杂型 FDI 外，现实中跨国企业的对外直接投资中还存在分布导向型 FDI（distribution - oriented FDI），这类 FDI 与跨国企业进行中间产品贸易的 VFDI 以及在东道国生产和销售产品的 HFDI 都不相同，其是指跨国企业在东道国设立零售贸易附属公司，然后将从母公司进口的最终产品在东道国市场销售。分布导向型 FDI 的出现主要是因为跨国企业面临着较高的国外生产成本和设立附属公司的固定成本（Irarrazabal et al.，2013；Tintelnot，2013）。

在具体研究上，Katayama et al.（2011）构建了一个多东道国的异质性企业 FDI 动机抉择的理论模型，分析了生产率异质性企业在出口导向型 FDI 与市场导向型 FDI 中的抉择，发现：均衡时跨国企业在两个东道国之间的分配使得处于生产率水平分布低端的企业采取出口导向型 FDI；而处于生产率水平分布高端的企业选择市场导向型 FDI。即生产率相对较低的企业倾向于选择出口导向型 FDI。Hayakawa & Matsuura（2011）在 CES 偏好和垄断竞争市场的假设下，通过构建一个跨国企业进行复杂投资的四国模型，对跨国企业采取 VFDI 的生产率溢价进行了理论分析，发现采取复杂型 VFDI 的跨国企业的生产率高于单纯型 VFDI 的跨国企业。之后，通过采取 1994—2003 年日本在 9 个东亚国家的制造业跨国企业的数据，运用空间计量方法，发现复杂型 VFDI 在日本对东亚国家的投资中是存在的，且在生产率较高的跨国企业中表现得尤为显著。[②]高越和李荣林（2008）以及 Gao & Whalley（2013）也得出了类似的结论，认为生产率较高的企业进行分割生产，且生产率水平越高的企业配置在国外的生产环节越多。

Mrazova & Neary（2013）则将出口平台型 FDI 和复杂型 VFDI 纳入同一分析框架中，通过在 Neary（2002、2009）模型的基础上以及垄断竞争的框架下，分析了跨国企业在多国设立附属公司与出口平台型 FDI 的抉择，发现生产率最高的

---

① Feinberg & Keane（2006）对美国跨国企业的分析中发现，仅有 12% 和 19% 的跨国企业的对外直接投资属于单纯的 HFDI 和 VFDI，其余的跨国企业都采取了复杂的投资战略。

② Tanaka（2012）采取日本制造业企业的数据也得出了生产率较高的跨国企业倾向于在多个国家投资的结论，但 Bandick（2010）指出这类附属公司一般拥有较低的生存率。

企业在多个东道国设立附属公司，中等生产率水平的企业只设立一个附属公司，并将其作为出口平台；生产率最低的企业选择出口方式。Kleinert & Toubal（2011）通过对 HMY 模型的拓展，将分布导向型 FDI 纳入异质性企业的“临近—集中权衡”框架中，分析了跨国企业在水平型 FDI 与分布型 FDI 中的抉择，发现贸易成本对分布型 FDI 具有负向效应，但对水平型 FDI 具有正向效应；新设附属公司的固定成本对两种 FDI 的影响正好相反。之后，采取 1996—2003 年德国制造业企业的数据，证实了上述结论。

2.4 总结性评述

HMY 模型提出之后，“企业异质性”被大量学者用来解释跨国企业的对外直接投资行为，在这些研究成果中，“企业异质性”的关键作用体现在两个方面（Helpman，2006）：行业内企业之间的生产率差异所导致的异质性；企业组织形式的异质性。这两个方面是相互关联的，因为企业生产率的异质性导致了其在生产组织和分布选择上的差异。①从已有的研究成果来看，关于异质性企业对外直接投资行为的研究日益细致化、全面化和现实化，比如：从最初的对异质性企业出口与水平型 FDI（绿地投资）抉择的研究，逐渐发展至探析异质性企业在对外直接投资的方式、股权结构和动机上的抉择；研究视角从企业生产率异质性视角转向企业非生产率异质性视角；理论研究从只考虑两国之间的投资行为拓展至跨国企业向多个东道国投资的现实情景；理论模型将金融约束、工资差异、市场规模差异等更为贴近现实的因素引入对异质性企业对外直接投资的行为进行解释；等等。但是，目前针对此领域的研究在逐步深入的同时，也存在一定的不足与可以进一步研究的方向，主要表现在：

第一，在研究视角上，缺乏从静态层面与动态层面相结合的视角进行系统深入的研究。目前学者们针对异质性企业国际化经营路径抉择的研究，大多集中在不同路径之间的生产率溢价、自我选择效应或学习效应的一个或两个方面，较少

① 关于异质性企业的组织形式抉择的研究，如：Tomiura（2007）、Federoco（2010）、Fernandes & Tang（2012）、Garetto（2013）等，由于本书研究未涉及企业的组织形式抉择，故在文献综述部分未对此方面的研究成果进行评述，关于此方面的研究综述，见 Helpman（2006）、Ramada - Sarasola（2009）等。

有学者像 Kimura & Kiyota（2006）那样，在研究日本企业出口与FDI抉择时，先从静态层面分析出口企业与FDI企业之间的生产率溢价，然后从动态层面探析上述生产率溢价是由企业“事前”的自我选择效应带来，还是由“事后”的学习效应导致，从而形成一个系统的研究框架。

第二，在研究内容上，主要集中在异质性企业的出口与水平型FDI（绿地投资）的抉择上。目前学者们更多地关注异质性企业出口与水平型FDI（绿地投资）的抉择研究，包括对HMY模型的检验以及从不同视角的拓展，而在异质性企业FDI的方式、动机及所有权等方面的涉及较少，且不够深入。现实中跨国企业的跨境并购和生产价值链分割的行为以及独资化倾向值得学者们从企业异质性的微观视角去关注和解释这些现象。

第三，在研究行业上，较少涉及异质性服务企业国际化路径的抉择。已有的理论模型和经验检验主要结合有形产品领域的贸易与投资特征对制造业行业中异质性企业的国际化路径抉择进行解释和验证，而结合服务产品和服务业特性对异质性服务企业对外直接投资行为的研究较少。相对于制造业企业，服务企业具有更强的异质性（Shepherd，2014）及其区别于有形产品的特殊属性，且在服务经济浪潮的推动下，跨国服务企业已成为全球外商直接投资的主体，因此针对跨国服务企业国际化路径抉择的研究是今后一个重要的研究方向。

第四，在研究对象上，更多地关注高收入国家异质性企业对外直接投资的行为表现。已有的理论框架主要集中在高收入国家企业向中低收入国家投资的研究上，而解释中低收入国家的企业对外直接投资行为的成果较少，且限于数据可得性等原因，目前的经验检验也较少涉及中低收入国家。中低收入国家在全球经济中逐渐占据了举足轻重的地位，尤其像中国这样的经济发展大国，在全球对外直接投资活动中已位居第二位。因此，中低收入国家中跨国企业的对外直接投资行为也是今后一个需要关注和解释的现象。

结合上述不足和可进一步拓展的方向，本书针对异质性服务企业对外直接投资动机的研究主要弥补和拓展了前三个方面，关于第四个方面，目前限于数据的可得性，该方面的拓展是本书后续研究的主要内容和方向之一。

最后，需要指出的是，与其他所有文献综述一样，本书的综述不可避免地不够完整，主要表现在以下几个方面：第一，本书综述不可能覆盖所有异质性企业对外直接投资行为的文献，只根据所研究内容选取和关注了那些代表性文献。第二，本书没有详细地讨论任何一篇文献，包括作为此领域研究的奠基之作——HYM模型，只是对每篇文献所涉及的研究内容、研究方法和研究结论进行了梳

理和评述。第三，本书综述将关注重点主要放在理论研究成果上，在经验研究方面，只是将部分研究成果以列表形式给出，并对其研究结论进行简单评述。第四，本书综述主要梳理和评述了发表在国外期刊上的文献，对国内期刊上的论文只评析了两篇代表性理论文献。这是因为，一方面，如前文所述，国内学者关于异质性企业对外直接投资行为的理论研究成果较为匮乏；另一方面，由于中国目前的统计制度较为滞后，关于跨国企业微观层面数据的统计尚不健全，因此较少有学者对中国企业“走出去”的抉择进行经验研究。当然，本书也希望倡导国内学者要结合中国的“走出去”政策、对外直接投资状况、产业发展现状等来探索适合中国具体国情的异质性企业“走出去”的研究方法和实证模型，而不是照搬国外学者的思想和模型。

第3章 异质性服务企业对外直接投资动机的生产率溢价

大量研究成果证实，参与不同国际经营方式的服务企业，其生产率是存在差异的，比如，出口服务企业与非出口服务企业（Love and Mansury，2009；Minondo，2013；Minondo，2014）；对外直接投资服务企业与出口服务企业（Temouri et al.，2013；Wagner，2014）；绿地投资服务企业与跨境并购服务企业（Nocke & Yeaple，2007；Norbäck & Persson，2008；Stepanok，2015）。造成这一现象的主要原因是不同国际经营方式的成本和存在的学习效应是有差异的。那么，进行对外直接投资活动的服务企业中，在东道国寻求市场和寻求效率的经营成本与学习效应也可能由于沟通成本等因素的不同带来差异。因此，市场寻求型对外直接投资服务企业与效率寻求型服务企业的生产率是否在存在差异，即在静态层面是否存在服务企业对外直接投资动机的生产率溢价现象，这是本章主要考察的内容。

3.1 服务企业的异质性考察：生产率视角

3.1.1 TFP估计方法与样本选取

（1）TFP估计方法选择。企业生产率的衡量涉及投入产出的数量和质量两个

方面（Rutkauskas & Paulaviciene，2005），这使得服务企业 TFP 的测算要比制造业企业更加复杂。因为服务企业 TFP 的测算不仅涉及投入产出数量层面的企业自身，还涉及能够反映服务质量的一个最重要的外部因素——消费者。但是，由于涉及消费者感知等无形要素，使得服务产品投入产出的质量测度比有形产品更具有挑战性（范秀成等，2006）。因此，本书关于服务企业 TFP 的测算是从投入产出的数量层面进行的，未涉及其质量层面。

基于数量层面的 TFP 测算，传统的测算方法也适用于服务企业，这些方法主要有前沿分析法和非前沿分析法两类。鉴于本书关注的重点之一是各投入要素对服务企业产出的贡献率，故采取非前沿分析法测算服务企业的 TFP。在估计之前，先要对生产函数形式进行设定，Cobb – Douglas 生产函数（C – D 函数）由于其结构简约易用，且对规模经济的测度直观和符合常理，在实际应用中成为最常用的函数（鲁晓东、连玉君，2012），[①]其函数形式通常为：

$$Y_{it} = A_{it} K_{it}^{\beta_k} L_{it}^{\beta_l} M_{it}^{\beta_m} \tag{3-1}$$

Y_{it}代表企业 i 在 t 时期的实际产出，通常用增加值、产值或者销售额衡量；$K_{it}^{\beta_k}$、$L_{it}^{\beta_l}$和 $M_{it}^{\beta_m}$分别代表资本、劳动和中间投入；A_{it}就是企业 i 在 t 时期的 TFP。通过对（3 – 1）式取对数，将其转换为线性形式：

$$y_{it} = \beta_0 + \beta_k k_{it} + \beta_l l_{it} + \beta_m m_{it} + \varepsilon_{it} \tag{3-2}$$

y_{it}、k_{it}、l_{it}和 m_{it}是取对数后的企业产出、资本、劳动和中间投入；此外，

$$\ln A_{it} = \beta_0 + \varepsilon_{it} \tag{3-3}$$

β_0 衡量的是企业的平均效率水平；ε_{it}是随机扰动项。通过对式（3 – 2）的估计可以得到 TFP 的绝对水平值，进而得到企业的 TFP 估计值（$\hat{A}_{it}$）：

$$\hat{A}_{it} = \exp(\hat{y}_{it} - \hat{\beta}_k k_{it} + \hat{\beta}_l l_{it} + \hat{\beta}_m m_{it}) \tag{3-4}$$

但是，若采取简单的线性回归方法（OLS 方法）进行估计时，得到的 TFP 估计值是有偏的，因为 OLS 方法假设生产函数中的要素投入是外生的，即要素投入组合与企业效率之间是不相关的。Marschak & Andrews（1944）指出生产函数中的要素投入不是独立存在的，要受包括效率在内的企业特征的影响，也就是存在同时性偏差（simultaneity bias）。Loecker（2011）认为这种同时性偏差是由于企业要素投入组合与不可观测生产率冲击之间的相关性所带来的，即残差项与回

---

① 部分学者也采取了更为灵活的超越对数生产函数，该函数放松了常替代弹性的假设，且在形式上更具有灵活性，往往能更好地避免由函数形式误设所带来的估计偏差（王争等，2006）。但是，尽管其在理论上具有诸多优点，也无法比 C – D 函数提供更多的信息。

归项是相关的。同时性偏差可能会导致劳动要素和中间投入的产出弹性发生高估，而低估了资本要素的产出弹性，使得所测算的 TFP 出现偏差。

此外，另一个容易产生的问题就是选择性偏差（selection bias），这一问题早在 1965 年已经被 Wedervang（1965）提出。Hopenhayn（1992）指出企业退出市场的行为在很大程度上是由企业生产率之间的差异所决定的，拥有较高生产率的企业退出市场的概率较低（Farinas and Ruano，2005）。但是，如果企业在退出市场之前能够获取其生产率水平的信息，就会导致资本要素投入和误差项产生相关性，因为相对于较低资本投入的企业，资本要素投入较大的企业在低生产率水平条件下更易生存，使得企业在面对低效率冲击时，退出市场的概率与其资本存量呈现负相关关系，导致对资本要素产出弹性的低估，所测算的 TFP 发生向上偏差。针对以上问题，可以将残差项拆分为可以观测（或预测）和不可观测两个部分来解决。[①]此时，（3－2）式变为：

$$y_{it} = \beta_0 + \beta_k k_{it} + \beta_l l_{it} + \beta_m m_{it} + v_{it} + \mu_{it} \quad (3-5)$$

v_{it}是企业可以观测并影响当期要素投入的部分；μ_{it}是由衡量误差、外部环境等因素导致的误差，是真正的误差项。

在估计方法上，为了克服估计偏差，学者们提出了多种估计方法，概括起来，主要有固定效应估计法、GMM 工具变量法、OP 方法和 LP 方法等四种。其中，固定效应（FE）方法是在假设 v_{it}因企业而异、但跨时不变的基础上进行估计的（Pavcnik，2002），通过在（3－5）式中纳入企业个体虚拟变量，来解决同时性偏差引起的内生性问题。此外，企业的退出决定在一定程度上也受 v_{it}的影响。因此，固定效应估计方法也能够消除企业退出市场内生性所引起的选择性偏差（Beveren，2012）。但是，Ackerberg et. al（2007）指出，固定效应方法会造成资本要素投入弹性的不合理低估，且 Olley & Pakes（1996）发现采取固定效应方法对平衡面板数据和非平衡面板数据估计得出的估计值存在较大差异，并指出该方法潜在假设是无效的。Wooldrige（2009）也指出固定效应估计方法对投入要素的严格外生性以及企业个体异质性的强制性假设太过苛刻。

另一个可以为生产函数提供一致估计的方法是对可能存在内生性问题的变量采取工具变量。与固定效应方法不同，工具变量法并不要求投入要素是严格外生

① 除同时性偏差和选择性偏差外，在生产函数估计过程中还存在价格偏差（omitted price bias）和技术偏差。其中，价格偏差是由市场的不完全竞争性所导致的企业价格平减指数与要素投入之间的相关关系带来的；技术偏差是由企业采取相同技术生产多种产品的假设所造成的。在实际应用中，限于数据可得性，这两类偏差还没有较好的解决方法。

的（Wooldrige，2009），但 Ackerberg et al.（2007）指出，工具变量法只能消除投入要素内生性所引起的同时性偏差，而无法解决选择性偏差；同时，采取工具变量法对生产函数的估计依赖于一个不合理的假设，即企业生产率的变迁是外生的，若在生产函数估计过程中未控制某些重要的投入要素（如 R&D 等）时，这一假设是不成立的。此外，找到较为满意的工具变量的难度较大，目前学者们采取的工具变量主要有：投入要素或产出价格、投入要素供给或产出需求、投入要素的滞后值等。但无论哪种工具变量，都不是令人满意的选择。①

针对以上方法在估计过程中存在的问题，Olley & Pakes（1996）提出了一致的半参数估计方法（OP 方法）。该方法采取企业投资决策作为不可观测生产率冲击的代理变量来消除同时性偏差，同时，通过引入企业退出规则来解决选择性偏差。通过构建一个在特定生产率冲击和进出市场下企业行为的动态模型，OP 方法兼顾了对同时性偏差和选择性偏差的分析。②但是，Levinsohn & Petrin（2003a）指出，OP 方法在 TFP 的估计过程中要求投资与总产出始终保持单调关系，意味着只有那些每年投资额都为正的样本才能够在估计过程中保留，导致样本损失量较大。此外，若企业在较多年份没有进行投资，那么 OP 方法的单调性条件的有效性就会大大降低。为此，Levinsohn & Petrin（2003a）提出了采取企业中间投入而不是投资作为不可观测生产率冲击的代理变量（LP 方法），因为企业在生产过程中每一年的中间投入都为正，在保留了大量样本的同时，也保证了单调性条件的有效性。LP 方法采取中间投入（m_{it}）作为代理变量，意味着中间投入可以看做是 k_{it} 和 v_{it} 的函数，即：$m_{it} = m_t(k_{it}, v_{it})$。在单调性条件满足的假设下，$m_{it}$ 函数可以进行转化，将 v_{it} 看作是可观测变量 k_{it} 和 m_{it} 的函数，即：$v_{it} = v_t(k_{it}, m_{it})$，将其代入（3-5）式，得到：

$$y_{it} = \beta_0 + \beta_k k_{it} + \beta_l l_{it} + \beta_m m_{it} + v_t(k_{it}, m_{it}) + \mu_{it} \tag{3-6}$$

通过对（3-6）式的估计可以得出企业的 TFP。③

可以看出，在企业 TFP 的四种主要估计方法中，OP 方法和 LP 方法是最为有效的方法，能够克服生产函数估计过程中可能产生的同时性偏差和选择偏差。鲁晓东、连玉君（2012）采取中国工业企业层面数据对这四种方法的估计结果进行

① 详见 Beveren（2012）在 3.2（IV and GMM）中的分析，在此不再赘述。

② 关于 OP 方法的详细解释，有兴趣的读者可以参阅 Ericson & Pakes（1995）和 Olley & Pakes（1996）。

③ 与 OP 方法不同，LP 方法在对生产函数的估计中，不同因变量采取的估计方法不同，若因变量为企业增加值，将采取最小二乘法进行估计；若为企业收入，则采取 GMM 法进行估计。

横向比较后，也发现半参数的 OP 方法和 LP 方法能够较好地解决传统计量方法中的内生性问题。但是，鉴于 OP 方法对本书样本损失量较大，本书采取 LP 方法对中国服务企业的 TFP 进行估计。[①]

(2) 样本选取与数据说明。服务业相关统计制度的不完善是目前针对服务领域研究较为滞后的一个重要阻碍因素，尤其是微观层面的服务企业调查数据，多数国家，特别是发展中国家和欠发达国家，关于微观服务企业的数据调查更为滞后，部分发达国家（如美国、日本、德国等）对本国的服务企业进行了抽样调查，拥有较大样本量的服务企业数据，但这些数据的使用需要提交申请，且仅对本国研究者开放。因此，本章针对服务企业生产率异质性的考察在很大程度上受限于企业层面样本的获取。庆幸的是，世界银行近年来致力于弥补发展中国家和发达国家企业层面数据严重滞后的局面，对全球多个国家的企业进行了抽样调查，并为研究者提供了原始的企业调查数据。[②]鉴于此，本书选取世界银行企业调查数据库给出的微观数据作为考察服务企业生产率异质性的样本，该数据库包含了 1999—2012 年全球 140 个国家的 13.3 万家企业的经营销售、进出口状况以及财务状况等数据，其中，涉及服务企业的国家共有 135 个，[③] 企业数目为 49481 家，共涵盖了 IT 服务业（IT services）、电信业（telecommunications）、会计金融业（accounting and marketing）、广告市场业（advertising and marketing）、零售批发业（retail and wholesale trade）、住宿业（hotels and restaurants）、运输业（transport）、房地产和租赁业（real estate and rental services）、其他服务业（other services）等 9 大服务行业。此外，根据世界银行按照收入水平对全球国家的划分标准，服务企业所属的样本国家中，属于低收入和中低收入国家的服务企业分别有 6617 家和 13503 家；属于中高收入和高收入国家的服务企业数目分别是 17053 家和 12308 家。各样本国家所属的收入水平以及其拥有的服务企业样本数目见附录的表 A1。

在服务企业 TFP 估计中各指标的衡量上，本书采取如下衡量方法：在实际产出方面，借鉴 Saliola & Seker（2011）等学者采取世界银行企业调查数据测算 TFP 时的普遍做法，采用企业的销售收入进行衡量；在资本要素投入方面，采取

---

① 本书在此未采取 GMM 工具变量法进行估计，主要原因如前文所述，该方法对样本的时间跨度有一定的要求。

② 世界银行企业调查数据库的网址为：www.enterprisesurveys.org；目前全球学者可以通过提交项目研究计划等途径获取访问和下载原始数据权限。

③ 在对样本数据进行初步整理之后，叙利亚只有 1 家服务企业，故将这一样本国家剔除。

企业机器与设备年末的账面净值衡量；在劳动要素投入方面，可利用的指标有从业人员和劳动报酬两个，张军、施少华（2003）和杨勇（2008）指出，劳动报酬在市场经济发达的国家能够较为合理地反映劳动要素投入，但在发展中国家，由于收入分配体制不合理、市场调节机制不完善等因素，劳动报酬并不能较好地反映劳动要素投入的变化，同时为了保证各样本国家所采取指标的一致性和所得结果的可比性，采取从业人员衡量企业的劳动要素投入；在中间投入方面，采取能源投入成本进行衡量，包括企业在电力、燃料等方面的成本，正如 Levinsohn & Petrin（2003b，2012）所指出的，能源是每家企业生产所必需的，且多数企业报告了正的能源投入，在一定程度上减少了样本的损失程度。①

此外，为了提高结果的可靠性，本书在测算 TFP 时剔除了销售收入、从业人员、资本要素投入和中间投入等变量值为 0 和缺失的样本。在此基础上，采取世界银行数据库公布的各国货币兑美元的汇率对各样本国家的相关数据进行转换。同时，为得到经济学意义上的 TFP，分别采取世界银行数据库公布的居民消费价格指数、固定资产价格指数和 GDP 平减指数分别对服务企业的销售收入、资本要素投入和中间投入进行平减。②

3.1.2 各投入要素的产出贡献率

测算服务企业 TFP 之前，各投入要素的产出弹性是本书的关注重点之一。在采取 LP 方法估计过程中，将 GMM 方法融入，采用资本要素的当期值和中间投入的一阶滞后值作为工具变量，并考虑到由于样本期较短可能造成资本要素变量和中间投入变量的变动较小，本书根据 Petrin et al.（2004）的建议，在估计过程中采用格点搜索（grid search）方法而不是一般的非线性最小二乘法。总体及各收入水平国家的要素产出弹性的估计结果见表 3 - 1 所示。

可以看出，在克服了同时性偏差和选择性偏差之后，总体上服务企业产出中资本投入和中间投入的贡献率是最高的，而劳动要素的投入产出率是最低的。但是，从不同收入水平国家来看，在低收入国家中，服务企业的发展更多地依赖劳动力和中间投入的增长，资本要素的产出贡献率较低；中低收入国家的服务企业

---

① 在本书服务企业的样本中，报告了正的能源投入的企业所占比重达到 67.21%。但是，中国 1999—2002 年的样本数据中，仅有 11.87% 的企业给出了能源投入数据，而报告其他中间投入（包括企业的管理费、设计费和通信费等）的企业比重达到 73.25%，为不损失样本，中国在此样本期间采取其他中间投入作为中间投入的衡量指标。

② 各类价格指数均是以 2005 年为基期的。

表 3-1　　不同收入水平国家中各投入要素的产出弹性

变量	总体	低收入国家	中低收入国家	中高收入国家	高收入国家	中国
lnL	0.292*** (18.45)	0.658*** (14.12)	0.241*** (9.97)	0.348*** (11.58)	0.571*** (12.46)	0.264*** (6.45)
lnK	0.480*** (5.20)	0.130*** (1.31)	0.360*** (1.46)	0.500*** (7.39)	0.460*** (2.12)	0.190*** (1.34)
lnM	0.480*** (6.11)	0.650*** (3.18)	0.54*** (2.42)	0.450*** (8.56)	0.130*** (1.48)	0.480*** (2.16)

注：*** 表示5%显著水平下显著；括号内为t值。

发展中，资本要素所起的作用也较小，其主要依赖燃料、电力等中间投入要素；中高收入国家和高收入国家中，资本要素在服务企业产出中的贡献率较高，不同的是，除资本要素外，中高收入国家更多地依赖中间投入的增长，而高收入国家服务企业的产出增长主要是靠高素质人力资本的投入。因此，收入水平越高的国家，其服务企业产出中资本要素的贡献率越高，燃油、电力等中间投入要素所起的作用越小；劳动力要素的产出贡献率在低收入国家主要是靠廉价劳动力投入实现服务企业产出的增长，而在高收入国家发挥主要作用的是高素质的劳动力要素；中低收入国家和中高收入国家中，劳动力成本高于低收入国家，但劳动力质量却低于高收入国家，使得这两类收入水平国家中，劳动力要素在服务企业产出中的贡献率较低。

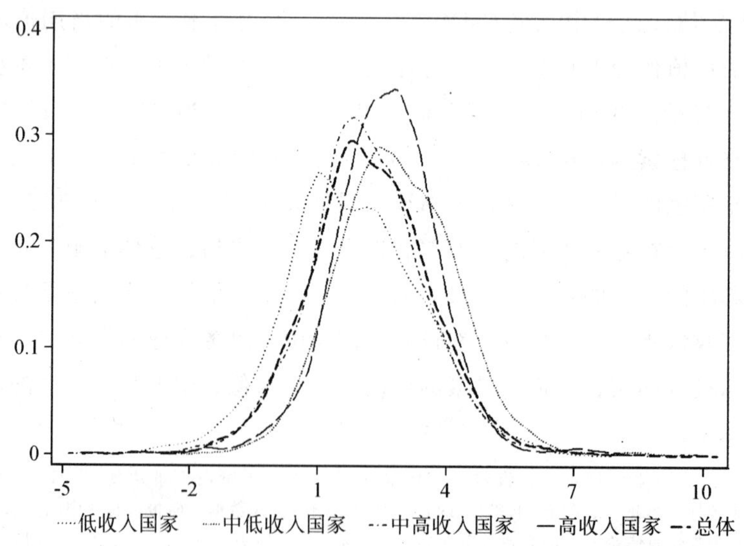

图 3-1　各收入水平国家的 TFP 估计值的核密度函数图

为了反映 TFP 的动态变化以及比较分析各收入水平国家所得 TFP 的分布特征，本书根据表 3-1 中各投入要素的产出弹性，绘制了不同收入水平国家服务企业 TFP 的核密度函数图，并将它们置于一幅图中进行比较，见图 3-1。可以看出，高收入水平国家服务企业的平均 TFP 是相对最高的；低收入水平国家拥有着最低的服务企业 TFP；中高收入国家服务企业的平均 TFP 要低于中低收入国家，这一现象出现的主要原因是在中高收入样本国家中占据较大比重的中国拥有着较低的服务企业生产率。[①]此外，从密度函数的性状来看，基于峰度—偏度（Skewness - Kurtosis）以及夏皮罗—威尔克（Shapiro - Wilk）的正态性检验结果均显示，总体及各收入水平国家的 TFP 水平值都在极高的置信水平上拒绝了正态性的原假设（两种检验方法下的 P 值均为 0）。从峰度和偏度的统计量来看，总体及各收入水平国家的 TFP 水平值的偏度统计量的 P 值均为 0，说明这些分布形态与正态分布的偏度存在显著的差异；在峰度统计量中，除高收入国家的 P 值为 0.443 外，其他的 P 值都小于 0.05，表明高收入水平国家的 TFP 水平值的分布形态与正态分布的峰度是较为相同的，其他几类 TFP 水平值的分布形态与正态分布存在一定的差异，在 5% 的置信水平下显著地拒绝了与正态分布的峰度相同的原假设。

3.1.3 基于企业类型的 TFP 异质性

如前文所述，已有的研究成果已表明不同类型服务企业之间的生产率存在一定差异，比如，Breinlich & Criscuolo（2011）采取英国数据发现参与贸易的服务企业要比非贸易服务企业具有更高的生产率；Philipp & Gelübcke（2013）发现在德国的外资服务企业的生产率要低于本土服务企业，等等。因此，为考察服务企业的异质性，本书首先基于企业异质性视角，分别从贸易与否、股权结构和企业规模等几个方面考察不同收入水平国家服务企业 TFP 的特定表现。

此外，在计算各类服务企业的加总 TFP（aggregate TFP）时，本书采取服务企业产出（销售额）进行加权，即产出越高的服务企业对总体 TFP 的贡献越大（Saliola and Seker，2011）。加权方法为：首先对每个服务企业的 TFP 赋予其所在类别中的销售权重，得出每一年各类服务企业的加权 TFP 值，然后对各年的加权 TFP 值进行几何平均。同样，各类服务企业的加权 TFP 增长率也采取上述方法进

① 在本书高收入国家的服务企业样本中，剔除异常及缺失样本之后，中国所占比重为 34.92%，而中国的加权平均 TFP 仅为 3.04，远远低于中高收入国家中其他国家 4.02 的加权平均 TFP。

行赋权。同时，为了使 TFP 更符合正态分布以及降低样本个体之间的异方差等，本书借鉴目前多数学者在比较企业层面 TFP 时的普遍做法（Beveren，2012；谢千里等，2008），对 TFP 进行了对数化操作，结果见表 3－2 所示。

表 3－2　不同收入水平国家中各类服务企业的 TFP 水平

分类标准	企业类型	总体	低收入国家	中低收入国家	中高收入国家	高收入国家	中国
是否出口	出口企业	4.51	2.66	3.01	3.54	4.33	2.46
	非出口企业	4.61	3.73	5.34	3.82	4.51	3.17
是否进口	进口企业	4.71	3.29	5.88	3.24	6.76	2.87
	非进口企业	4.23	3.28	3.63	2.96	5.63	2.94
所有权结构	外资企业	4.28	3.58	3.90	3.99	4.59	3.11
	内资企业	4.94	3.30	5.30	3.89	4.61	2.99
是否国有	国有企业	4.92	1.90	3.44	2.84	3.51	2.88
	非国有企业	4.56	3.73	5.17	3.90	4.51	3.18
企业规模	小规模企业	5.38	3.67	4.92	4.86	4.07	3.61
	中等规模企业	4.89	3.92	4.81	4.07	5.18	3.60
	大规模企业	4.64	3.18	3.16	3.49	3.90	2.97
TOTAL	TFP 水平	4.73	3.69	5.17	3.76	4.80	3.04
	标准差	1.49	1.53	1.50	1.40	1.23	1.18

注：在不同类别企业的界定上，采取世界银行在企业调查中的统一标准，其中，国有（外资）服务企业是指政府（国外拥有者）股权比重大于 10% 的企业。服务企业的规模是根据从业人数界定的：小规模企业（从业人数 <20）、中等规模企业（20≤从业人数 <100）、大规模企业（从业人数≥100）。

如表 3－2 所示，除中低收入国家外，服务企业 TFP 在总体上呈现出收入水平越高的国家，其 TFP 水平越高的现象。中低收入国家服务企业总体 TFP 水平偏离实际的主要原因是，部分样本国家（巴基斯坦、塞内加尔和赞比亚）中给出的服务企业以中小规模企业为主，但拥有较高的销售额，采取销售加权的方式必定会造成总体 TFP 水平较高的现象。但是，从总体层面 TFP 的离散程度来看，一个一致的现象是：收入水平越低的国家，其服务企业 TFP 的标准差越大，即服务企业 TFP 的异质性越强。①在不同类型服务企业之间的异质性表现上，出口服务企业的生产率要低于非出口服务企业，这一现象在总体以及各收入水平国家均

① 中国服务企业 TFP 的标准差仅为 1.18，甚至低于高收入水平国家，这一现象的可能原因是，中国大多数服务企业的 TFP 水平较低，在一定程度上导致了服务企业 TFP 的异质性较小。

存在，即存在出口的“生产率悖论”，①可能的原因是，一方面，本书的出口与非出口服务企业 TFP 只是在总体或不同收入水平国家层面进行了简单的加权平均，未考虑到企业的特征、所属行业等因素的影响；另一方面，较多学者在研究服务企业的出口生产率溢价时采取的是劳动生产率指标，并非是全要素生产率，比如，Lööf（2010）、Conti et al.（2010）、Tanaka（2011）、Minondo（2011）、Minondo（2013）等，这在一定程度上可能会对结果造成影响。在进口企业与非进口企业方面，总体及各收入水平国家的服务企业均呈现出进口企业的生产率要与非进口企业的生产率，即进口的生产率溢价存在，这与 Breinlich & Criscuolo（2011）的研究结果是一致的。

此外，在总体及不同收入水平国家中根据股权结构分类的服务企业之间的 TFP 水平的比较发现：第一，除高收入国家外，外资服务企业的生产率要高于内资企业，这与现实状况是一致的，在高收入国家中，由于发展中国家和欠发达国家的大多服务企业在高收入国家中是为了寻求先进的生产技术和管理经验，导致了高收入国家中外资企业的 TFP 水平低于其本土企业；第二，与国有企业相比，非国有企业拥有较高的 TFP 水平，且在收入水平越低的国家，两者 TFP 水平的差异越大，这主要是由于国有企业的低效率导致的，也折射出各国，尤其是较低收入国家的国有企业改革是势在必行的。

最后，从不同企业规模的 TFP 水平来看，总体及不同收入水平国家中的中小规模服务企业的 TFP 水平高于大规模服务企业，一个可能的解释是：一方面，与大规模企业相比，中小规模企业更加关注研发项目的应用前景和作用效果，企业的管理和决策更为灵活高效，能够迅速应对市场需求变化，因而表现出较高的资源利用效率；另一方面，相对于小规模企业，中等规模企业在资金、人才、信息等方面具有一定的优势，且来自大规模企业的竞争压力更大，通过创新赢得竞争的意愿更为强烈。

3.1.4 行业层面的服务企业异质性

在从企业层面考察服务企业 TFP 异质性的基础上，本书进一步基于行业层面对不同收入水平国家中各服务行业 TFP 的异质性进行分析。

① Love & Mansury（2009）针对商务服务企业的研究发现，出口服务企业的生产率溢价是不显著的。

表3-3　不同收入水平国家中各服务行业的TFP水平及离散度

国家类型	TFP水平	服务行业								
		(1)	(2)	(3)	(4)	(5)	(6)	(7)	(8)	(9)
总体	TFP	4.57	2.58	3.38	3.08	4.00	2.59	4.97	2.30	3.45
	标准差	1.30	0.96	1.10	1.09	1.41	1.24	1.55	1.76	1.55
低收入国家	TFP	3.04	2.09	2.71	—	4.19	2.12	4.09	—	2.43
	标准差	1.11	1.10	1.66	—	1.35	1.2	1.61	—	1.44
中低收入国家	TFP	4.12	3.05	3.06	—	3.79	2.91	6.88	—	5.71
	标准差	1.21	0.87	0.95	—	1.30	1.07	1.52	—	1.62
中高收入国家	TFP	2.72	2.62	3.40	3.08	3.29	3.94	2.32	5.24	2.30
	标准差	1.27	0.91	1.09	1.09	1.41	1.43	1.28	1.53	1.54
高收入国家	TFP	5.48	—	—	—	2.18	4.12	1.57	3.15	—
	标准差	1.27	—	—	—	0.84	1.22	0.79	1.09	—
中国	TFP	3.50	2.62	3.41	3.07	4.21	3.18	4.32	—	2.97
	标准差	1.28	0.91	1.08	1.10	1.36	1.04	1.40	—	1.11

注：(1)—(9)所代表的服务行业分别为：IT服务行业、电信行业、金融与会计行业、广告与市场行业、零售贸易行业、住宿业、运输业、房地产与租赁行业和其他服务行业。

表3-3给出了总体及各收入水平国家中不同服务行业的TFP水平和离散度。①首先，本书从国家视角考察不同收入水平国家中各服务行业的TFP水平及异质性。在低收入和中低收入国家中，零售贸易行业和运输行业有着较高的TFP水平，这主要是由于这些国家的服务业，尤其是知识技术密集型的现代服务业的发展水平较为滞后，服务业的发展以零售贸易、运输等传统服务行业为主，这些服务行业的发展水平相对较高，行业内的资源配置机制较之其他服务行业相对合理，使得这些行业内服务企业的TFP呈现出较强的异质性。在中高收入国家中，房地产业和住宿业的TFP水平和异质性是较高的两个行业，主要的原因在于，一方面中高收入国家的房地产市场有着较大的市场及利润空间，使得较多企业（包括外资企业）涌入该行业，在提高了行业TFP水平的同时，行业内参差不齐的企业也造成了较强的企业异质性；另一方面，中高收入国家的商业、旅游业等与住宿业相关的行业发展水平较高，带动了住宿业的发展，这一现象也存在于高收

① 与前文企业层面的分析一致，在此也采取各服务行业中企业TFP的标准差来反映行业内企业TFP的异质性，这一方法被较多学者所采取，并指出标准差的方法能够更好地反映各行业生产率的异质性，如Helpman et al.（2004）；高越、李荣林（2008）。

入水平国家中。此外，高收入国家中除了住宿业的 TFP 水平和异质性较强之外，由于这些国家在计算机等信息技术方面拥有绝对的优势，且发展水平是各收入水平国家中最高的，因此拥有着较高的 TFP 水平和异质性。

其次，从行业视角来看，如前文所述，在高收入国家，IT 服务行业的 TFP 水平和异质性较高；电信行业在中低收入国家中的 TFP 水平是最高的，可能的原因在于中低收入国家的电信行业中形成了几家大型企业垄断的局面，这些企业在拥有较高 TFP 水平的同时也呈现出较低的企业异质性。金融行业在收入水平较高国家中的 TFP 水平较高，而在低收入水平国家中的企业异质性较高，这一现象与多数国家金融行业的企业集中度较高相关。贸易零售行业和运输业在收入水平越低的国家，其 TFP 水平和异质性越高，原因如前文所述，收入水平较低的国家，其零售贸易业、运输业等传统服务行业的发展水平越高。同样，由于旅游、商务等与住宿业相关的行业在收入水平较高的国家拥有着较高的发展水平，导致收入水平越高的国家，其住宿业的 TFP 水平和异质性越强。房地产业在中高收入国家的 TFP 水平要高于高收入国家，且拥有较强的企业异质性，如前文所述，主要是因为中高收入国家的房地产市场拥有着广阔的市场潜力和利润空间，加之这些国家的经济、基础设施、制度环境等较为完善，使得包括外资企业在内的较多企业涌入该行业。

3.2 服务企业对外直接投资：动机表现

在基于生产率视角考察了服务企业的异质性特征之后，本节主要分析跨国服务企业对外直接投资动机的异质性，在对投资动机进行界定和度量的基础上，分别从不同收入水平国家视角和各服务行业视角对跨国服务企业的对外直接投资动机表现进行考察。

3.2.1 投资动机的界定与度量方法

早期的国际投资理论已经涉及企业对外直接投资动机的研究，纵观已有的研究成果，限于投资动机较难准确量化，针对对外直接投资动机的研究大多集中在理论层面。随着统计制度的逐步完善和微观化，近年来越来越多的学者基于经验层面考察了企业对外直接投资动机的现实表现。首先，关于企业对外直接投资动机的界定主要集中在以下几个方面：

（1）市场导向型对外直接投资和成本导向型对外直接投资。这一投资动机的界定方法是基于企业国际化经营动机进行的，比如：Kun－Ming Chen et al.（2006）、Neureiter & Nunnenkamp（2010）等，他们认为市场导向型对外直接投资是指企业通过对外直接投资路径在东道国拓展市场，这类企业在东道国生产产品的同时，将所生产产品向东道国消费者提供；成本导向型对外直接投资是指企业为了降低生产和经营成本，通过对外直接投资方式在东道国寻求廉价劳动力、低成本原材料和中间投入以及销售和拓展市场成本，以达到企业降低成本、提高经营利润的目的。

（2）水平型对外直接投资和垂直型对外直接投资。这一类投资动机的划分主要是基于分工层次进行的，也是目前在研究企业对外直接投资动机中较多学者采取的界定方法。比如，Baltagi et al.（2007）、Beugelsdijk et al.（2008）以及Mrazova & Neary（2013），等等。其中，水平型对外直接投资类似于市场寻求型对外直接投资，主要是为了拓展海外市场和避免较高的贸易成本，通过设立附属公司在东道国进行与母公司相同的生产活动，并向东道国消费者提供所生产的产品。垂直型对外直接投资是指跨国企业为了寻求东道国廉价的生产要素，通过对外直接投资方式将生产价值链中的部分环节在东道国进行生产，并返回母国，从而达到生产要素在全球的资源优化配置。

（3）其他更为细致的对外直接投资动机界定。在上述两类主要的对外直接投资动机划分的基础上，部分学者给出了较为细致的界定，其中，应用最为广泛的是将对外直接投资动机划分为市场寻求型、资源寻求型和出口平台型三类（Hanson et al.，2005；Franco，2013），这一类投资动机界定方法主要考虑到现实中跨国企业的生产和经营活动还存在一种现象，即通过对外直接投资将在东道国所生产的产品输向第三国，在第三国市场进行销售，此时的东道国只是跨国企业的一个出口平台。此外，部分学者还进行了更为细致的界定，比如，Dunning & Lundan（2008）将跨国企业对外直接投资动机进一步细分为资源寻求型、市场寻求型、效率寻求型和战略性资产寻求型四类，等等。①

在对企业对外直接投资动机界定的同时，部分学者开始尝试对投资动机进行

① Baldwin & Okubo（2014）提出了“网络型”FDI的概念，是指跨国附属公司同时进行出口和进口行为的一种FDI形式。

量化，以考察企业对外直接投资动机的表现和进行计量经济分析。纵观已有的投资动机度量方法，主要可以分为三类：

第一，基于附属公司出口视角的量化方法。这一视角下的投资动机量化方法主要是从跨国企业附属公司是否出口或销售目的地等方面进行的。比如，Beugelsdijk et al.（2008）分别采取附属公司在东道国本地的销售额和返回母国的销售额来衡量企业水平型和垂直型对外直接投资；Franco（2013）也采取跨国附属公司在东道国市场的销售额量化市场寻求型 FDI，并采用附属公司返回母国的销售额和对海外市场的销售额分别作为资源寻求型 FDI 和出口平台型 FDI 的替代变量；Matsuura & Hayakawa（2012）基于附属公司视角采取类别变量法对企业对外直接投资的水平型和垂直型动机进行了量化，将主要销售目的地是东道国的附属公司视为水平型投资型动机，而若附属公司的出口占销售比重大于该行业的平均比重时可以将其视为垂直型对外直接投资动机。

第二，基于母公司和附属公司所处行业视角的量化方法。这一视角下投资动机量化主要采取的是类别变量法，其思路是若母公司所处行业与附属公司所处行业存在生产价值链中的上下游关系，则可以视为垂直型投资动机；否则为水平型投资动机。比如，Görg et al.（2010）在分析不同企业和产业特征下的投资动机时，将与母公司所处行业相同的附属公司视为水平型投资动机，而将母公司与附属公司生产经营的主要产品处于不同行业的对外直接投资视为垂直型投资动机；在研究德国 FDI 导致母国工作机会损失时，Temouri & Driffield（2009）认为若母公司与其附属公司拥有相同的 2 位 NACE 代码时视为水平型投资；否则将母公司的对外直接投资行为归为垂直型特征。

第三，其他投资动机的量化方法。部分学者还从其他视角进行了量化，比如，高越、李荣林（2008）认为某一行业技术上的可分割性越强，跨国企业对外直接投资的垂直型动机越强，并采用 Hummels et al.（2001）提出了垂直专业化指标作为垂直型对外直接投资的衡量指标；Navaretti et al.（2010）和 Hijzen et al.（2011）同时结合母公司所在行业的特征和附属公司所在东道国的地理区位对企业对外直接投资动机进行量化，将在高收入东道国且来自于母国具有比较优势产业的对外直接投资视为水平型投资动机；而垂直型投资动机是在低收入东道国且来自于母国不具比较优势产业的企业对外直接投资；Toshiyuki et al.（2008）基于母国与东道国所处行业的就业人数视角构建了衡量水平型和垂直型对外直接投资的指标；Görg et al.（2009、2010）采取了基于双边贸易模式的投资动机量化方法，即采取母国与东道国双边贸易的显性比较优势（Revealed Comparative

Advantage, RCA）指数进行度量，认为若母公司所处行业是东道国与母国在该行业双边贸易中具有显性比较优势的行业时（RCA >0），则母公司的对外直接投资是垂直型动机；否则，当 RCA <0 时，则视为水平型投资动机。

从以上对已有投资动机界定及衡量方法的评析可以看出，在已有对外直接投资动机的界定方法上，几类方法虽然基于的视角不同，但其本质的目的是相同的，即市场导向型 FDI 和水平型 FDI 的目的是为了开辟和扩大东道国市场；成本导向型 FDI 和垂直型 FDI 的本质目的是为了寻求生产和经营效率。而出口平台型投资动机既包含了在东道国市场的垂直型和成本导向型动机，也涉及在第三国的水平型和市场导向型动机，此时跨国企业的投资动机表现较为复杂，但从东道国视角来看，其投资动机仍为生产要素寻求型。因此，本书结合服务企业和服务产品的特性，将跨国服务企业对外直接投资动机分为市场寻求型和效率寻求型两类。其中，市场寻求型对外直接投资是为了满足东道国服务消费者的需求，以巩固、扩大和开辟东道国服务市场为目的而进行的直接投资；效率寻求型对外直接投资是为了利用东道国相对廉价的劳动力和自然资源，或者相对先进的管理经验和生产研发技术等生产经营要素，以提高服务产品的竞争力和企业的经营效益为目的而进行的直接投资。

在服务企业市场寻求型和效率寻求型对外直接投资动机的度量上，结合后文经验分析的样本数据，并借鉴 Matsuura & Hayakawa（2012）的思路，具体方法如下：若东道国附属服务公司存在出口行为，即销售额中有部分来源于出口（出口服务企业），视为效率寻求型对外直接投资动机；否则，若附属服务企业将所生产服务产品全部在东道国市场销售，则视为市场寻求型投资动机。[①]

3.2.2 不同收入水平国家的投资动机

在上节对服务企业对外直接投资动机进行界定和度量的基础上，接下来将考察服务企业对外直接投资动机的现实表现。为了从一般意义上反映服务企业的投资动机表现，首先将从总体层面进行分析，之后根据世界银行对全球各国按照收入水平的划分标准，分别对低收入国家、中低收入国家、中高收入国家和高收入国家中服务企业对外直接投资动机的表现进行分析，见表 3－4 所示。

---

① Chang & Marrewijk（2013）也采取世界银行提供的企业层面数据研究了拉丁美洲异质性外资企业出口和非出口的决策，不同的是，其采取劳动生产率来反映企业的异质性。

表 3-4　东道国视角外资服务企业中出口与非出口企业的构成　单位:%

	非出口企业	出口企业	企业成立到开始出口时间				出口形式	
			当年	1—3 年	4—10 年	10 年以上	直接出口	间接出口
所有样本国家:								
总体	71.88	28.12	51.35	22.97	14.41	11.26	77.39	22.61
低收入国家:								
总体	82.84	17.16	57.78	20.00	12.22	10.00	61.15	38.85
马里	86.84	13.16	25.00	25.00	0.00	50.00	25.00	75.00
布吉纳瓦索	87.80	12.20	50.00	25.00	25.00	0.00	20.00	80.00
吉尔吉斯斯坦	75.00	25.00	28.57	57.14	14.29	0.00	66.67	33.33
中低收入国家:								
总体	78.96	21.04	50.00	22.50	15.83	11.67	75.89	24.11
乌克兰	69.44	30.56	45.45	0.00	54.55	0.00	93.94	6.06
乌兹别克斯坦	78.85	21.15	50.00	0.00	25.00	25.00	72.73	27.27
危地马拉	65.63	34.38	42.11	21.05	26.32	10.53	81.82	18.18
中高收入国家:								
总体	71.79	28.21	51.18	21.21	16.50	11.11	79.93	20.07
中国	78.21	21.79	54.17	29.17	16.67	0.00	70.59	29.41
墨西哥	77.36	22.64	22.22	33.33	33.33	11.11	66.67	33.33
土耳其	58.54	41.46	73.91	21.74	4.35	0.00	88.24	11.76
高收入国家:								
总体	62.16	36.84	49.06	28.30	10.69	11.95	80.10	19.90
智利	66.67	33.33	0.00	40.00	33.33	26.67	76.00	24.00
波兰	57.72	42.28	54.17	29.19	12.50	4.17	88.46	11.54
俄罗斯	70.06	29.94	54.55	27.27	9.09	9.09	78.00	22.00

注：企业数据库中外资服务企业第一次出口年份数据有较多异常值（第一次出口年份早于企业成立年份），将这些异常样本剔除之后所剩样本较少，尤其是低收入国家和中低收入国家，因此这两类收入水平国家的服务企业成立到开始出口时间分布可能会稍微偏离实际状况。

数据来源：根据世界银行企业调查数据库公布数据自行整理。

表 3-4 给出了总体及各收入水平国家的服务企业中外资出口企业与非出口企业的构成，并进一步给出了外资出口服务企业的出口形式及出口时间的比重构成。首先，从出口企业与非出口企业的构成来看，总体上外资服务企业中从事出口活动的企业所占比重为 28.12%，这说明一方面，跨国服务企业对外直接投资的效率寻求型动机是存在的；另一方面，多数跨国服务企业对外直接投资的动机仍以市场寻求型为主（UNCTAD，2004），这与多数服务产品生产与消费的同时

性、较高的服务贸易成本以及较低的服务企业生产率存在较大关系。①

从不同收入水平国家的出口与非出口外资服务企业的构成来看，一个明显的规律是：收入水平越高的国家，出口企业所占比重越大，表明效率寻求动机随着东道国收入水平的提高表现得越来越明显，原因可能在于，一方面，收入水平越低的国家，其服务市场发展越不完善，市场竞争程度较低且市场潜力和容量较大，同时这些国家的劳动力等生产要素成本优势已逐渐对外资企业失去吸引力，②使得跨国服务企业更愿意在收入水平较低的国家寻求市场；另一方面，收入水平较高的国家对服务产品的品种偏好较大，使得这些国家中服务产品种类繁多，市场接近饱和且竞争激烈程度较大，同时这些国家也拥有先进的生产和管理技术，以及较为开放和完备的贸易制度环境，在这样的市场和制度环境中，外资企业更愿意寻求先进的生产技术和管理经验。

此外，与本土服务企业的比较可以看出（见图 3－2），③本土服务企业中出口企业所占的比重远远低于外资服务企业，再次表明跨国服务企业效率寻求型对外直接投资动机是显著存在的。

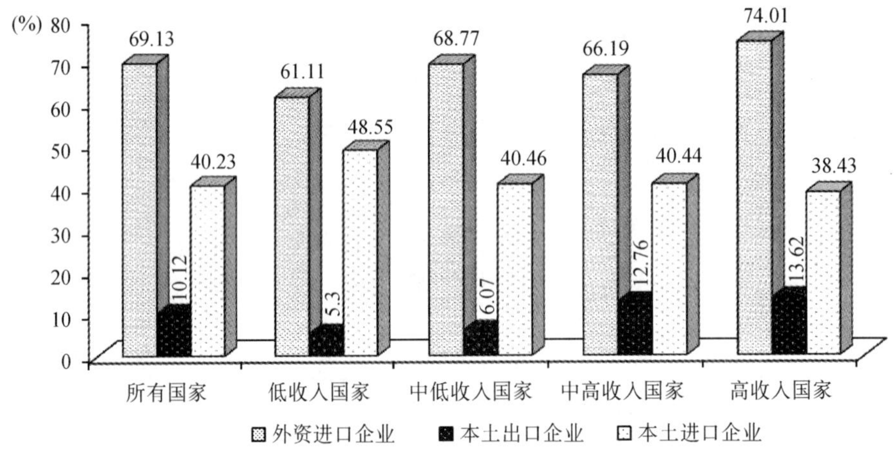

图 3－2　不同收入水平国家中本土出口（进口）企业所占比重（%）

数据来源：根据世界银行企业调查数据库公布数据自行整理。

① Asier（2012）对服务业与制造业国际贸易成本的比较研究发现，虽然信息和通讯技术取得了飞速发展，但服务贸易成本仍比制造业贸易成本高 50%—60%。此外，鲍莫尔（Baumol）和富克斯（Fuchs）分别提出了“服务业生产率增长滞后”等假说，程大中（2004）以及王恕立和胡宗彪（2012）也得出了服务业生产率低于制造业企业的结论，本书在第 4 节与制造业企业生产率的比较分析中也支持上述结论。

② 本书在第 6 章对投资动机选择效应的分析中证明了这一观点。

③ 本土企业详细的出口形式与出口时间构成见附录 A2。

其次，从外资出口服务企业的出口形式来看，总体上采取直接出口形式的外资服务企业所占比重较大，已超过半数，且可以看出，收入水平越高的国家，外资出口服务企业采取直接出口形式的比重越高，间接出口的比重越低；而收入水平较低国家中采取间接出口形式的外资出口企业比重较高，尤其是低收入水平国家，这一比重达到 38.85%。主要原因在于，收入水平较低国家的服务贸易开放程度较低，且出口的制度环境不完善，各类手续较为复杂，加之国内的政策环境较为复杂，使得外资服务企业更愿意通过熟悉本国状况的第三方出口，以便将更多精力放在服务产品的生产和销售上；而收入水平较高的国家，其服务贸易开放程度较高，且具备完善的制度环境，使得产品出口较为便利，外资服务企业为节约第三方委托的成本，更多地选择直接出口方式。

最后，为了更为清晰地反映出跨国服务企业对外直接投资的效率寻求动机，表 3－4 还给出了外资出口服务企业从成立到开始出口的年份，可以看出，在总体层面和各收入水平国家，超过一半以上的外资出口服务企业在企业成立当年就开始出口服务产品，且在企业成立的 3 年内，开始出口的外资服务企业所占的比重都超过了 70%，表现出明显的效率寻求动机。因此，在外资服务企业中，参与出口活动的企业大多表现出显著的效率寻求动机。

3.2.3 行业视角下的投资动机表现

接下来，本书从行业视角考察不同服务行业外资企业的对外直接投资动机表现，在行业的分类标准上，直接采取世界银行企业数据库中公布的服务行业分类，即 IT 服务业、电信业、会计金融业、广告市场业、零售批发业、住宿业、运输业、房地产和租赁业以及其他服务业等 9 大服务行业。表 3－5 给出了这 9 大服务行业中出口与非出口外资企业的比重，以及出口企业中采取不同出口形式的企业构成和开始出口所需时间的企业构成。

表 3－5　　东道国视角外资出口与非出口服务企业的比重　　单位：%

	非出口企业	出口企业	企业成立到开始出口时间				出口形式	
			当年	1—3 年	4—10 年	10 年以上	直接出口	间接出口
IT 服务行业：								
外资企业	51.50	48.50	50.75	34.33	8.96	5.97	76.54	23.46
本土企业	79.98	20.02	42.77	25.43	17.92	13.87	72.80	27.20
电信行业：								
外资企业	53.19	46.81	75.00	5..00	5.00	15.00	84.09	15.91
本土企业	75.68	24.32	58.54	17.07	7.32	17.07	76.39	23.61

续表

	非出口企业	出口企业	企业成立到开始出口时间				出口形式	
			当年	1—3 年	4—10 年	10 年以上	直接出口	间接出口
会计与金融行业：								
外资企业	70.11	29.89	66.67	20.00	0.00	13.33	76.92	23.08
本土企业	93.53	6.47	64.29	14.29	21.43	0.00	70.00	30.00
广告与市场行业：								
外资企业	59.18	40.82	68.42	26.32	5.26	0.00	90.00	10.00
本土企业	87.36	12.64	46.94	12.24	22.45	18.37	92.48	7.52
贸易零售行业：								
外资企业	76.40	23.60	44.33	27.84	17.53	10.31	84.26	15.74
本土企业	91.53	8.48	31.66	20.84	26.91	20.58	77.01	22.99
住宿业：								
外资企业	80.80	19.20	71.79	12.82	12.82	2.56	62.40	37.60
本土企业	93.17	6.83	65.35	14.85	8.91	10.89	67.58	32.42
运输业：								
外资企业	75.70	24.30	42.67	23.00	17.67	16.67	70.89	29.11
本土企业	89.97	10.03	29.22	22.62	25.07	23.09	68.70	31.30
房地产与租赁行业：								
外资企业	80.95	19.05	100.00	0.00	0.00	0.00	75.00	25.00
本土企业	94.43	5.57	61.54	7.69	15.38	15.38	93.02	6.98
其他服务行业：								
外资企业	69.36	30.64	64.15	18.87	12.26	4.72	85.93	14.07
本土企业	86.97	13.03	37.50	20.83	24.48	17.19	74.47	25.53

注：企业数据库中外资服务企业第一次出口年份数据有较多异常值（第一次出口年份早于企业成立年份），将这些异常样本剔除之后所剩样本较少，因此部分行业的服务企业从成立到开始出口时间分布可能会稍微偏离实际状况。

数据来源：根据世界银行企业调查数据库公布数据自行整理。

首先，在出口与非出口外资服务企业的构成上，出口企业所占比重最高的 3 个行业依次是 IT 服务行业、电信行业和广告与市场行业；而比重最低的 3 个行业分别是房地产与租赁行业、住宿业和贸易零售业，这表明外资服务企业进入前者 3 个行业的效率寻求动机较强，而在后者 3 个行业中的外资服务企业的投资动机主要表现为市场寻求型。这一现象出现的主要原因在于，IT 服务行业、电信行业和广告市场行业在信息技术快速发展的推动下，其服务产品的可贸易性较强，大大提高了寻求效率型跨国服务企业进入上述行业的几率；而房地产业、住宿业和贸易零售业主要面对的是本土的消费者，且贸易的成本较高，使得进入这些行业的外资企业的主要目的是寻求东道国市场。此外，与国内本土服务企业相比，外资出口服务企业所占的比重仍远远高于本土出口服务企业，且本土出口服务企业所占比重在 9 大行业中的排名与外资出口企业是一致的。这说明，一方面，外资出口服务企业的效率寻求型动机较为明显，同时结合图 3 – 3 给出的外资企业和本土企业在进口方面所占比重，表明外资企业是一国服务产品进出口贸易的一个重要的参与者和推动者；另一方面，服务产品的可贸易性受限于其所在行业的技术特点和产品的跨境流动性。

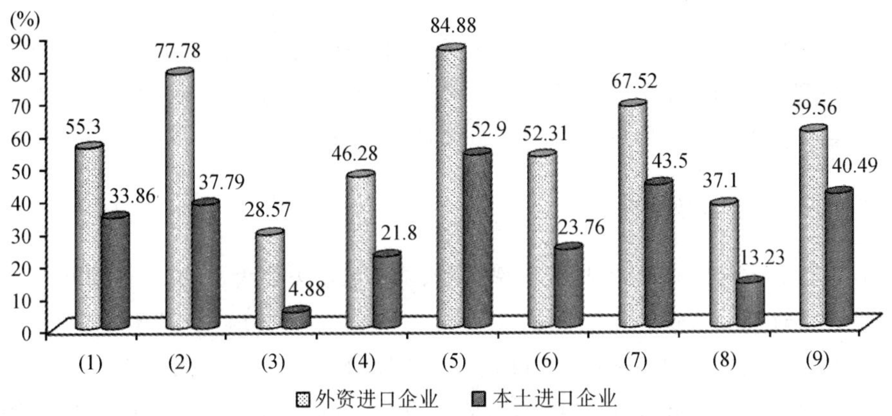

图 3 – 3　各行业外资与本土进口服务企业所占比重（%）

注：(1) — (9) 所代表的服务行业分别为：IT 服务行业、电信行业、金融与会计行业、广告与市场行业、零售贸易行业、住宿业、运输业、房地产与租赁行业和其他服务行业。

数据来源：根据世界银行企业调查数据库公布数据自行整理。

其次，从不同出口形式的服务企业比重上来看，各个行业中外资企业与本土企业所占比重呈现出较为一致的现象，即住宿业、运输业和房地产与租赁业是采取间接出口形式企业比重较大的 3 个行业；广告与市场业、其他服务业、零售贸易业和电信业是直接出口形式企业比重较大的 4 个行业。广告与市场行业和贸易零售业这一现象的出现与其行业特性有着较大关系，这些行业中的多数企业直接面对消费者，可以直接向国外消费者提供服务产品；住宿业、运输业和房地产与租赁业等更多是通过与国外相关机构、运输企业以及国内第三方机构（如旅游服务企业、专业网站等）进行合作实现产品出口；IT 服务业和电信业由于其信息技术的传递可以直接向消费者提供，也可以通过第三方间接提供给国外消费者。

最后，从各服务行业中外资服务企业成立到开始出口的年份所占比重来看，与不同收入水平国家层面的表现是一致的，企业成立当年即开始出口的外资服务企业占据了较大比重，表明外资出口企业拥有较强的效率寻求型动机。

3.3 异质性服务企业的投资动机：生产率溢价

前两节分别对服务企业的生产率异质性和对外直接投资动机的表现进行了考察，结合所考察的两个方面，对外直接投资动机不同的服务企业在生产率上是否存在差异，即考察服务企业对外直接投资动机的生产率溢价。

3.3.1 研究方法与数据说明

目前学者们针对服务企业生产率溢价的研究方法较为丰富，[①]总结起来主要有描述性统计法（Kox and Romagosa，2010；Wagner，2014）、模型回归法（Vogel，2011；Vogel and Wagner，2011）、K－S 检验法（Tanaka，2011）、倾向得分匹配法（Temouri et al.，2013；Minondo，2014）等。其中，模型回归法根据不同的样本特征和研究目的主要涉及固定效应回归法（Federico and Tosti，2012）、随机效应回归法（Lööf，2010）、混合 OLS 回归法（Grubljesic and Damijan，2011）、动态 GMM 方法（Lööf，2010）、随机前沿分析法（Bhattacharya et al.，2012）等。本书结合前文已测算的服务企业 TFP 以及对投资动机的界定，采取模型回归方法来分析服务企业对外直接投资动机的生产率溢价，在具体模型的构建上，借鉴 Kimura & Kiyota（2006）和张杰等（2009）学者研究企业不同国际化经营方式的生产率溢价的模型构建思路，所构建的模型如下：

$$tfp_{it} = \alpha + \beta export_{it} + \delta char_{it} + \varepsilon_{it} \tag{3-7}$$

其中，tfp 是外资服务企业的 TFP 水平；export 是外资服务企业是否出口的虚拟变量，取值为 1 时代表出口企业，否则为 0；char 是企业的特征变量，包括企业的年龄（firmage）、企业规模虚拟变量（size）、是否国有企业虚拟变量

① 包括出口的生产率溢价、进口的生产率溢价、贸易的生产率溢价、FDI 的生产率溢价等等。

(goven)、3 年前是否采取的新技术、新工艺或研发了新产品虚拟变量（rd）、企业资本密集度变量（k_ l）、企业出口额所占比重变量（exp_ sale）、企业进口额比重变量（imp_ sale）、企业从业人数变量（worker）、企业销售额变量（sale）以及年份和行业（收入水平）虚拟变量（year、industry、level）。[①]因此，系数 β 能够反映出外资出口企业与非出口企业的 TFP 差异，当 β > 0 时，说明外资出口企业的 TFP 大于非出口企业，即效率寻求型跨国服务企业的生产率要高于寻求市场的跨国服务企业；否则，当 β < 0 时，表明市场寻求型投资动机的服务企业生产率高于效率寻求型服务企业的生产率。

此外，为了考察服务企业参与贸易与否的生产率溢价以及出口与进口服务企业的生产率差异，本书在（3 -7）式的回归模型的基础上，将企业是否进口虚拟变量（import）纳入，具体方法有：第一，只考察服务企业出口的生产率溢价，即回归模型中仅纳入是否出口虚拟变量；第二，只将服务企业是否进口虚拟变量纳入，以考察服务企业进口的生产率溢价；第三同时将服务企业出口和进口虚拟变量纳入回归模型中，以对两者的生产率溢价比较分析。此外，为了区别上述三类估计过程，对应的主要自变量分别用 export（only）、import（only）、export 与 import 表示。

在样本和数据的选取上，本书仍采取世界银行企业调查数据库给出的微观数据作为估计样本，详见本章第 1 节给出的样本选取和数据说明。

3.3.2 各收入水平国家的生产率溢价

表 3 -6 报告了总体及各收入水平国家的外资服务企业中出口企业的生产率溢价。可以看出，除高收入国家外，总体层面及各收入水平国家的外资服务企业中出口企业的 TFP 要高于非出口企业，这一结论与 Chang & Marrewijk（2013）针对拉丁美洲国家的研究是一致的，表明在东道国寻求效率的服务企业的生产率要高于市场寻求型服务企业的生产率。此外，这一投资动机的生产率溢价大致上还呈现出与东道国收入水平负相关关系，[②]即在收入水平越低的国家，外资服务企业的出口生产率溢价越高，寻求效率与寻求市场的服务企业之间的生产率差异性越大。

---

① 在不同收入水平国家的估计过程中，模型中纳入的是行业虚拟变量；而在行业层面的估计过程中，纳入了国家所属收入水平的虚拟变量。

② 从单独将出口虚拟变量纳入的结果来看，中高收入国家的外资服务企业中出口企业的生产率溢价要高于中低国家，但是，在出口和进口虚拟变量同时纳入后，就表现出一致的趋势。由于企业是否进口也是企业的一个重要的特征，因此本书根据控制这一企业特征之后的估计结果进行分析。

表3－6　　各收入水平国家服务企业对外直接投资动机的生产率溢价

	总体	低收入国家	中低收入国家	中高收入国家	高收入国家	中国
export (only)	0.37*** (2.64)	9.93** (2.67)	0.36*** (2.65)	0.84** (2.00)	−4.11*** (−11.32)	0.35*** (3.23)
import (only)	0.23** (2.09)	2.87*** (9.49)	4.48*** (50.42)	0.11** (2.53)	−0.68** (−2.32)	0.16** (2.41)
export	0.29** (1.95)	18.40*** (6.00)	4.92*** (29.72)	0.55** (2.61)	−4.06*** (−9.38)	0.40*** (3.15)
import	0.39*** (4.89)	1.41*** (23.92)	3.12*** (11.16)	0.18*** (2.61)	−0.43 (−1.23)	0.22** (2.41)
年份虚拟变量	yes	yes	yes	yes	yes	yes
行业虚拟变量	yes	yes	yes	yes	yes	yes
企业特征	yes	yes	yes	yes	yes	yes
最大滞后期	2期	2期	2期	2期	1期	1期
R^2	0.148	0.939	0.965	0.268	0.425	0.146

注：括号内为t统计量；*、**、***分别表示在10%、5%和1%的显著性水平上显著；export（only）和import（only）是指在估计模型中分别只纳入出口虚拟变量和进口虚拟变量；R^2是指同时将虚拟变量export和import纳入估计模型时的修正决定系数；企业特征控制变量包括企业年龄、企业规模虚拟变量、是否国有企业、3年前是否采取的新技术、新工艺或研发了新产品、企业资本密集度、企业出口额所占比重、企业进口额比重、企业从业人数、企业销售额等。

其中，低收入国家的效率寻求型投资动机的生产率溢价是最高的，出口与非出口外资服务企业的生产率差异达到了18.40，出现这一结果的主要原因在于，一方面，低收入国家拥有较大的市场潜力，但在生产技术、产品多样性偏好、产品质量要求等方面处于较低的水平，使得在这些国家中寻求市场的外资服务企业无需较高的生产率，这也是目前发展中国家服务企业多数投入低收入国家的一个重要的原因；另一方面，低收入国家在制度环境、基础设施、贸易开放度等方面的发展水平较低，导致服务出口的贸易成本要远远超过在当地生产销售所承担的沉没成本，使得寻求效率的外资服务企业需要较高的生产率以克服较高的经营和贸易成本。①中低收入国家的外资企业中出口企业的生产率较之非出口企业的差距为4.92，低于低收入国家投资动机的生产率溢价。这主要是因为，与低收入国

① 当然，这一效率寻求型投资动机的生产率溢价似乎太高，主要是样本数据的特征所决定的，在低收入国家的外资企业中，有较大一部分样本企业的TFP为负，主要集中在冈比亚国家和住宿服务业中。

家相比，中低收入国家的生产技术以及对产品的质量和多样性的要求较高，而出口的成本相对较低，使得寻求效率与寻求市场的外资服务企业之间的平均生产率差异小于低收入国家。相同地，中高收入国家效率寻求型投资动机的生产率溢价又低于中低收入国家。但是，在高收入国家的外资服务企业中，出口企业的平均生产率要低于非出口企业，即市场寻求型外资服务企业的生产率要高于效率寻求型外资服务企业，这一现象出现的主要原因在于：一方面，高收入国家在产品的质量和多样性、技术水平、劳动力成本等方面的水平较高，且服务贸易开放度较高，贸易成本相对较低，使得外资服务企业中出口企业相对于非出口企业之间的生产率差异较低，甚至为负；另一方面，上述提到的原因使得在高收入国家寻求市场的外资服务企业大都来自相同经济发展水平的国家，这些国家中服务企业本身具备较高的生产率水平，而寻求效率的外资服务企业主要来源于收入水平相对较低的国家，这些企业的生产率水平相对较低，主要目的是为了在东道国寻求先进的生产技术和管理经验等，以提高自身的生产率水平。

从进口虚拟变量的估计结果来看，除高收入国家外，总体和各收入水平国家的估计结果均显示，该变量的系数显著为正，通过了5%的显著性水平检验，且系数值普遍小于出口虚拟变量的系数值，这表明，一方面，较高的服务贸易成本，使得从事服务贸易的外资企业的生产率的确高于在东道国本地生产和销售服务产品的外资企业生产率，从侧面进一步证实了效率寻求型外资服务企业生产率溢价的存在性；另一方面，从事出口的外资服务企业在生产率方面要高于从事进口业务的外资服务企业，这一结论与 Breinlich & Criscuolo（2011）的研究结论是一致的，也使得服务外资企业从事进口的可能性高于成为出口者的可能性（Federico & Tosti，2012）。

此外，为了检验表 3－6 估计结果的可靠性，本书分别从因变量改变和主要自变量改变两个方面进行了稳健性检验，其中，因变量改变是采取表 3－1 给出的总体层面各投入要素产出贡献率所测算的 TFP 进行估计，结果见附录中的表 A3；主要自变量改变是采取世界银行对进出口企业的界定标准，将出口（进口）企业界定为直接和间接出口（进口）额所占比重大于等于 10% 的企业，估计结果见附录中的表 A4。从附录表 A3 和表 A4 报告的估计结果，可以看出，总体及不同收入水平国家下各变量的显著性和系数值大小关系未发生实质性变化，说明本书的估计结果是稳健的。

3.3.3 行业层面的生产率溢价

接下来，本书基于行业视角考察不同服务行业中服务企业投资动机的生产率溢价，估计结果见表 3 -7 所示。

表 3 -7　　各服务行业服务企业对外直接投资动机的生产率溢价

	服务行业						
	(1)	(2)	(3)	(4)	(5)	(6)	(7)
export (only)	0.45** (2.24)	1.98*** (8.83)	1.95 (0.87)	2.40*** (3.72)		-2.49*** (-7.81)	0.58*** (3.49)
import (only)	0.23** (2.45)	0.76** (2.67)	0.16 (1.46)	0.63* (1.77)	2.63*** (2.80)		0.28*** (1.99)
export	0.45* (1.67)	1.62*** (6.92)	1.18 (0.81)	2.53*** (5.25)		-2.49*** (-7.81)	0.64** (2.64)
import	0.46*** (1.67)	0.51** (3.14)	0.18 (1.20)	0.63* (1.77)	2.63*** (2.80)		0.31** (2.01)
年份虚拟变量	yes	yes	yes	yes	yes	yes	yes
国家收入水平	yes	yes	yes	yes	yes	yes	yes
企业特征	yes	yes	yes	yes	yes	yes	yes
最大滞后期	2 期	1 期	1 期	2 期	1 期	1 期	2 期
R^2	0.189	0.474	0.430	0.647	1.000	0.916	0.342

注：括号内为 t 统计量；*、**、*** 分别表示在 10%、5% 和 1% 的显著性水平上显著；export (only) 和 import (only) 是指在估计模型中分别只纳入出口虚拟变量和进口虚拟变量；国家收入水平是指国家收入水平的虚拟变量；R^2 是指同时将虚拟变量 export 和 import 纳入估计模型时的修正决定系数；企业特征控制变量包括企业年龄、企业规模虚拟变量、是否国有企业、3 年前是否采取的新技术、新工艺或研发了新产品、企业资本密集度、企业出口额所占比重、企业进口额比重、企业从业人数、企业销售额等；行业 (1) — (7) 分别是 IT 服务行业、电信行业、会计与金融行业、广告市场行业、批发零售行业、运输业和其他服务业。

根据表 3 -7 给出的各服务行业的估计结果，除会计与金融行业和运输业外，其他 5 个服务行业都呈现出显著的效率寻求型对外直接投资动机生产率溢价，即外资服务企业中从事出口企业的生产率高于非出口企业，这与不同收入水平国家层面的估计结果是一致的。会计与金融行业的投资动机生产率溢价在统计上不显著，但是系数符号为正，表明该行业的外资企业中也存在出口的生产率溢价，即效率寻求型投资动机的生产率溢价是存在的。运输业的估计结果显示出口虚拟变量的系数符号显著为负，说明在该行业外资企业中，非出口企业的生产率要高于出口企业，即存在市场寻求型投资动机的生产率溢价，这一现象出现的可能原因在于，一方面，由于剔除异常样本和缺失样本后，该行业没有外资进口企业的样本，在估计过程中无法控制外资企业是否进口这一企业特征，可能会导致估计结果出现一定偏差；另一方面，可能与运输业的行业特性有关，运输业的贸易成本是所有服务行业中最低的，1995—2009 年的贸易成本均值为 78.75（胡宗彪，2013）。[①]其中，陆地运输、水路运输和航空运输的贸易成本均值分别为 102、60、61。限于地理空间等因素，目前出口企业大都采取的是水路运输和航空运输，因此该行业外资出口企业面临的贸易成本较低，而该行业非出口的外资企业一般而言主要以陆地运输为主面临着较高的国内贸易成本，[②]导致运输业外资企业中服务于国内市场的非出口企业较之出口企业需要更高的生产率来克服较高的运输和贸易成本。

在企业进口虚拟变量的估计结果方面，与总体及各收入水平国家的估计结果是一致的，各服务行业的系数显著为正，且系数值大小和显著性小于出口虚拟变量，在证实从事服务贸易的外资企业生产率高于非贸易外资服务企业生产率的同时，再次证明前书的分析结论，即外资服务企业中出口企业的生产率高于进口企业的生产率。

此外，在各服务行业效率寻求型投资动机生产率溢价的大小关系方面，广告市场行业的效率寻求型投资动机的生产率溢价是最高的，即该行业外资企业中，出口企业与非出口企业之间的生产率差距是最大的，这主要是由于该行业需要企业对消费者所在国家的风土人情、消费偏好、市场状况等较为熟悉，而该行业的出口外资企业可能需要向除母国之外的多个国家提供广告与市场服务，因而需要较高的生产率来承担较高昂的调研成本。电信行业的效率寻求投资动机的生产率溢价也较高，达到 1.62，导致这一现象出现的可能原因在于，该行业的外资出口企业向第三国提供电信服务时需要承担较高的电信设备和通信成本，因此外资企业中只有生产率相对较高的企业才能够克服较高的出口成本。IT 行业的外资企业中出口与非出口企业之间的生产率差异是最小的，即效率寻求投资动机的生产率溢价最小，这主要得益于信息技术、通信技术和计算机技术的全球普及和快速发展，在增强该行业可贸易性的同时，使得其贸易成本大幅度降低。

---

① 胡宗彪（2013）采取 Novy（2013）提出的贸易成本测算指标对全球各服务行业的贸易成本进行了测算，结果显示，包括陆地运输、水路运输、航空运输和与运输相关的支持服务在内的运输行业的贸易成本是最低的。

② 在此，假设陆地运输在国内贸易和国际贸易的成本相差较小，事实上，运输业特殊的行业性质使得其 3 类运输形式在国内贸易和国际贸易上的成本大小关系是一致的。

3.4 制造业企业投资动机的生产率溢价：比较分析

接下来本书将对服务企业与制造业企业的投资动机生产率溢价进行比较分析，包括企业生产率异质性、投资动机表现和投资动机的生产率溢价三个方面。在样本的选取上，为了增强结果的可比性，仍采取世界银行企业数据库提供的微观数据作为制造业企业的分析样本，该样本涉及 1999—2012 年的 140 个国家 74666 家制造业企业的经营和销售数据。①其中，低收入国家、中低收入国家、中高收入国家和高收入国家的样本企业数目分别为 9944、26353、29651 和 8718，共涉及 15 个制造业行业，分别是纺织业（textiles）、皮革制品业（leather）、服装业（garments）、食品业（food）、饮料业（beverages）、冶金机械业（metals and machinery）、电子产品业（electronics）、化学品与医药制品业（chemicals and pharmaceutics）、木材与家具业（wood and furniture）、非金属及塑胶制品业（non-metallic and plastic materials）、造纸业（paper）、体育用品业（sport goods）、汽车及其零部件业（auto and auto components）、其他运输设备业（other transport equipment）和其他制造业（other manufacturing）。此外，在研究方法和数据处理上与服务企业样本是一致的。②

3.4.1 企业生产率异质性考察

表 3-8 给出了各收入水平国家中总体及不同制造业行业的 TFP 水平和标准差，首先，从总体上来看，制造业企业的 TFP 水平低于服务企业，这与 Shepherd（2014）采取世界银行企业样本的研究结论是一致的。具体到不同收入水平国家，低收入国家和高收入国家制造业企业的 TFP 水平高于服务企业，而中低收入和中

① 与服务企业样本相比，样本国家多了 4 个，分别是属于中低收入国家的埃及（2001—2003 年）、摩洛哥（2001—2003 年）和叙利亚（2000—2002 年），属于中高收入国家的马来西亚（1999—2001 年）和泰国（2001—2003 年）。

② 本书将制造业企业从业人数小于 5 的样本剔除，部分学者在采取制造业企业样本进行研究时，一般剔除了从业人数小于 10 的样本，如 Levinsohn & Petrin（2003）等，但由于本书的样本中，非高收入国家所占的比重达到 88.32%，这些国家的企业规模总体上低于高收入国家，故仅剔除从业人数小于 5 的样本。

高收入国家则呈现出服务企业 TFP 高于制造业企业的现象，可能的原因在于：一方面，低收入国家目前还处于工业化发展的初期，服务企业的发展较为滞后，而高收入国家已经步入工业化发展后期或服务经济时代，制造业的发展较为成熟，使得这两类发展水平国家的制造业企业具备较高的 TFP 水平；另一方面，中低收入和中高收入国家的工业化发展处于初、中期，制造业企业自身发展水平较低的同时，由于存在大量相对廉价的劳动力资源和自然资源等投入要素，使得较多生产率偏低的制造业外资企业在这两类发展水平国家从事加工贸易，导致了总体上制造业企业呈现出较低的 TFP 水平。

表 3-8　不同收入水平国家中各制造业行业的 TFP 水平及离散度

制造业行业	总体		低收入国家		中低收入国家		中高收入国家		高收入国家	
	TFP	标准差	TFP	标准差	TFP	标准差	TFP	标准差	TFP	标准差
(1)	2.90	1.45	3.73	1.12	3.34	1.27	1.40	1.55	3.69	1.01
(2)	3.29	1.50	3.77	1.12	3.23	1.37	1.98	1.49	3.87	0.89
(3)	5.59	1.35	6.64	1.03	4.16	1.25	1.58	1.47	3.69	0.96
(4)	3.78	1.53	3.59	1.07	2.67	1.27	1.00	1.55	7.38	1.33
(5)	4.36	2.37	2.58	1.06	2.86	1.65	—	1.97	5.53	1.44
(6)	3.86	1.55	4.45	1.06	2.98	1.25	0.90	1.54	6.03	1.16
(7)	1.87	1.34	3.08	0.97	2.70	1.22	2.12	1.35	4.30	1.22
(8)	3.40	1.58	3.27	1.16	2.51	1.24	1.14	1.67	6.47	1.13
(9)	2.63	1.38	3.17	1.06	1.77	1.33	1.01	1.39	6.91	1.30
(10)	1.08	1.47	2.89	0.97	1.38	1.16	0.97	1.64	4.49	1.01
(11)	1.48	1.36	2.17	0.90	1.93	1.17	1.27	1.41	5.91	1.19
(12)	5.26	1.16	—	—	5.26	1.16	—	—	—	—
(13)	2.36	1.29	2.53	0.79	2.26	0.95	2.13	1.38	4.43	1.14
(14)	0.69	1.86	2.74	—	2.26	1.82	0.43	1.88	3.70	—
(15)	3.45	1.46	3.92	1.05	4.00	1.27	2.03	1.43	5.15	0.92
TOTAL	3.95	1.49	6.53	1.10	3.21	1.29	1.70	1.56	6.18	1.16

注：(1) — (9) 所代表的制造业行业分别为：纺织业、皮革制品业、服装业、食品业、饮料业、冶金机械业、电子产品业、化学品与医药制品业、木材与家具业、非金属及塑胶制品业、造纸业、体育用品业、汽车及其零部件业、其他运输设备业、其他制造业。

从企业 TFP 的异质性来看，除中高收入水平国家外，总体及各收入水平国家的服务企业异质性均高于制造业企业，正如前文所述，中高收入国家由于制造业企业发展仍不成熟，且大量低生产率制造业外资企业的涌入，导致其制造业企业在 TFP 水平较低的同时，也呈现出较强的异质性。此外，从行业层面来看，总体上制造业各行业的 TFP 水平和标准差低于服务业行业，说明服务企业具有更强的异质性（Shepherd，2014）。

3.4.2 企业的投资动机表现

接下来，本书将比较制造业企业与服务企业的对外直接投资动机表现，表 3－9给出了总体、不同收入水平以及各制造行业中外资出口企业在出口比重、出口形式和出口时间方面的构成。

表 3－9　东道国视角制造业外资企业中出口与非出口企业的构成　单位：%

	非出口企业	出口企业	企业成立到开始出口时间				出口形式	
			当年	1—3 年	4—10 年	10 年以上	直接出口	间接出口
所有样本国家：								
总体	32.42	67.58	44.60	25.11	12.95	17.34	86.66	13.34
不同收入水平国家：								
低收入	47.58	52.42	42.62	26.63	10.41	20.34	84.60	15.40
中低收入	31.71	68.29	54.97	21.37	11.59	12.07	84.95	15.05
中高收入	29.02	70.98	37.21	29.00	14.69	19.10	87.06	12.94
高收入	23.41	76.59	43.57	20.32	12.87	23.25	90.90	9.20
不同制造业行业：								
(1)	21.68	78.32	53.55	21.31	8.74	16.39	81.55	18.45
(2)	47.62	52.38	31.08	26.15	17.85	24.92	85.05	14.95
(3)	15.06	84.94	69.74	20.26	5.53	4.47	89.34	10.66
(4)	37.04	62.96	35.88	28.82	11.18	24.12	88.60	11.40
(5)	48.91	51.09	23.21	33.93	19.64	23.21	90.60	9.40
(6)	31.41	68.59	34.83	22.95	16.53	25.68	88.41	11.59
(7)	28.03	71.97	49.42	30.63	9.98	9.98	87.46	12.54
(8)	36.61	63.39	29.33	21.78	21.78	27.11	89.19	10.81
(9)	32.22	67.78	50.24	21.26	13.04	15.46	85.56	14.44
(10)	33.93	66.07	32.87	23.78	17.48	25.87	86.79	13.21
(11)	28.48	71.52	52.69	22.04	13.44	11.83	81.82	18.18
(12)	36.25	63.75	30.14	35.16	16.89	17.81	84.67	15.33
(13)	11.11	88.89	40.00	26.67	13.33	20.00	100.00	0.00
(14)	33.39	66.61	54.40	25.35	8.27	11.97	83.63	16.37

注：行业（1）—（14）分别是指纺织业、皮革制品业、服装业、食品业、饮料业、冶金机械业、电子产品业、化学品与医药制品业、木材与家具业、非金属及塑胶制品业、造纸业、汽车及其零部件业、其他运输设备业、其他制造业；体育用品业中无外资企业，故表中未给出相关信息。

数据来源：根据世界银行企业调查数据库公布数据自行整理。

如表 3－9 所示，无论是总体层面，还是不同收入水平国家和行业层面，制造业外资企业中出口企业所占的比重远远高于外资服务企业，说明制造业外资企业的对外直接投资动机主要表现为效率寻求型（Görg et al.，2009），这与服务领域的表现是不一致的，主要原因在于多数服务产品生产与消费的同时性，使得其不像有形产品那样能够将产品价值链分割进行全球配置（江小涓，2011）。在出口形式方面，采取直接出口形式的制造业外资企业所占的比重略高于服务企业，这与有形产品领域贸易制度已较为规范且贸易壁垒相对较低有着一定的关系。在企业出口时间分布上，当年出口的制造业外资企业所占的比重低于外资服务企业，这说明一方面，制造业外资企业虽然对外直接投资以效率寻求型为主，但是效率寻求型投资动机的强度要低于外资服务企业，即服务企业效率寻求动机的强度更大；另一方面，这一现象的出现可能与制造业的特点有关，在东道国设厂和生产产品所需的时间要大于服务企业，使得当年出口的制造业外资企业比重较低。①

此外，对不同收入水平国家之间的比较可以看出，与服务企业呈现出的规律是一致的：收入水平越高的国家，外资出口企业的比重越高，即对外直接投资中效率寻求型动机的形式越明显；收入水平越高的国家，其与贸易相关的基础设施和制度环境越完善，导致采取直接出口形式的制造业外资企业比重越高。

3.4.3 投资动机的生产率溢价

在对生产率异质性和投资动机表现进行比较的基础上，本书进一步比较对外直接投资动机的生产率溢价在制造业领域和服务领域的异同。

由表 3－10 给出的总体、各收入水平和不同行业的制造业外资企业出口生产率溢价的估计结果可以看出，在总体上，制造业外资企业出口的生产率溢价存在，但在统计上不显著，即制造业企业对外直接投资的效率寻求型动机的生产率溢价不显著，表明服务企业的效率寻求型投资动机的生产率溢价要高于制造业企业，这一结论与 Lööf（2010）、Grubljesic & Damijan（2011）以及 Shepherd（2014）的研究结论较为相似。②具体到不同收入水平国家，低收入国家和中低收入国家的制造业外资企业中出口企业的生产率要高于非出口企业，即效率寻求型投资动机的生产率溢价是存在的，这与服务领域的结论是一致的；中高收入国家

① 从表 3－9 可以看出，制造业外资企业成立的 1—3 年内开始出口的比重要大于外资服务企业。

② Lööf（2010）和 Grubljesic & Damijan（2011）对制造业和服务业出口企业的生产率溢价进行了比较，发现无论是采取劳动生产率还是全要素生产率，以及在何种估计方法下，服务企业的出口溢价要高于制造业企业。Shepherd（2014）的研究进一步发现服务外资企业的出口生产率溢价高于制造业外资企业。

的制造业外资出口企业的生产率低于非出口外资企业，这与服务领域的结论是不同的，主要原因是在中高收入国家（比如中国等）的制造业外资出口企业中，有较大一部分企业是为了获取丰富且廉价的投入要素，而这类企业普遍上生产率较低；高收入国家也呈现出显著的效率寻求型投资动机生产率溢价，与服务领域的表现也是不同的，可能的原因在于高收入国家的制造业发展已较为成熟且劳动力成本较高，使得收入水平相对较低国家的制造业企业在这些国家投资的意愿较小，导致高收入水平国家的制造业外资企业中多数是来自收入水平相同国家的制造业企业，这些企业的生产率差异较小，但从事贸易的制造业外资企业需要承担较高的国际贸易成本，因此生产率略高于非出口的制造业外资企业（export 系数值仅为 0.10）。

表 3-10　　制造业企业对外直接投资动机的生产率溢价

行业/国家	export	t 值	年份虚拟变量	行业/国家虚拟变量	企业特征	R^2
所有样本国家：						
总体	0.02	0.18	yes	yes	yes	0.291
不同收入水平国家：						
低收入国家	0.25***	16.28	yes	yes	yes	0.119
中低收入国家	0.17**	2.45	yes	yes	yes	0.089
中高收入国家	-0.33***	-4.19	yes	yes	yes	0.218
高收入国家	0.10**	2.40	yes	yes	yes	0.196
中国	-0.10*	-1.67	yes	yes	yes	0.071
制造业行业：						
纺织业	0.21*	1.69	yes	yes	yes	0.320
皮革制品业	0.09	1.18	yes	yes	yes	0.401
服装业	0.13**	2.11	yes	yes	yes	0.090
食品业	0.19**	-2.19	yes	yes	yes	0.432
饮料业	-0.29	-0.86	yes	yes	yes	0.702
冶金机械业	-0.32***	-3.54	yes	yes	yes	0.246
电子产品业	-0.63***	-11.18	yes	yes	yes	0.225
化学品与医药制品业	0.53***	2.88	yes	yes	yes	0.476
木材与家具业	0.61***	3.96	yes	yes	yes	0.327
非金属及塑胶制品业	0.15	1.18	yes	yes	yes	0.486
造纸业	0.54	0.90	yes	yes	yes	0.460
汽车及其零部件业	-0.51***	-3.82	yes	yes	yes	0.294
其他制造业	0.15**	2.33	yes	yes	yes	0.329

注：*、**、*** 分别表示在 10%、5% 和 1% 的显著性水平上显著；表中报告的是将虚拟变量 export 和 import 纳入估计模型时的估计结果；企业特征控制变量包括企业年龄、企业规模虚拟变量、是否国有企业、3 年前是否采取的新技术、新工艺或研发了新产品、企业从业人数等；体育用品业和其他运输设备业在剔除异常样本后没有外资出口企业，故未给出这两个行业的估计结果。

从各制造业行业来看，除冶金机械业、电子产品业和汽车及其零部件业外，其他制造业行业都表现出一定的效率寻求型投资动机生产率溢价，其中，木材与家具业以及化学品与医药制品业中外资出口企业的生产率较之非出口企业较高，即呈现出较高的效率寻求型投资动机生产率溢价，说明在一些技术和加工工艺较为密集的行业，效率寻求型投资动机的生产率溢价更为显著。电子产品业和汽车及其零部件业是制造业中两个负向系数最大的行业，主要原因在于：一方面，电子产品业的全球价值链配置活动最为活跃，主要表现在外资企业将附加值较低的加工和装配环节的附属企业设于收入水平较低的国家进行加工贸易，而负责研发等高附加值环节的外资附属企业不会从事贸易，使得该行业外资企业中出口企业的技术水平和生产率处于较低的水平；另一方面，汽车行业是发展中国家利用外资较多的制造业行业之一，也是多数发展中国家在引资方面取得较好成效的一个标志性行业，该行业中在东道国本地销售的外资企业，一般是以合资形式在东道国设立研发中心和生产基地，而从事出口的外资企业仅会将附加值较低的环节至于东道国，导致该行业表现出显著的负向效率寻求型投资动机生产率溢价。

综上所述，通过在生产率异质性、投资动机表现和投资动机生产率溢价方面制造业企业与服务企业的比较，可以看出，服务企业具有较高的平均生产率，但生产率的异质性远远高于制造业企业；制造业企业对外直接投资以效率寻求型动机为主，但在效率寻求型投资动机的强度上略低于外资服务企业；服务企业效率寻求型投资动机的生产率溢价高于制造业企业。

3.5　本章小结

"生产率溢价"是自 Bernard et al.（2003）和 Melitz（2003）为代表的异质性企业贸易理论以来的一个被学者们广泛研究的方面，它主要是指进行不同经营行为的企业在生产率上的差异性。本章主要考察了异质性服务企业对外直接投资动机的生产率溢价，通过采取世界银行企业数据库提供的包括制造业企业和服务企业在内的 13.3 万家微观企业数据，首先采取 LP 方法在克服传统 TFP 估计中的选择性偏差和同时性偏差的基础上测算了服务企业的 TFP，并对不同类型企业和各服务行业之间的服务企业 TFP 异质性进行了分析；其次，分别从总体、不同收入水平和各服务行业分析了不同收入水平国家和服务行业中外资服务企业在出口比重、出口形式和出口时间分布等方面的表现，以考察外资服务企业的对外直接投资动机表现；最后，通过构建计量经济模型，实证检验了服务企业对外直接投资动机的生产率溢价在不同收入水平国家和服务行业上的具体表现，并对服务企业的异质性、投资动机表现和生产率溢价与制造业企业进行了比较分析。主要的结论有：

第一，服务企业呈现出较高的TFP水平和企业异质性。在不同收入水平国家中，除中低收入国家外，服务企业TFP在总体上呈现出在收入水平越高的国家，其TFP水平越高的现象；而在服务企业TFP的异质性上，则表现为在收入水平越低的国家，服务企业TFP的异质性越强。在服务行业层面，高收入国家在知识技术密集型服务行业拥有较高的TFP水平和异质性；而低收入国家较高的TFP水平和企业异质性则主要表现在传统服务行业。

第二，服务企业对外直接投资的动机的主要表现为市场寻求型，但效率寻求型投资动机也是存在的，且呈现出收入水平越高国家，其效率寻求动机越明显的现象。在外资服务企业的出口形式上，外资服务企业通过出口寻求效率的主要形式是直接出口，且由于收入水平较高国家的出口制度环境和贸易开放程度较好，导致在收入水平越高的国家，采取直接出口形式的外资出口服务企业所占比重越大。此外，从外资服务企业出口的时间分布上来看，不同收入水平国家和各服务行业呈现出一致的现象，即企业成立当年即开始出口的外资服务企业占据了较大比重，表明外资服务企业对外直接投资的效率寻求型动机的强度较大。

第三，服务企业呈现出显著的效率寻求型投资动机生产率溢价。即在静态层面，通过对外直接投资在东道国寻求效率的服务企业的生产率要高于寻求市场的服务企业生产率。具体到不同收入水平国家，高收入国家由于效率寻求型跨国服务企业主要来源于生产率较低的非高收入国家，导致效率寻求型投资动机出现负向的生产率溢价；其他收入水平国家的外资服务企业中都表现出非出口企业生产率显著低于出口企业的现象，即存在效率寻求型投资动机的生产率溢价。在各服务行业层面，除运输业由于较低贸易成本导致外资出口企业生产率低于非出口企业的生产率外，其他服务行业均表现出显著的效率寻求型投资动机的生产率溢价。

第四，与制造业企业的比较分析发现，服务企业具有较高的平均生产率，但生产率的异质性远远高于制造业企业；制造业企业对外直接投资以效率寻求型动机为主，但在效率寻求型投资动机的强度上略低于外资服务企业；服务企业效率寻求型投资动机的生产率溢价高于制造业企业。

第 4 章

异质性服务企业对外直接投资动机的理论分析

Helpman et al. (2004) 通过构建一个多国多部门的一般均衡模型 (HMY 模型), 将企业异质性引入到 Brainard (1993) 提出的"临近—集中权衡"(proximity - concentration trade - off) 的分析框架中, 考察了异质性企业的出口和水平型对外直接投资的抉择。之后, 部分学者对 HMY 模型进行了一定的拓展, 但大多针对的是水平型 FDI。[①]比如: Nocke & Yeaple (2007) 将 HMY 模型中的水平型 FDI 拓展至跨境并购和绿地投资两类; Cieślik & Ryan (2009) 则从企业所有权结构进行了拓展, 将对外直接投资细分为独资 FDI (wholly - owned FDI) 和合资 (joint venture) 形式; 高越、李荣林 (2008) 和 Gao & Whalley (2013) 进一步将企业分割生产的形式 (即垂直型 FDI) 引入 HMY 模型, 同时考察了异质性企业进行出口、水平型 FDI 和垂直型 FDI 的行为抉择, 这与本书的研究较为一致。但是, Oldenski (2010) 指出, 已有的针对 HMY 模型的拓展主要是针对制造业企业, 在服务领域的适用性较低, 并从产品生产的技能要求 (task required for production) 视角拓展了 HMY 模型。由于将产品生产中所需的技能在行业层面进行分析时, 能够明显体现出制造业和服务业之间的差异, 因此, 该方法同时适用于制造业和服务业的异质性企业经营方式选择的研究。但是, 与 HMY 模型相同, Oldenski (2010) 的模型只分析了水平型 FDI 和出口的行为。鉴于此, 本书将在 HMY 模型的基础上, 引入与消费者等组织外部的沟通成本这一服务领域的特性, 将服务企业对外直接投资的市场寻求和效率寻求动机纳入, 以解释异质性服务企业对外直接投资动机的选择效应和学习效应。

① Helpman (2014) 对异质性企业进行贸易和对外直接投资的已有相关理论研究进行了较好地总结。

4.1 理论模型分析框架：基本假设

假设存在 N 个国家，每个国家有 H+1 个部门生产服务产品。其中，H 个部门生产差异化的服务产品，剩余一个部门生产的服务产品是同质的。劳动是服务产品生产过程中唯一的投入要素，且国家 i 拥有 L^i 单位的劳动要素。各国收入中用于 h 部门生产差异服务产品的比重为 β_h，那么，生产同质服务产品部门的花费为 $1-\sum_h\beta_h$。此外，假设各国生产同质服务产品的劳动生产率是相同的，同质产品市场是完全竞争的，且在各国之间可以自由贸易，即不存在贸易成本；假设各国用于生产同质服务产品的花费 $\sum_h\beta_h$ 以及各国之间的劳动要素禀赋（L^i）差异足够小，使得各国都生产同质服务产品，且各国之间的工资水平（w_i）相等。在此基础上，进一步假设生产单位同质服务产品需投入 1 单位的劳动要素。因此，各国劳动力的工资水平 w_i 均为 1。

在以上一般假设的基础上，本书接下来从需求和供给两个视角对一国（i）生产差异服务产品部门（h）进行分析。

4.1.1 服务消费者的行为假设

遵循 Helpman et al.（2004）在 HMY 模型中的设定，假设服务消费者对服务部门 h 中服务产品的偏好具有不变替代弹性（Constant Elasticity Substitution, CES）形式，且其一般效用函数为：

$$\mu=(1-\sum_{h=1}^{H}\beta_h)\log z+\sum_{h=1}^{H}\frac{\beta_h}{\lambda_h}\log(\int_{v\in V_h}x_h(v)^{\lambda_h}dv) \quad (4-1)$$

其中，z 为同质服务产品的消费；$x_h(v)$ 为服务部门 h 中服务产品种类 v 的消费；V_h 是消费者能够获得的服务部门 h 中服务产品的种类数。

根据消费者的效应函数，可以得出消费者对服务部门 h 中服务产品之间的替代弹性为：

$$\varepsilon_h=1/(1-\lambda_h)>1 \quad (4-2)$$

其中，λ_h 是消费者的多样性偏好系数，其值越小，表明消费者对服务产品多样化的偏好程度越大。同样，由效用函数可以得出一国服务消费者的需求水平和需求函数，①其中，需求水平为：

$$A^i = \frac{\beta E^i}{\int_0^{n^i} p^i(v)^{1-\varepsilon} dv} \tag{4-3}$$

其中，i 代表国家；E 表示一国总的支出水平；n 表示一国消费者可得到的服务产品种类；p（v）表示服务产品 v 的消费者价格。需要指出的是，一国的需求水平 A^i 对于服务产品提供者来说是外生的。

那么，一国消费者偏好所产生的服务产品的需求函数是：

$$D^i = A^i p^{-\varepsilon} \tag{4-4}$$

4.1.2 服务生产者的经营方式

在确定了服务消费者行为的基础上，本书进一步对服务生产者的行为进行设定。根据本书的研究目的，假设服务生产者向消费者提供服务产品的途径主要有 3 种，见表 4－1 所示。②

表 4－1　　服务企业经营方式的类型

企业类型	供应国外市场的方式	在国外市场的生产	在国外市场的销售	企业贸易状况	企业投资动机
Ⅰ	不向国外市场提供服务产品	不生产	不销售	不出口	无投资
Ⅱ	直接投资方式	在东道国生产	在东道国市场销售	不出口	寻求市场
Ⅲ	直接投资方式和出口	在东道国生产	部分产品在第三国销售	出口	寻求效率

类型Ⅰ的服务企业主要面向的是国内服务市场，在国内生产的同时，向本国消费者提供服务产品，既没有服务产品的出口，也不对外进行投资。类型Ⅱ的服务企业主要面向的是东道国的服务市场，其通过直接投资方式在东道国市场生产服务产品，并向东道国消费者提供服务产品，这类服务企业不参与出口活动，因此是市场寻求型跨国服务企业。类型Ⅲ的服务企业通过直接投资方式在东道国进

① 为了便于分析，接下来在考察某一特定的差异服务产品生产部门 h 时，将下标 h 去掉。因此，后文所指的所有服务部门是指服务部门 h。

② 本书未将贸易形式纳入服务产品提供方式的范畴内，主要是因为本书所研究的重点是对外直接投资形式。关于异质性服务企业出口行为的研究，见 Vogel（2011）、Temouri et al.（2013）等；或者将投资行为进一步纳入，考察服务企业出口与投资抉择的研究，见 Tanaka（2011）、Bhattacharya et al.（2012）、Federico & Tosti（2012）以及 Wagner（2014）等。

行服务产品的生产，其主要的目的是在东道国寻求效率，即为效率寻求型跨国服务企业。根据前文对效率寻求型对外直接投资的定义，这类服务企业在东道国主要是寻求廉价的劳动力、原材料以及先进的生产技术和管理经验等，因此类型Ⅲ的服务企业主要面对的是母国或第三国的服务市场，向母国或第三国服务消费者提供服务产品，故其参与出口活动。①此外，假设在达到均衡状态时，没有服务企业在国外市场同时进行效率寻求型和市场寻求型对外直接投资。

4.1.3 服务生产者的成本与定价

接下来，本书将对前文给出的三类不同经营方式服务企业的成本与定价进行设定。假设为了进入差异化服务行业 h，服务企业需承担的固定成本为 f_E，根据前文设定，f_E是由单位劳动力衡量的。然后，从分布函数 G（a）中抽取单位产出的劳动投入系数 a，一旦观察到 a，服务企业决定退出市场或开始生产。如果选择生产服务产品，服务企业需要承担额外的固定成本 f_D。②若服务企业选择在东道国市场进行销售，即通过对外直接投资方式在东道国市场生产和销售服务产品，其需要承担的额外固定成本为 f_M，包括建立附属公司的成本和在东道国形成分销和服务网络而产生的成本。此外，第Ⅲ类服务企业需承担的固定成本为 f_P，由于此类服务企业在东道国设立附属公司，所生产服务产品返回母国或销往第三国，因此，f_P是指在东道国成立附属公司的成本以及在第三国建立分销和服务网络的成本。各类型服务企业的固定成本见表 4－2 所示。

表 4－2　　不同类型服务企业的成本与定价

企业类型	固定成本	服务产品的边际成本		服务产品的定价	
		本国市场	外国市场	本国市场	外国市场
Ⅰ	f_D	a	不供应	a/λ	不供应
Ⅱ	f_M	a	$\delta^{ij}a$	a/λ	$\delta^{ij}a/\lambda$
Ⅲ	f_P	a	$s\delta^{ik}a+(1-s)a$	a/λ	$[s\delta^{ik}a+(1-s)a]/\lambda$

注：第Ⅲ类服务企业所生产服务产品供应的国外市场是指返回母国和向第三国销售的服务产品边际成本。

---

① 本书将类型Ⅲ的服务企业所面向的国外市场定义为母国或第三国服务市场的主要原因在于，跨国企业对外直接投资中存在一种以东道国为平台，向第三国出口和销售的现象（Hanson et al.，2005），即出口平台型动机（export platform motivation）。由于此类对外直接投资在东道国主要是为了寻求廉价劳动力等生产和经营效率（Franco，2013），故本书将此类归为效率寻求型对外直接投资。

② 在此，本书遵从 Helpman et al.（2004）的假设，即本国始终采用国内生产的服务产品供应国内市场。此外，本书进一步假设，如果服务企业只在国内市场销售，将不会承担其他固定成本。

在确定了各类服务企业固定成本的基础上，本书进一步考察其提供服务产品的边际成本，见表4－2。首先，各类服务企业向本国市场（母国）提供服务产品的边际成本都为 a。在供应外国市场的服务产品的边际成本方面，假设 i 国服务企业向 j 国消费者提供服务产品时需承担的与组织外部沟通成本为 δ^{ij}（$\delta^{ij}>1$），且 δ^{ij}类似于有形产品领域的"冰山成本"（melting－iceberg transport cost），即 i 国服务企业需要提供 δ^{ij}单位服务产品才能克服沟通障碍等，向 j 国消费者提供 1 单位有效服务产品。①那么，寻求市场的第Ⅱ类服务企业在东道国市场供应服务产品的边际成本为 $\delta^{ij}a$。对于第Ⅲ类服务企业，假设其在东道国生产的服务产品中输向第三国（k）的比重为 s（$0\leqslant s<1$），②向第三国供应服务产品的边际成本为 sa，返回母国服务产品的边际成本为（1－s）a，加上沟通成本，供应国外市场（包括返回母国）的边际成本为 $s\delta^{ik}a+(1+s)a$。③此外，假设第Ⅱ类和第Ⅲ类服务企业面临的国外市场是垄断竞争市场。

在前文 CES 效应函数的假设下，行业 h 中的服务企业采取边际成本加成定价，加成系数为（Melitz，2003）：

$$\frac{\varepsilon}{\varepsilon-1}=\frac{1}{\lambda} \tag{4-5}$$

那么，服务企业在本国市场的劳动投入系数为 a，其销售定价为：

$$P_D^i(a)=a/\lambda \tag{4-6}$$

同理，可以得出第Ⅱ类和第Ⅲ类服务企业在国外销售的定价分别是：

$$P_M^j(a)=\delta^{ij}a/\lambda \tag{4-7}$$

---

① 本书没有引入有形产品领域分析时常采取的运输成本，主要是因为多数服务产品生产与消费同时性的特征，使得服务企业与消费者等组织外部的有效沟通显得尤为重要。Oldenski（2010）在对制造业企业和服务企业与组织外部沟通水平及重要性的测算时发现，服务企业与组织外部沟通的水平和重要性是制造业企业的近两倍，且与组织外部沟通重要性和水平较高的服务企业，倾向于选择对外直接投资方式（Oldenski，2012），这也是目前服务业 FDI 相对于出口的比重远远高于制造业的一个重要原因。

② 本书仅考虑第Ⅲ类服务企业将所生产服务产品部分输向第三国市场进行销售（此时，$0<s<1$）以及将在东道国所生产服务产品全部返回母国进行销售的情况（此时，$s=0$），而不考虑此类服务企业将所有服务产品全部输向第三国市场的情况，即 $s=1$ 时。主要原因是，若服务企业的对外直接投资完全是出口平台型，其投资动机有两个：在东道国寻求效率和在第三国寻求市场，这与前文"没有服务企业在国外市场同时进行效率寻求和市场寻求对外直接投资"的假设相违背。

③ 需要指出的是，即使东道国与母国的语言相同、文化相似，跨国服务企业向东道国消费者提供服务产品时，其与组织外部的沟通成本仍大于在母国销售时的沟通成本，这主要是因为国家制度环境等所导致的。比如，一国居民对外国人的信任程度直接会导致沟通成本的增加，这方面的数据与资料可见：世界价值调查（World Value Survey，WVS）数据库和欧盟价值调查（European Value Survey，EVS）数据库，网址分别是 www. worldvaluessurvey. org；www. europeanvaluesstudy. eu/evs /surveys。

$$P_P^k(a) = [s\delta^{ik}a + (1-s)a]/\lambda \tag{4-8}$$

此外，为了能够在后文的分析中按照服务企业的选择行为对企业进行分类，本书采取 Helpman et al.（2004）的做法，对不同类型服务企业的固定成本进行假设：

$$f_D < (\delta^{ij})^{\varepsilon-1}f_M < [s\delta^{ik} + (1-s)]^{\varepsilon-1}f_P \tag{4-9}$$

因此，当第Ⅲ类服务企业在东道国所生产服务产品全部返回母国市场销售时，即 $s=0$ 时，式（4-9）就变为：

$$f_D < (\delta^{ij})^{\varepsilon-1}f_M < f_P \tag{4-10}$$

4.2 异质性服务企业对外直接投资：动机表现

在上节对理论模型框架中服务产品消费者和生产者行为进行假设的基础上，本节主要基于服务企业利润最大化视角对服务企业对外直接投资动机的抉择进行分析。

4.2.1 不同经营方式下的企业利润

表4-3给出了三类不同经营方式下服务企业的成本与收入等经营绩效。其中，服务于国内消费者的第Ⅰ类服务企业，其需求函数为 $A^iP(a)^{-\varepsilon}$，意味着服务企业的服务产品产出为 $A^i(a/\lambda)^{-\varepsilon}$（因为其服务产品的定价为 a/λ）。那么，该产出水平下的生产成本和企业收入分别为：

$$\text{生产成本：} aA^i\left(\frac{a}{\lambda}\right)^{-\varepsilon} = \lambda A^i\left(\frac{a}{\lambda}\right)^{1-\varepsilon} \tag{4-12}$$

$$\text{企业收入：} A^i\left(\frac{a}{\lambda}\right)^{1-\varepsilon} \tag{4-13}$$

可以得出，此类服务企业的利润（π_D^i）为：

$$\pi_D^i = a^{1-\varepsilon}B^i - f_D \tag{4-14}$$

其中，$B^i = \dfrac{(1-\lambda)A^i}{\lambda^{1-\varepsilon}}$。

表 4-3　　各类服务企业的经营绩效

企业类型	企业产出	生产成本	企业收入	利润
Ⅰ	$A^i(\frac{a}{\lambda})^{-\varepsilon}$	$aA^i(\frac{a}{\lambda})^{-\varepsilon}$	$A^i(\frac{a}{\lambda})^{1-\varepsilon}$	π_D^i
Ⅱ	$A^{ij}(\delta^{ij}\frac{a}{\lambda})^{-\varepsilon}$	$\lambda A^{ij}(\delta^{ij}\frac{a}{\lambda})^{1-\varepsilon}$	$A^{ij}(\delta^{ij}\frac{a}{\lambda})^{1-\varepsilon}$	π_M^{ij}
Ⅲ	$A^{ik}([s\delta^{ik}+(1-s)]\frac{a}{\lambda})^{-\varepsilon}$	$\lambda A^{ik}([s\delta^{ik}+(1-s)]\frac{a}{\lambda})^{1-\varepsilon}$	$A^{ik}([s\delta^{ik}+(1-s)]\frac{a}{\lambda})^{1-\varepsilon}$	π_M^{ik}

同理，拓展东道国服务市场的第Ⅱ类服务企业的利润为：

$$\pi_M^{ij}=(\delta^{ij}a)^{1-\varepsilon}B^j-f_M \tag{4-15}$$

而向母国或第三国消费者提供服务产品的服务企业（第Ⅲ类）的利润可以表示为：

$$\pi_P^{ik}=([s\delta^{ik}+(1-s)]a)^{1-\varepsilon}B^k-f_P \tag{4-16}$$

其中，B^j 和 B^k 分别为：

$$B^j=\frac{(1-\lambda)A^{ij}}{\lambda^{1-\varepsilon}} \tag{4-17}$$

$$B^k=\frac{(1-\lambda)A^{ik}}{\lambda^{1-\varepsilon}} \tag{4-18}$$

4.2.2　对外直接投资与非投资的抉择

在分析服务企业对外直接投资动机的抉择之前，本书先对服务企业对外投资与非投资的抉择进行分析，即只向国内市场提供服务产品，还是在服务国内市场的同时，也通过对外直接投资方式向国外市场提供服务产品。由于本书将对外直接投资具体为市场寻求型和效率寻求型两类，接下来分别对这两类不同动机的对外直接投资与非投资行为的抉择进行分析。

（1）对外直接投资（寻求市场）与非投资的抉择。根据式（4-14）和式（4-15），图 4-1 给出了第Ⅰ类和第Ⅱ类服务企业分别在国内和国外的利润函数，其中，纵轴是利润 π；横轴是 $a^{1-\varepsilon}$，由于 $\varepsilon>1$，$a^{1-\varepsilon}$的增加意味着服务企业劳动生产率（1/a）的增长，因此横轴可以看出是服务企业的生产率指数。

从图 4-1 可以看出，两类服务企业的利润曲线均为正斜率的线性函数，说明生产率越高的服务企业，其利润越高。其中，利润函数 π_D^i 和 π_M^{ij} 的斜率分别是 B^i 和$(\delta^{ij})^{1-\varepsilon}B^j$，假设母国 i 和东道国 j 拥有相同的需求水平，即 $B^i=B^j$，可以

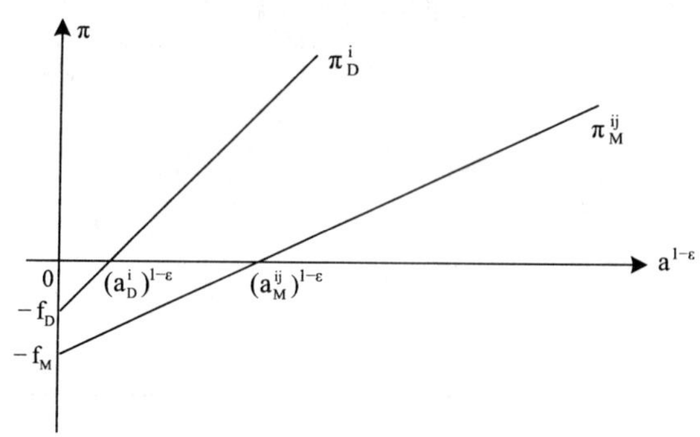

图 4-1 服务企业对外直接投资（寻求市场）与非投资的利润函数

得出，对外直接投资的利润要低于在国内市场销售的利润，主要是因为市场寻求型对外直接投资的固定成本（f_M）和沟通成本（δ^{ij}）要大于在国内生产及销售的固定成本（f_D）和沟通成本（$(\delta^{ij})^{1-\varepsilon}<1$）。

由式（4-10）的第一个不等式或者图 4-1，可以得出：

$$(a_M^{ij})^{1-\varepsilon} > (a_D^i)^{1-\varepsilon} \tag{4-19}$$

式（4-19）保证了有部分服务企业只服务于国内市场。当服务企业生产率低于$(\delta_D^i)^{1-\varepsilon}$时，其为国内消费者提供服务产品或服务于东道国消费者时，得到的经营利润均为负，因此，生产率低于$(\delta_D^i)^{1-\varepsilon}$的服务企业会退出行业 h。当服务企业生产率介于$(\delta_D^i)^{1-\varepsilon}$与$(\delta_M^{ij})^{1-\varepsilon}$之间时，其只服务于国内市场会得到正的经营利润，但在东道国生产和销售服务产品时会发生亏损，因此该类服务企业只会在国内生产并向国内消费者提供服务产品。生产率高于$(\delta_M^{ij})^{1-\varepsilon}$的服务企业，其不论服务于国内市场，还是在国外进行生产和销售，都会盈利。因此，当服务企业生产率高于$(\delta_M^{ij})^{1-\varepsilon}$时，服务企业在国内生产和销售的同时，也会通过对外直接投资方式在东道国生产并向当地消费者提供服务产品。

综上，生产率较高的服务企业会通过对外直接投资方式在东道国寻求市场，而生产率较低的服务企业只服务于国内市场，生产率最低的服务企业会退出市场，实现优胜劣汰。

（2）对外直接投资（寻求效率）与非投资的抉择。接下来，本书进一步对另一投资动机的对外直接投资（效率寻求型）与非投资的抉择进行分析。由于本书对效率寻求型对外直接投资的研究涉及两个方面：东道国附属公司同时服务于母国和第三国消费者（$0<s<1$）；附属公司所生产服务产品全部输回母国，向母国消费者提供服务产品（$s=0$）。因此，本书将同时对以上两种类型的效率寻

求型对外直接投资与非投资的抉择问题进行分析。

图 4－2 是根据式（4－14）和式（4－16）绘制的各类服务企业的利润函数图，与前文一致，横轴是代表服务企业生产率的生产率指数（$a^{1-\varepsilon}$），纵轴是服务企业的利润。可以看出，两类寻求效率的服务企业的利润曲线均为正斜率的线性函数，说明生产率越高的服务企业，其对外直接投资所得的利润越高。同样，在假设 $B^i = B^k$ 的基础上，若服务企业在东道国生产的服务产品全部输回母国，其利润函数 π_P^{ik} 的斜率与在国内生产和销售的服务企业斜率相同；若有部分服务产品提供给第三国的消费者，此时的利润函数 π_P^{ik} 的斜率为 $[(s\delta^{ik}+(1-s)]^{1-\varepsilon}B^k$，要小于在国内生产和销售的服务企业斜率 B^k。

此外，一方面，由于效率寻求型对外直接投资的固定成本（f_P）大于在国内生产的固定成本（f_D）；另一方面，向第三国消费者提供服务产品的沟通成本（δ^{ik}）大于服务于国内市场消费者的沟通成本，故两类效率寻求型对外直接投资的服务企业利润要低于在国内市场销售的利润，且在东道国所生产服务产品完全向国内消费者提供的利润要高于部分服务产品输向第三国的服务企业的利润。

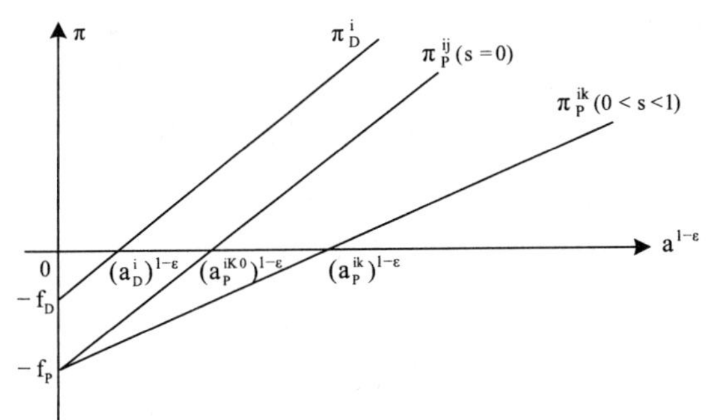

图 4－2　服务企业对外直接投资（寻求效率）与非投资的利润函数

由图 4－2 可以得出以下不等式：

$$(a_P^{ik})^{1-\varepsilon} > (a_P^{ik0})^{1-\varepsilon} > (a_D^i)^{1-\varepsilon} \tag{4-20}$$

根据式（4－20），仍然有一部分服务企业因生产率较低，服务国内市场或在东道国寻求效率都会发生亏损而退出市场，即生产率小于$(\delta_D^i)^{1-\varepsilon}$的服务企业退出市场。若服务企业对外寻求效率所生产服务产品全部输回母国，向母国消费者销售时，只有在其生产率大于$(\delta_P^{ik0})^{1-\varepsilon}$时，才会在服务于国内市场的同时，通过对外直接投资在东道国市场寻求效率进行服务产品的生产，因为只有生产率大于$(\delta_P^{ik0})^{1-\varepsilon}$的服务企业才能在对外直接投资中获利；而生产率介于$(\delta_D^i)^{1-\varepsilon}$和$(\delta_P^{ik0})^{1-\varepsilon}$之间的服务企业，由于效率寻求型对外直接投资的利润为负，而服务于国内市场会得到正的经营利润，所以该类服务企业只会在国内生产并向国内消费者提供服务产品。若服务企业在东道国生产的服务产品，有一部分提供给第三国的消费者，其余的输回母国，此时的服务企业的生产率需大于$(\delta_P^{ik})^{1-\varepsilon}$才能实现盈利，因此，生产率大于$(\delta_P^{ik})^{1-\varepsilon}$的服务企业在服务国内市场的同时，也会通过对外直接投资方式在东道国寻求效率；生产率介于$(\delta_D^{i})^{1-\varepsilon}$和$(\delta_P^{ik})^{1-\varepsilon}$之间的服务企业，为了避免利润损失，只会服务于国内市场以实现盈利。

结合前文对市场寻求型对外直接投资与非投资的抉择分析结论，不难得出，生产率较高的服务企业会选择对外直接投资方式在东道国生产服务产品；生产率较低的服务企业只会在国内生产和销售服务产品；生产率最低的服务企业会选择退出服务市场。

4.2.3 市场寻求与效率寻求的抉择

本节将两类投资动机（市场寻求型和效率寻求型）结合起来纳入同一个分析框架中，以考察服务企业对外直接投资动机的抉择。前文已提到，本书关注的效率寻求型对外直接投资动机下服务企业的行为主要有两类：一是在东道国设立附属公司，将所生产服务产品全部输回母国，即只向母国消费者提供服务产品；二是将在东道国生产的服务产品，一部分提供给母国的消费者，另一部分输向第三国。因此，接下来的分析将分别对服务企业在这两类效率寻求型对外直接投资动机与市场寻求型投资动机的抉择进行分析。

（1）市场寻求与效率寻求（产品全部输回母国）的抉择。结合式（4-14）—（4-16）（当 $s=0$ 时），本书绘制了三类服务企业分别在国内和国外生产的利润函数图，同样，纵轴是服务企业的利润 π；横轴是代表服务企业生产率的指数 $a^{1-\varepsilon}$（由于 $\varepsilon>1$，$a^{1-\varepsilon}$与服务企业劳动生产率 $1/a$ 同方向变动）。

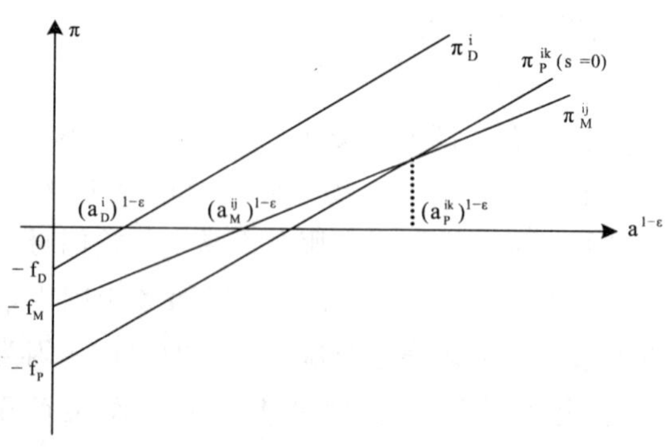

图 4-3 不同投资动机下服务企业对外直接投资的利润函数

可以看出，三类服务企业的利润函数都是向右上方倾斜的，即斜率都为正，说明服务企业的生产率越高，所获取的利润越高。假设各类服务企业面对的需求水平是相同的，即 $B^i = B^j = B^k$。那么，第Ⅰ类服务企业仅在国内生产和销售服务产品，其利润函数（π_D^i）的斜率为 B^i，与在东道国寻求效率并将服务产品全部输回母国的第Ⅲ类服务企业的利润函数（π_P^{ik}）斜率相同，主要是因为这两类服务企业面对的都是本国国内的消费者；而第Ⅱ类服务企业要在东道国进行生产并将服务产品提供给本地消费者，面对的是国外消费者，其在国外经营的利润函数（π_M^{ij}）的斜率 $(\delta^{ij})^{1-\varepsilon}B^j$ 要小于其他两类服务企业，这是因为向国外消费者提供服务产品时产生了沟通成本（δ^{ij}）。从三类服务企业的利润来看，由于在国外设立附属公司和拓展市场的固定成本要高于在国内生产和销售的固定成本，即 $f_M > f_D$、$f_P > f_D$，因此，在国内生产和销售服务产品的第Ⅰ类服务企业的利润要高于其他两类服务企业。关于在国外生产服务产品的两类服务企业的利润，图4－3显示出，对于生产率较低的服务企业，在东道国市场销售的第Ⅱ类服务企业的利润要大于将服务产品全部输回母国的第Ⅲ类服务企业的利润；而对于生产率较高的服务企业，第Ⅲ类服务企业的利润则大于第Ⅱ类服务企业。①这主要是因为，一方面，由于国际服务贸易的成本要高于国内贸易（王恕立等，2014），②使得生产率较低的服务企业在东道国生产服务产品并在当地销售能够获取更大的利润；另一方面，前文分析可知生产率越高的服务企业的利润越高，因此，生产率较高的服务企业在有效克服跨境贸易成本的同时，不需要承担与国外消费者之间的沟通成本，因而能够获得更高的经营利润。

此外，由图4－3以及式（4－10）给出的不等式，可以得出：

$$(a_P^{ik})^{1-\varepsilon} > (a_M^{ij})^{1-\varepsilon} > (a_D^i)^{1-\varepsilon} \qquad (4-21)$$

在式（4－21）中，左边的不等式（$(a_P^{ik})^{1-\varepsilon} > (a_M^{ij})^{1-\varepsilon}$）意味着存在一个生

---

① 在图4－3中，我们假设 $f_M < f_P$，事实上，$f_M > f_P$ 也是可以的，只要满足式（4－10）中给出的不等式即可。

② 著名的边界效应（border effect）能够在一定程度上给予解释，边界效应是McCallum（1995）在研究加拿大国内贸易以及与美国之间的国际贸易时发现的，他利用引力模型发现加拿大国内贸易量是同等距离与美国之间贸易量的22倍。之后大量学者利用不同国家的样本数据，在引力模型中控制了距离、收入、贸易条件等变量后仍证实边界效应的确是存在的（Anderson and Smith，1999；Gopinath et al.，2009；Requena and Llano，2010；Cheptea，2013）。Poncet（2003）指出，导致边界效应出现的原因，不仅包括贸易壁垒、货币兑换成本等政策性因素；而且还包括语言、文化、消费者偏好等非政策性因素。这些因素导致了国际贸易成本要高于国内贸易成本。具体到服务领域，由于语言的重要性以及服务贸易的开放程度较低，服务领域的国际贸易成本较之国内贸易成本可能会更高。

产率水平使得服务企业在东道国寻求市场的利润超过寻求效率的利润，即保证了有一部分服务企业在东道国的对外直接投资动机是市场寻求型；右边的不等式（$(a_M^{ij})^{1-\varepsilon}>(a_D^i)^{1-\varepsilon}$）保证了部分服务企业只在国内进行服务产品的生产和销售。$(a_D^i)^{1-\varepsilon}$是只在国内生产和销售的服务企业生产率的临界值，生产率水平低于$(a_D^i)^{1-\varepsilon}$的服务企业，由于其面临负的经营利润，故会退出行业 h。生产率介于$(a_D^i)^{1-\varepsilon}$与$(a_M^{ij})^{1-\varepsilon}$之间的服务企业，其在国内市场进行生产和销售可以获利，但通过对外直接投资在东道国生产并销售（包括在本地销售和返回母国）时会产生亏损，经营利润为负。因此，此类服务企业只会在国内生产服务产品，并服务于国内市场。生产率介于$(a_M^{ij})^{1-\varepsilon}$与$(a_P^{ik})^{1-\varepsilon}$之间的服务企业，其在东道国生产和销售的利润为正，且大于返回母国的利润，因此除了在母国生产和销售服务产品外，该类企业会通过对外直接投资在东道国寻求市场。生产率大于$(a_P^{ik})^{1-\varepsilon}$的服务企业，其在东道国生产服务产品并返回母国的利润高于在东道国本地销售的利润，该类企业在母国生产和销售的同时，会在东道国寻求效率，并将所生产的服务产品全部输回母国，为母国消费者提供服务。

（2）市场寻求与效率寻求（产品部分输回母国）的抉择。图 4－4 是根据式（4－14）－（4－16）（当 $0<s<1$ 时）绘制的三类服务企业的利润函数图，其中，横轴是服务企业劳动生产率（1/a）的代理指标 $a^{1-\varepsilon}$（因为 $a^{1-\varepsilon}$的增加伴随着 1/a 的增长）；纵轴是利润 π。

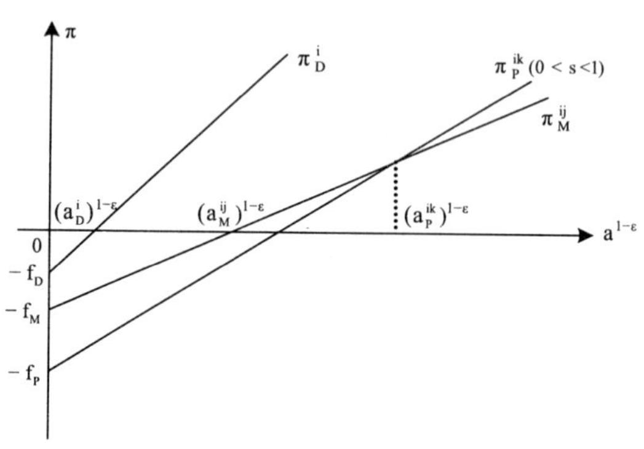

图 4－4　不同投资动机下服务企业对外直接投资的利润函数

由图 4－4 可以看出，当 $0<s<1$ 时，与其他两类服务企业相同，第Ⅲ类服务企业的斜率也为正，表明生产率越高的服务企业，其获取的经营利润越高。为了便于分析，我们作如下假设：一是各类服务企业面对的外部需求水平是相同的，即 $B^i=B^j=B^k$；二是服务企业在东道国与消费者等组织外部的沟通成本与在

第三国的组织外部沟通成本相同，即 $\delta^{ij}=\delta^{ik}$。在上述假设的基础上，第Ⅰ类服务企业仅在国内生产和销售服务产品，其利润函数（π_D^i）的斜率为 B^i；第Ⅱ类服务企业在东道国生产服务产品，并在本地进行销售，需承担与东道国消费者等组织外部的沟通成本（δ^{ij}），因此这类服务企业的利润函数（π_M^{ij}）的斜率 $(\delta^{ij})^{1-\varepsilon}B^j$ 要小于第Ⅰ类服务企业；第Ⅲ类服务企业在东道国寻求效率所生产的服务产品有一部分提供给第三国的消费者，另一部分服务产品则输回母国，在母国市场销售，在第三国销售服务产品时需面对当地的消费者，由此产生了沟通成本（$s\delta^{ik}$），由于只有一部分服务产品在第三国销售，这类服务企业的斜率为 $[(s\delta^{ik}+(1-s)]^{1-\varepsilon}B^k$，介于第Ⅰ类和第Ⅱ类服务企业利润函数的斜率之间。[①] 在三类服务企业的利润方面，由于 $f_M>f_D$ 且 $f_P>f_D$，即通过对外直接投资在国外设立附属公司生产和销售服务产品的固定成本要高于只在国内生产和销售服务产品的固定成本，因此第Ⅰ类服务企业的利润要高于第Ⅱ类和第Ⅲ类服务企业的利润。关于在国外生产服务产品的两类服务企业的利润，我们同样假设 $f_P>f_M$，[②] 由于国际服务贸易成本高于国内贸易（王恕立等，2014），且第Ⅲ类服务企业有部分产品输回母国，其所承担的与国外消费者之间的沟通成本小于第Ⅱ类服务企业，因此图 4-4 呈现出如下利润关系：相对于生产率水平较低的服务企业，在东道国市场销售的第Ⅱ类服务企业的利润要大于将服务产品分别输向第三国和母国的第Ⅲ类服务企业的利润；而对于生产率水平较高的服务企业，第Ⅲ类服务企业的利润大于第Ⅱ类服务企业。

根据图 4-3 以及式（4-10）给出的不等式，可以得到：

$$(a_P^{ik})^{1-\varepsilon}>(a_M^{ij})^{1-\varepsilon}>(a_D^i)^{1-\varepsilon} \tag{4-22}$$

左边的不等式（$(a_P^{ik})^{1-\varepsilon}>(a_M^{ij})^{1-\varepsilon}$）保证了有一部分服务企业在东道国的对外直接投资动机是市场寻求型，因为该不等式意味着存在一个生产率水平使得服务企业在东道国寻求市场的利润超过了寻求效率的利润；右边的不等式（$(a_M^{ij})^{1-\varepsilon}>(a_D^i)^{1-\varepsilon}$）则保证了部分服务企业只在国内生产和销售服务产品。根据图 4-3，生产率低于 $(a_D^i)^{1-\varepsilon}$ 的服务企业，其在国内生产和销售以及通过对外直接投资在国外生产和销售的利润都为负，即三类经营方式下都会发生亏损，所

① 在第三国销售服务产品的比重 s 越大，即越接近 1，服务企业利润函数的斜率越小，越接近第Ⅱ类服务企业利润函数的斜率；而当 s 越接近 0 时，此时利润函数的斜率越接近第Ⅰ类服务企业利润函数的斜率。前文对 s=0 时投资动机抉择的分析中，此时服务企业利润函数的斜率达到最大，与只在国内生产和销售的第Ⅰ类服务企业利润函数的斜率相同。

② 在满足式（4-10）中不等式的前提下，假设 $f_M>f_P$ 同样也是可以的。

以该类服务企业会退出市场。生产率水平介于$(a_D^i)^{1-\varepsilon}$与$(a_M^{ij})^{1-\varepsilon}$之间的服务企业只会在国内进行服务产品的生产和销售，因为只有在国内生产和销售服务产品时才会获得盈利，通过对外直接投资路径在国外生产并向东道国、第三国和母国消费者提供服务产品时都会产生亏损。生产率水平介于$(a_M^{ij})^{1-\varepsilon}$与$(a_P^{ik})^{1-\varepsilon}$之间的服务企业通过对外直接投资在东道国生产和销售服务产品的利润为正，且大于第Ⅲ类服务企业将服务产品分别输向第三国和母国的利润，因此该类服务企业除了在母国生产和销售服务产品外，还会通过对外直接投资在东道国寻求市场。生产率水平大于$(a_P^{ik})^{1-\varepsilon}$的服务企业在东道国生产服务产品并分别提供给第三国和母国消费者的利润要大于在东道国本地销售的利润，因此在母国生产和销售的同时，该类企业还会在东道国设立附属企业，将所生产服务产品分别输向第三国和母国，即在东道国市场寻求效率。

结合以上两个方面的分析结论，我们可以得到如下推论：

推论1：生产率相对较高的服务企业选择在东道国寻求效率，即对外直接投资动机为效率寻求型；生产率次之的服务企业，其对外直接投资动机主要表现为市场寻求型；生产率较低的服务企业只服务于国内市场；而生产率最低的服务企业退出市场。①

4.3 异质性服务企业对外直接投资：生产率效应

早在20世纪90年代，部分学者已开始关注企业国际化经营的学习效应，比如，World Bank（1993、1997）、Grossman & Helpman（1991）和Evenson &

① Bhattacharya et al.（2012）和Wagner（2014）分别对印度和德国服务企业出口与FDI选择效应的研究发现，生产率较高的服务企业选择出口，而生产率较低的服务企业选择FDI，这一现象与Helpman et al.（2004）等学者针对货物领域研究的结论截然相反。Bhattacharya et al.（2012）和Wagner（2014）指出这一现象出现的主要原因是服务贸易的成本较高，远远高于进行FDI的成本。Asier（2012）对服务业与制造业国际贸易成本的比较研究发现，虽然信息和通讯技术取得了飞速发展，但服务贸易成本仍比制造业贸易成本高50%—60%。在本书中，在东道国寻求效率的服务企业，其生产的服务产品需出口至第三国和母国，虽然本书在理论模型中未考虑服务企业的出口成本，但采取效率寻求型对外直接投资的服务企业仍需要较高的生产率水平以克服服务贸易成本，这也从另一个视角验证了本书理论模型所得推论。

Westphal（1995）等。他们认为进行国际化经营的企业可以通过学习模仿、改进生产工艺等路径提升自身的生产率。此外，Melitz（2003）和 Helpman et al.（2004）在其理论框架中分析了贸易成本下降时企业出口和对外直接投资行为对母国行业内资源再配置效应的影响，即对行业生产率的影响效应。因此，在本节对外直接投资动机的生产率效应方面，我们在得出一般均衡下服务企业自由进入市场条件的基础上，首先从宏观层面出发，分析服务企业对外投资对其母国所在行业的生产率效应，同时主要考察沟通成本变动对服务企业对外直接投资动机选择效应的影响；在此基础上，进一步微观至企业层面，分析不同投资动机下的对外直接投资对服务企业自身生产率的影响，即投资动机的学习效应。

4.3.1　一般均衡下的自由进入条件

首先，我们将分析在一般均衡时服务企业自由进入的条件，以及各临界点和市场需求 B^i。

在均衡时，对于所有国家 i，下式是成立的：

$$(a_D^i)^{1-\varepsilon}B^i - f_D = 0 \tag{4-23}$$

其中，a_D^i 表示服务企业进入行业 h 的生产率临界点，劳动生产率等于 a_D^i 的服务企业的利润为 0，而劳动投入系数大于 a_D^i 的企业将退出该行业。

对于所有国家 j（j≠i），下面等式成立：

$$(\delta^{ij}a_M^{ij})^{1-\varepsilon}B^j - f_M = 0 \tag{4-24}$$

式（4-24）中的 a_M^{ij} 表示国家 i 中选择在国家 j 生产和销售服务产品的服务企业的生产率临界点，具有该生产率的服务企业在 j 国生产和销售服务产品的利润恰好为 0；劳动投入系数大于 a_M^{ij}，而小于 a_D^i 的服务企业选择在母国生产和销售。

对于所有国家 j 和 k（j≠k≠i），下式成立：①

$$\{(\delta^{ij})^{1-\varepsilon}B^j - [s\delta^{ik} - (1-s)]B^k\}(a_p^{ik})^{1-\varepsilon} + f_M - f_P = 0 \tag{4-25}$$

其中，a_P^{ik} 是服务企业在东道国寻求效率的生产率临界点，具有该生产率的服务企业选择寻求市场或寻求效率；劳动投入系数小于 a_P^{ik} 的服务企业选择在东道国市场寻求效率；劳动投入系数大于 a_P^{ik}，而小于 a_M^{ij} 的服务企业选择在东道国市场生产和销售服务产品，即投资动机为市场寻求型。

① 为了不失一般性，我们在一般均衡的分析中将不再分析服务企业将在东道国生产的服务产品全部输回母国（s=0）时的自由进入条件。

潜在进入行业 h 的服务企业的期望利润为：

$$\pi = \int_0^{a_D^i}(a^{1-\varepsilon}B^i - f_D)dG(a) + \sum_{j\neq k\neq i}\int_{a_P^{ik}}^{a_M^{ij}}[(\delta^{ij}a)^{1-\varepsilon}B^j - f_M]dG(a)$$

$$+ \sum_{j\neq k\neq i}\int_0^{a_P^{ik}}[(s\delta^{ik}a + (1-s)a)^{1-\varepsilon}B^k - f_P]dG(a) \qquad (4-26)$$

式（4－26）右边的第一项说明，当潜在进入的服务企业从分布函数 G（a）中抽取的劳动投入系数 a 小于 a_D^i，该企业在国内市场获得的期望利润；该式右边的第二项说明，当潜在进入的服务企业抽取的劳动投入系数小于 a_M^{ij} 而大于 a_P^{ik} 时，该企业在东道国市场寻求中获得的期望利润；右边第三项表明，当抽取的劳动投入系数小于 a_P^{ik} 时，该服务企业通过对外直接投资在东道国寻求效率中获得的期望利润。

服务企业自由进入行业 h 意味着潜在进入的服务企业的期望经营利润等于其在抽取劳动投入系数之前花费的固定成本 f_E，即潜在进入服务企业的期望利润为0。因此，服务企业自由进入的条件可表达为：

$$V(a_D^i)B^i + \sum_{j\neq k\neq i}(\delta^{ij})^{1-\varepsilon}V(a_M^{ij})B^j + \sum_{j\neq k\neq i}\{[s\delta^{ik} + (1-s)]^{1-\varepsilon}B^k - (\delta^{ij})^{1-\varepsilon}B^j\}V(a_P^{ik}) - [G(a_D^i)f_D + \sum_{j\neq k\neq i}G(a_M^{ij})f_M + \sum_{j\neq k\neq i}G(a_P^{ik})(f_P - f_M)] = f_E \qquad (4-27)$$

其中，$V(a) = \int_0^a y^{1-\varepsilon}dG(y)$

同时，向母国和第三国提供服务产品的效率寻求型服务企业会选择经营利润最大的 s，因此，由式（4－16）可得：

$$\frac{\partial \pi_P^{ik}}{\partial s} = a^{1-\varepsilon}B^k(1-\varepsilon)[(\delta^{ik}-1)s+1]^{-\varepsilon}(\delta^{ik}-1) - f_P' = 0 \qquad (4-28)$$

由式（4－23）至式（4－28）可以求出临界点 a_D^i、a_M^{ij} 和 a_P^{ik}，以及各类服务企业所面对的市场需求。

4.3.2 沟通成本的行业内再配置效应

Melitz（2003）在分析异质性企业的出口行为时，指出贸易成本引致的行业内资源再配置效应主要是通过选择效应和生产再配置效应两个路径实现的。其中，选择效应是通过改变临界点使得生产率较低的企业退出市场，从而提高行业的平均生产率；生产的再配置效应是通过将市场份额由生产率较低企业转向生产率较高企业，导致生产率较高的企业拥有更多的市场份额，进而提高行业整体的生产率。我们也借鉴 Melitz（2003）的这一分析思路，对沟通成本下降时所导致的行业内资源再配置效应进行分析。

为了便于分析，遵照 Helpman et al.（2004）的做法，进一步对模型作如下假设：所有国家的固定成本系数和分布函数 G（a）是相同的；服务企业在东道国和第三国提供一单位服务产品需花费的沟通成本也是相同的。上述假设只是针对某一行业成立的，行业间服务企业的固定成本系数和沟通成本仍是存在差异的。在上述假设条件下，式（4－23）至式（4－25）以及自由进入条件意味着所有国家拥有相同的临界点和需求水平，即：$a_D^i = a_D$，$a_M^{ij} = a_M$，$a_P^{ik} = a_P$，$B^i = B^j = B^k$。此外，所有国家的服务企业也有着相同的劳动生产率分布，见图 4－5 所示。

由图 4－5 可以看出，在概率密度曲线下生产率低于 $1/a_D$ 的服务企业会退出市场，即区域Ⅰ中的服务企业；区域Ⅱ中的服务企业，其生产率介于 $1/a_D$ 和 $1/a_M$ 之间，这类服务企业只在母国进行生产和销售服务产品；生产率介于 $1/a_M$ 和 $1/a_P$ 之间的服务企业（区域Ⅲ）除了在母国生产和销售服务产品外，还会通过对外直接投资在东道国生产和销售服务产品；区域Ⅳ中服务企业的生产率大于 $1/a_P$，其在母国生产和销售服务产品的同时，还会在东道国寻求效率，将所生产的服务产品输向母国和第三国。

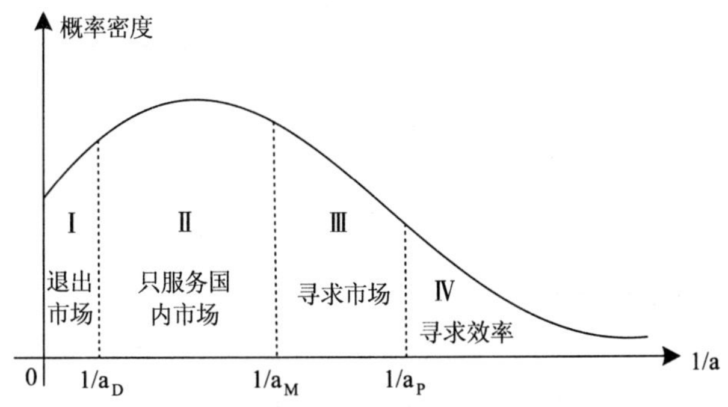

图 4－5　不同经营方式的服务企业的生产率分布

（1）沟通成本的选择效应。在前文进一步假设下，能够得出服务企业自由进入条件：

$$(a_D)^{1-\varepsilon}B = f_D \tag{4-29}$$

$$(\delta a_M)^{1-\varepsilon}B = f_M \tag{4-30}$$

$$\{(\delta)^{1-\varepsilon}B - [s\delta - (1-s)]B\}(a_P)^{1-\varepsilon} = f_P - f_M \tag{4-31}$$

$$V(a_D)B + (N-1)(\delta)^{1-\varepsilon}V(a_M)B + (N-1)\{[s\delta + (1-s)]^{1-\varepsilon}B - (\delta)^{1-\varepsilon}B\}V(a_P)$$

$$-[G(a_D)f_D+(N-1)G(a_M)f_M+(N-1)G(a_P)(f_P-f_M)]=f_E \tag{4-32}$$

由于自由进入条件（式（4-32））不存在一阶效应，因此可以根据其得出在外生参数变化时，需求 B 的变动方向。当与国外消费者的沟通成本 δ 下降时，需求 B 也出现下降，而 $\delta^{1-\varepsilon}B$ 上升。那么，根据式（4-29）至式（4-31）可以得到：服务企业退出市场的生产率临界点 a_D 下降；在东道国寻求市场的临界点 a_M 上升；而在东道国寻求效率的临界点 a_P 也下降。为了能够较为直观地观察到上述临界点变动所带来的效应，我们将这一结论再次纳入图 4-5 给出的生产率分布图中进行分析。沟通成本下降时三类不同经营方式服务企业的临界点变动结果见图 4-6 所示。

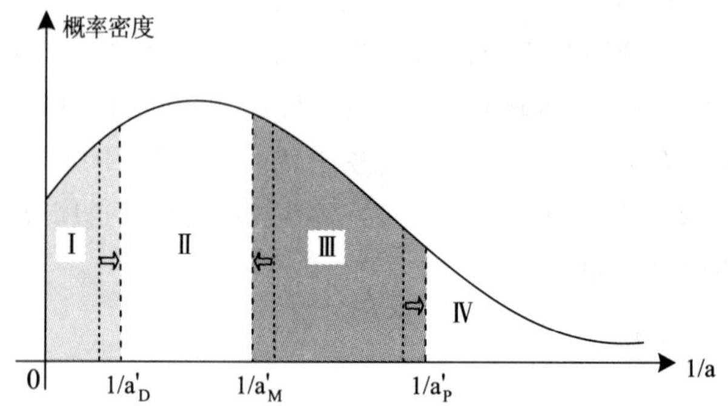

图 4-6　沟通成本下降时各类服务企业的生产率分布

由图 4-6 可以看出，当沟通成本下降时，在国内生产和销售服务产品所需的服务企业生产率的临界点上升，达到 $1/a_D'$，而在东道国寻求市场的生产率临界点下降至 $1/a_M'$，寻求效率的服务企业生产率的“门槛”也上升，为 $1/a_P'$。这说明沟通成本的降低，一方面，会导致只服务于国内市场的服务企业中生产率较低的企业退出市场，进而提高了整个行业的生产率水平；另一方面，导致原先只在国内生产和销售服务产品的服务企业中生产率较高的企业选择在东道国寻求市场，同时在东道国寻求效率的服务企业中生产率较低的部分企业会将所生产的服务产品转向东道国服务市场销售，即更倾向于在东道国寻求市场。

（2）沟通成本的生产再配置效应。Cabral & Mata（2003）针对企业规模分布的经验研究结论显示，帕累托分布（Pareto distribution）是企业规模分布较为合理的逼近（reasonable approximation），Baldwin（2005）和 Baldwin & Forslid（2010）在研究异质性企业的出口行为时，指出由于企业规模与其边际成本是负相关的，故假设企业边际成本服从帕累托分布。鉴于此，我们也假设 G（a）服从形状（shape）为 k 的帕累托分布；同时，借鉴 Helpman et al.（2004）的做法，通过参数 G（a）将 V（a）进行参数化，因此，V（a）也服从形状为 $k-(\varepsilon-1)$ 的帕累托分布。上述两个帕累托分布分别可表示为：

$$G(a) = (a/b)^{k},\ 0 \leqslant a \leqslant b \tag{4-33}$$

$$V(a) = (a/b)^{k-(\varepsilon-1)},\ 0 \leqslant a \leqslant b \tag{4-34}$$

其中，$b \in [b, +\infty]$，是规模（scale）参数；为了保证 G（a）将 V（a）存在有限方差（finite variance），假设 $k > \varepsilon + 1$。①那么，可以得出：

$$\frac{V(a_1)}{V(a_2)} = \left(\frac{a_1}{a_2}\right)^{k-(\varepsilon-1)} \tag{4-35}$$

此外，我们采取 S_D 表示只在国内生产和销售服务产品的服务企业的市场份额；采取 S_M 表示在东道国寻求市场的服务企业的市场份额；采取 S_P 表示效率寻求型服务企业的市场份额。那么，可以得到上述三类服务企业市场份额的相对规模，具体如下：②

$$\frac{S_M}{S_D} = \delta^{1-\varepsilon}\left[\frac{V(a_M) - V(a_P)}{V(a_D)}\right] = \delta^{1-\varepsilon}\left(\frac{a_M - a_P}{a_D}\right)^{k-(\varepsilon-1)} \tag{4-36}$$

$$\frac{S_P}{S_D} = (1-s)^{1-\varepsilon}\left(\frac{a_P}{a_D}\right)^{k-(\varepsilon-1)} \tag{4-37}$$

$$\frac{S_M}{S_P} = \left(\frac{\delta}{1-s}\right)^{1-\varepsilon}\left[\left(\frac{a_M}{a_P}\right)^{k-(\varepsilon-1)} - 1\right] \tag{4-38}$$

由式（4－36）和式（4－37）可以看出，当沟通成本（δ）下降时，S_M/S_D 上升，即相对于服务于国内市场的服务企业的市场份额，市场寻求型服务企业的市场份额增加；且根据式（4－38），沟通成本下降时，S_M/S_P 上升，表明相对于效率寻求型服务企业的市场份额而言，市场寻求型服务企业的市场份额增加，上述结论可以用图 4－7 表示。

可以看出，在国内生产和销售服务产品的服务企业的市场份额下降；市场寻求型服务企业的市场份额增加；效率寻求型服务企业的市场份额也降低。这表明沟通成本的降低，一方面，使得市场份额由低生产率企业转向高生产率企业，行业整体的生产率水平提升；另一方面，导致部分在东道国寻求效率的服务企业转向在东道国生产和销售服务产品。

综上所述，由沟通成本的选择效应和生产再配置效应可以得出以下推论：

---

① 这是因为当且仅当 $k > 2$ 时，式（4－33）和式（4－34）中的 a 才存在有限方差。

② 限于篇幅，我们未给出三类服务企业市场份额的具体表达式和推导过程，详见附录 B。

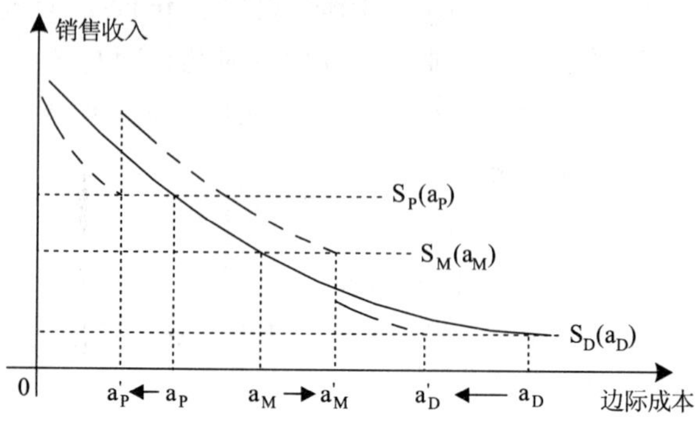

图 4－7 沟通成本下降时的市场份额转移效应

推论 2：与消费者沟通成本的降低，能够导致服务企业更倾向于在东道国生产和销售服务产品，即对外直接投资更倾向于寻求市场；反之，沟通成本的上升会导致服务企业更倾向于在东道国寻求效率。①

4.3.3 不同投资动机下的学习效应

Greenaway & Kneller（2007）指出，企业进行国际化经营所带来的学习效应主要是通过三个路径实现的，②第一，与外国竞争者和消费者之间的交流能够为企业提供与产品和生产工艺改进的相关信息，进而降低企业生产成本，提高产品质量；第二，国际化经营能够为企业带来更大的生产和市场规模，为企业的收入增加提供契机的同时，也带来了效率提高的压力；第三，外国市场激烈的竞争为国际化经营企业带来较大压力，迫使其提高效率和加大研发创新力度。在以上的三个路径中，不同企业的国际化经营的学习效应路径可能存在一定差异。比如，Tybout & Westbrook（1995）和 Tybout（2000）针对发展中国家的研究，指出由于企业的规模经济效应并未达到所期望的水平，第二个路径可能是企业效率改进的一个重要性较低的源泉；但 Van Biesebroeck（2006）对非洲的研究表明，企业国际化经营的学习效应所导致的生产率溢价有一半来源于规模经济效应。

考虑到以上三个路径在数理模型分析中的可行性和难易度，我们主要分析第

① 鉴于本书的研究目的，在此未对沟通成本降低所带来的行业整体生产率提高形成推论，后文的实证分析也未对此结论进行检验，关于这一结论的经验验证是本书后续研究的一个重点。

② 正如钱学锋等（2011）所提到的，需要将企业“国际化经营的学习效应”（learning by doing）与“为了国际化经营而学习”（learn to do）区分开来，“国际化经营的学习效应”是企业向其他国家投资或出口之后带来的生产率改进，属于“事后”生产率改进；“为了国际化经营而学习”是企业在作出国际化经营的决策之后，还未真正开始拓展海外市场之前有意识地采取一定措施提高自身生产率，属于“事前”的生产率改进，本质上是企业自我选择效应的内生结果。

二个路径下（规模经济效应）服务企业不同投资动机的学习效应。事实上，由于多数服务产品具备生产和消费同时性的特征，服务产品产出增加所带来的投入减少与服务企业在海外销售导致的边际成本降低是一致的。

为了保证数理模型分析的系统性，我们仍沿用前文的分析框架，根据表 4 - 3，可以得出服务企业产出 Q 与劳动投入系数 a 之间的函数关系，对于市场寻求型服务企业而言，在东道国的服务产品产出与劳动投入系数之间的函数关系为：

$$a_1(Q)=\frac{1}{Q}\times\frac{\pi_M+f_M}{\delta(1/\lambda-1)},\quad a_M\leq a_1<a_I \tag{4-39}$$

对式（4 - 39）中的 Q 求导，可得：

$$\frac{da_1(Q)}{dQ}=-\frac{1}{Q^2}\times\frac{\pi_M+f_M}{\delta(1/\lambda-1)}<0 \tag{4-40}$$

由于 $\delta>1$ 且 $0<\lambda<1$，[①]可知 $da_1(Q)/dQ<0$，说明在东道国生产和销售服务产品的服务企业，其产出 Q 的增加会导致劳动投入系数 a 的降低，进而劳动生产率 1/a 上升。这一结论表明市场寻求型对外直接投资能够提升服务企业自身的生产率，即存在投资学习效应。

同样，可以得出效率寻求型服务企业在东道国的服务产品产出与劳动投入系数之间的函数关系：

$$a_2(Q)=\frac{1}{Q}\times\frac{\pi_P+f_P}{[s\delta+(1-s)](1/\lambda-1)},\quad a_2>a_I \tag{4-41}$$

对式（4 - 41）求导，可得：

$$\frac{da_2(Q)}{dQ}=-\frac{1}{Q^2}\times\frac{\pi_P+f_P}{[s\delta+(1-s)](1/\lambda-1)}<0 \tag{4-42}$$

由于 $0<s<1$，可以得出：$da_2(Q)/dQ<0$，说明寻求效率的服务企业在东道国的产出增加能够降低其劳动投入系数 a，提高劳动生产率 1/a，即效率寻求型对外直接投资的学习效应存在，能够促进服务企业自身生产率的改进。

接下来，对不同投资动机的学习效应进行比较，由于寻求效率服务企业的利润大于市场寻求型服务企业的利润，[②]且前文已假设 $f_P>f_M$，所以可以得到：

$$\pi_P+f_P>\pi_M+f_M \tag{4-43}$$

根据式（4 - 43），再结合不等式 $\delta>s\delta+(1-s)$，可以得出：

① 由需求弹性 $\varepsilon=1/(1-\lambda)>1$，可以得到 $0<\lambda<1$。

② 虽然两类投资动机产出函数的劳动投入系数 a 的取值范围不同，但从图 4 - 4 可以看出，寻求效率的服务企业的利润要高于市场寻求型服务企业。

$$0>\frac{da_1\ (Q)}{dQ}>\frac{da_2\ (Q)}{dQ} \tag{4-44}$$

式（4－44）表明效率寻求型服务企业产出对劳动投入系数的降低程度大于市场寻求型服务企业，即效率寻求型对外直接投资对服务企业自身劳动生产率的促进效应大于市场寻求型的促进效应，其具有更大的投资学习效应。

根据上述分析结论，我们得出了动态层面异质性服务企业对外直接投资动机的另一个推论：

推论3：服务企业在东道国进行对外直接投资，不论其动机是寻求效率还是寻求市场，都能够促进自身生产率的提升，即都存在投资学习效应；不同的是，效率寻求型对外直接投资的学习效应大于市场寻求型。①

4.4 本章小结

本章主要是对上一章从静态层面得出的对外直接投资动机的生产率溢价（效率寻求型服务企业的生产率高于市场寻求型服务企业）在动态层面进行了理论解释，即静态层面表现出的生产率溢价是由服务企业“事先”决定的（选择效应）；还是“事后”造成的（学习效应）。借鉴 Helpman et al.（2004）给出的 HMY 模型的分析思路，我们将 Oldenski（2012）提出的“沟通成本”这一更符合服务领域的特性以及 FDI 的投资动机（效率寻求型和市场寻求型）纳入分析框架，对 HMY 模型进行了拓展，分析了服务企业对外直接投资动机的抉择，即投资动机的选择效应，并对沟通成本所带来的行业内再配置效应进行了分析。在此基础上，进一步通过构建反映不同投资动机的服务企业产出与劳动投入系数之间关系的函数，从规模经济效应路径对服务企业不同投资动机的学习效应进行了比较静态分析。主要的结论有：

（1）生产率较高的服务企业会通过对外直接投资在东道国寻求效率；生产率次之的服务企业则在东道国生产和销售服务产品，即对外直接投资动机表现为

① 一般而言，通过对外直接投资在东道国寻求效率的服务企业，其具有更强的识别和学习国外先进的技术成果和管理经验的能力，即学习和吸收能力较强。因此，与市场寻求型服务企业相比，寻求效率的服务企业具有更强的投资学习效应。

市场寻求型；生产率较低的服务企业只服务于国内市场，在国内生产服务产品并提供给国内消费者；生产率最低的服务企业会退出市场。借鉴 Helpman et al.（2004）的分析思路，通过假设同一服务企业在国外不能同时寻求市场和寻求效率，只能选择其一，我们在垄断竞争市场假设下分析了从事对外直接投资活动的服务企业投资动机的选择效应，发现效率寻求型服务企业无论是将在东道国所生产服务产品全部输回母国，还是同时向母国和第三国消费者提供服务产品，生产率较高的服务企业会选择在东道国市场寻求效率，即对外直接投资动机的选择效应是存在的。值得说明的是，我们未对将在东道国所生产服务产品全部输向第三国（出口平台型对外直接投资）的情形进行分析，主要是因为这类服务企业在国外同时寻求效率和寻求市场（在东道国寻求效率，在第三国寻求市场），与书中的假设相违背。但是，选择出口平台型对外直接投资的服务企业的生产率可能会更高，因为面临了更大的边际成本，包括与第三国消费者的沟通成本、贸易成本等。

（2）服务企业与消费者沟通成本的降低使得其更倾向于在东道国寻求市场，这与 Helpman et al.（2004）得出的贸易成本降低导致企业更愿意选择出口这一结论较为相似。通过借鉴 Melitz（2003）的分析思路，我们从选择效应和生产再配置效应两个方面分析了沟通成本的行业内再配置效应。其中，沟通成本的选择效应结果显示，沟通成本的降低导致原本只在国内生产和销售服务产品的服务企业中生产率较高的企业选择在东道国寻求市场，同时在东道国寻求效率的服务企业中生产率较低的企业会将所生产的服务产品转向东道国服务市场销售，即导致服务企业更倾向于在东道国寻求市场；沟通成本的生产再配置效应结论表明，沟通成本的降低使得在国内生产和销售服务产品的服务企业的市场份额下降；市场寻求型服务企业的市场份额增加；效率寻求型服务企业的市场份额也降低，即导致部分在东道国寻求效率的服务企业转向在东道国生产和销售服务产品。

（3）市场寻求型和效率寻求型对外直接投资都能够促进服务企业自身生产率的提高，但效率寻求型对外直接投资的生产率促进效应更大，即在东道国寻求效率的服务企业具有更大的投资学习效应。基于规模经济效应路径，我们对不同投资动机的学习效应进行了分析，通过构建反映市场寻求型和效率寻求型服务企业在东道国的产出与劳动投入系数之间关系的函数，通过比较静态分析发现，不论服务企业通过对外直接投资在东道国寻求市场还是寻求效率，两类投资动机均能够提升企业自身的生产率，即投资学习效应是存在的。但是，通过比较两类投资动机的学习效应，在东道国寻求效率的服务企业，由于具有相对更强的识别和学习国外先进的技术成果和管理经验的能力，其对外直接投资的学习效应大于在东道国寻求市场的服务企业。

第5章

跨国服务企业与组织外部的沟通成本衡量

在第4章的理论模型分析框架中，我们引入了服务产品在生产和消费过程中的一个重要特性——服务提供者与消费者之间的有效沟通，①并将企业与组织外部的沟通成本作为影响跨国服务企业对外直接投资动机抉择的重要因素之一。因此，在采取样本数据检验理论假说之前，需要先对服务企业与组织外部的沟通成本进行衡量。但是，由于涉及包括消费者内在的组织外部这一维度，使得测算与组织外部沟通成本的难度较大。我们借鉴Oldenski（2012）提出的企业与消费者之间沟通密集度指数的构建方法和思路，分别从行业和国家层面构建跨国服务企业与组织外部的沟通成本指数，并结合数据的可得性和后文实证分析所选样本，进一步采取相关数据考察跨国服务企业与组织外部的沟通成本在不同行业和国家层面上的变迁及异质性表现。

5.1 与组织外部的沟通成本：指数构建

Oldenski（2012）在分析信息传导成本（cost of transmitting information）在企业出口与水平型FDI抉择中的作用时，从沟通重要性视角提出了某一行业内企业

① Oldenski（2012）指出，服务业对产品提供者与消费者之间沟通的要求更高，其与消费者沟通的重要性是制造业的两倍。此外，服务产品提供者与消费者之间的有效沟通一般被认为是衡量服务产品质量的一个重要因素（Rutkauskas & Paulaviciene，2005；范秀成等，2006）。

与消费者之间的沟通密集度指数。本书在 Oldenski（2012）提出的沟通密集度指数的基础上，分别从行业和国家层面构建跨国服务企业与组织外部的沟通成本指数。与 Oldenski（2012）的指数相比，摒弃了沟通重要性视角下的构建思路，基于沟通水平视角来构建沟通成本指数，因为该指数的构建基础是不同职位（occupation）的工作活动（work activities），①正如美国劳动职位信息网络局（The Department of Labor’s Occupational Information Network，O * NET）给出的解释，某一工作活动在不同职位中的重要性可能是相等的，但是水平值是存在差异的。②因此，从所需水平视角构建沟通成本指数能够更好地反映不同职位（行业）间的异质性。此外，考虑到文化、语言和制度环境等因素在不同国家之间的差异性，我们在构建了行业层面沟通成本指数的基础上，进一步构建一国跨国服务企业与不同东道国之间的沟通成本指数。

5.1.1 指数构建的思路

跨国服务企业通过对外直接投资形式在东道国市场进行生产或销售，其沟通形式主要涉及两类：一类是母公司与附属公司之间的沟通交流，即企业组织内部的信息传导；另一类是附属公司与东道国（或第三国）的消费者、政府、公众等之间的沟通，即企业与组织外部的信息交流。第一类沟通形式所产生的成本可以用于分析企业出口与对外直接投资的抉择，组织内部沟通成本较高的企业可能会选择出口，而不是对外直接投资。比如，Oldenski（2012）摒弃了传统“临近—集中抉择模型”（proximity - concentration models of the decision）中所强调的运输成本，从沟通成本视角对 HMY 模型进行了拓展。结合本书研究背景，服务企业进行对外直接投资已成为既定事实，不论服务企业是寻求效率还是寻求市场，第一类沟通成本是基本相等的。而第二类沟通形式所产生的成本对于跨国服务企业可能是不同的。③因此，本书主要分析跨国服务企业与组织外部的沟通成本。

但是，沟通与生产不同，生产过程是有形的，产生成本中的大部分是可以度量的；④而沟通的无形性使得其成本度量的难度较大，加之涉及消费者、政府等外部因素，企业与组织外部沟通成本的衡量难度更大。鉴于此，本书借鉴 Olden-

① 书中沟通成本指数的构建采取的是与组织外部沟通相关的 4 类工作活动，详见 5.1.2 中的分析。

② 比如，“向消费者营销推广”这一工作活动对于销售经理和销售员的重要性是相等的，但由于销售员直接面对消费者，更多地与消费者接触，因此，需要更高的“向消费者营销推广”水平。

③ 详见第 4 章理论模型中的分析。

④ 与服务相关的生产成本的研究，如 Ramasubbu & Balan（2012）、Erkoyuncu et al.（2013）等，此外，Niazi et al.（2006）对目前生产成本的衡量方法和技术进行了详细的总结和评述。

ski（2012）提出的沟通密集度指数的构建思想，从与组织外部沟通相关的工作活动在不同职位中所需的水平出发，构建跨国服务企业与组织外部的沟通成本指数。

首先，O * NET Online 数据库给出了 41 项工作活动分别在 900 多个职位中的重要性和所需水平值数据，各项工作活动见附录中表 C2 。Autor et al. （2003）将这些工作活动分为常规活动（routine activities）和非常规活动（nonroutine activities）两类，分析了不同行业和职位中常规活动与非常规活动的构成；Blinder（2009）和 Jensen & Kletzer（2010）利用这些数据给出了与服务相关职位的外包可实施性的排名。结合本书研究内容，我们选取与组织外部沟通相关的 4 项工作活动作为构建与组织外部沟通成本指数的基础，这 4 项工作活动分别是：与组织外部人员沟通（communicating with persons outside organization）、向他人诠释信息含义（interpreting the meaning of information for others）、与公众直接沟通（performing for or working directly with the public）、向消费者营销推广（selling or influencing others）。

其次，对每一项工作活动在不同职位中的水平值进行赋权，权重为各职位在行业中的就业比重,[①]进而得到行业层面的每一项工作活动所需的水平。但是，正如 Oldenski（2010）所指出的，O * NET Online 数据库所报告的水平值是对不同职位的个人进行调查汇总而得，其分值为0—100，由于调查的主观性特征，不同工作活动之间的水平值无法直接进行比较。为此，我们采取某一项工作活动水平值占所有工作活动水平值的比重来表示行业层面该工作活动的相对水平，即工作活动的相对密集度水平。结合前文所给出的 4 项与组织外部沟通相关的工作活动，将这 4 项工作活动的相对密集度水平相加，得出了每一行业的跨国服务企业与组织外部的沟通水平指数。我们将这一指数定义为行业层面的沟通成本指数，因为归属于某一行业的服务企业，其与消费者、政府、公众等的沟通成本与行业所需要的沟通水平是密切相关的，所需的沟通水平越高，企业需承担的沟通成本也越高。

最后，由于不同国家在文化、语言、制度环境等方面存在差异，跨国服务企业在不同东道国的沟通成本也因国家的不同而不同。因此，本书在得出行业层面沟通成本指数的基础上，采取行业产出占总产出的比重对各行业的沟通成本指数

---

① 目前，多数国家和组织对就业数据的统计越来越微观，已有较多国家基于职位层面统计某一行业中各职位的就业状况，比如，美国、欧盟国家等。此外，联合国劳工组织（UN International labor Organization，ILO）也公布了世界多数国家的“行业—职位”的就业数据。

进行赋权，得出一国总体层面的对外沟通成本指数。同时，考虑到影响跨国服务企业在东道国与组织外部有效沟通的两个重要因素：语言和文化差异，我们采取东道国掌握一门语言的人口比重和对外国人的信任程度对总体层面沟通成本指数进行加成，以得到跨国服务企业与各东道国的沟通成本指数。

5.1.2 行业层面的指数构建

根据前文沟通成本指数的构建思路，本节重点在于构建行业层面的跨国服务企业与组织外部的沟通成本指数。首先，采取某一行业中各职位的就业比重，对工作活动 w 在不同职位中的水平进行赋权，公式如下：

$$level_{iwt} = \sum_{j=1}^{n} \alpha_{ijt} l_{jw} \tag{5-1}$$

其中，$level_{iwt}$表示 t 时期工作活动 w 在行业 i 中需要的水平；α_{ijt}表示 t 时期行业 i 中职位 j 的就业比重；l_{jw}表示职位 j 所需的工作活动 w 的水平值。可以看出，α_{ijt}是权重，通过对 l_{jw}进行赋权，可以得到产业层面不同工作活动所需的水平值。①

但是，根据公式（5-1）得出的产业层面工作活动的水平值是未加调整的原始值。由于统计调查中所调查的个人给出的分值具有一定的主观性，因此，我们进一步对 $level_{iwt}$进行调整，采取某一行业工作活动水平值占该行业所有工作活动水平值的比重来表示，即相对水平值。具体公式为：②

$$alevel_{iwt} = level_{iwt} / \sum_{w=1}^{41} level_{iwt} \tag{5-2}$$

$alevel_{iwt}$表示 t 时期 i 行业中的工作活动 w 所需的相对水平。可以看出，相对水平也可以理解为工作活动 w 在行业 i 中需要投入的密集程度（input intensity）。因此，当工作活动与信息沟通相关时，工作活动在行业中所需的相对水平就可以近似地理解为沟通所需花费的成本。

如前文所述，我们选取了 O * NET Online 数据库中与组织外部沟通相关的 4

---

① 正如前文所述，与 Oldenski（2012）不同的是，本书采取的是各职位中工作活动的水平值，而不是重要性分值。主要是因为，一方面水平值较之重要性，能够更好地反映出不同职位间的差异，进而将这种异质性映射在行业层面；另一方面，就沟通成本的度量而言，各职位所需的与组织外部沟通的水平值能够比重要性更好地衡量沟通成本。

② 公式（5-2）中，w 的取值范围是 1—41，这是因为 O * NET Online 数据库涉及的工作活动共有 41 项。

项工作活动，[①]根据公式（5－2），对应的沟通成本分别为：与组织外部人员沟通的成本（occost）、向他人诠释信息含义的成本（mccost）、与公众直接沟通的成本（pccost）、向消费者营销推广的成本（sccost）。根据上述4项工作活动的成本，可以得出跨国服务企业与组织外部的沟通成本指数，公式为：

$$tccost_{it} = occost_{it} + mccost_{it} + pccost_{it} + sccost_{it} \quad (5-3)$$

$tccost_{it}$表示i行业在t时期与组织外部的沟通成本指数。

5.1.3 国家层面的指数构建

在行业层面与组织外部沟通指数构建的基础上，本书进一步结合国家语言、文化、制度环境等因素，构建一国跨国服务企业与东道国消费者、政府、公众等组织外部的沟通成本指数。因此，首先需要将公式（5－2）得出的产业层面的沟通成本指数加总至总体（国家）层面，采取行业产值占总产值比重作为权重进行加总，[②]具体公式如下：

$$alevel_{tw}^{h} = \sum_{i=1}^{n} output_{it}^{h} \times alevel_{itw}^{h} \quad (5-4)$$

其中，$alevel_{tw}^{h}$表示t时期h国工作活动w在服务业与组织外部沟通中的总体成本；$output_{it}^{h}$表示t时期h国的i行业产出占服务业总产出的比重；$alevel_{itw}^{h}$是t时期h国i行业工作活动w在服务企业与组织外部沟通中的成本指数。

跨国服务企业在东道国的沟通成本要受到语言、文化等因素的影响，一般而言，语言的不同以及较大的文化差异会使得跨国服务企业在东道国承担额外的沟通成本，比如，语言翻译等。因此，本书在跨国服务企业与组织外部沟通所需承担的一般沟通成本（$alevel_{tw}^{h}$）的基础上，将各国的语言和文化因素纳入，构建语言和文化的加成项，作为衡量跨国服务企业在东道国所需承担的额外沟通成本。具体公式为：[③]

$$alevel_{tw}^{d} = alevel_{tw}^{h} + (\delta + \pi) + (\delta + \pi) \times alevel_{tw}^{h} \quad (5-5)$$

---

① 根据O＊NET Online数据库对这4项工作活动的解释，与组织外部人员沟通是指企业通过面对面、书信、电话或电子邮件等形式与消费者、公众、政府以及其他外部人员的沟通活动；向他人诠释信息含义是指向他人翻译或解释信息的含义或者如何使用的沟通活动；与公众直接沟通是指包括在酒店和商店向消费者提供服务，以及接待客户等在内的沟通活动；向消费者营销推广是指说服他人去购买商品（服务），或者改变他人的想法和行为的沟通活动。

② 本书采取各行业的产出比重数据而不是增加值比重，主要是因为产出能够更好地反映企业的成本，包括生产成本、沟通成本等。

③ 该指数的构建方法与Kremer（1993）、Costinot（2009）和Oldenski（2010）所构建指数较为相似。

其中，$alevel_{tw}^{d}$表示 t 时期跨国服务企业与组织外部的沟通活动 w 在东道国 d 的成本指数；δ 和 π 是沟通成本的加成系数，分别代表语言和文化差异所导致的沟通成本增加，具体度量方法为：

$$\delta = \sum_i r_i s_i,\ \pi = \sum_j r_j s_j \tag{5-6}$$

其中，r_i表示东道国掌握不同语言的人口比重。s_i是类别变量，若跨国企业所在东道国与其母国语言相同，赋值为 0；否则赋值为 1。r_j表示对外国居民信任程度不同的东道国消费者所占的比重，信任程度分为四类：完全信任（trust completely）、有点信任（trust a little）、非常不信任（not trust very much）和完全不信任（not trust at all）。s_j是与信任程度相关的类别变量，对以上四类信任程度分别赋值 0、0.3、0.7 和 1。[①]

因此，与行业层面的测算方法相同，可以得到跨国服务企业在不同东道国与组织外部的沟通成本（$tccost_t^d$）：

$$tccost_t^d = occost_t^d + mccost_t^d + pccost_t^d + sccost_t^d \tag{5-7}$$

其中，$occost_t^d$、$mccost_t^d$、$pccost_t^d$ 和 $sccost_t^d$ 分别表示 t 时期跨国服务企业在东道国 d 与组织外部人员沟通成本、向他人诠释信息含义成本、与公众直接沟通成本和向消费者营销推广成本，具体计算上是根据公式（5-5）而得的。

5.2 与组织外部沟通成本的测算：行业层面

前文构建了衡量一国跨国服务企业与组织外部的沟通成本指数，本节将采取相关数据来测算跨国服务企业与组织外部的沟通成本，在对沟通成本指数进行验证的同时，考察服务企业与组织外部的沟通成本在行业及国家层面的时间维度演变态势，以及在行业和国家之间的异质性特征。

---

① 鉴于文化差异的度量难度较大，我们采取东道国消费者对外国居民的信任程度来表示母国与东道国之间的文化差异。加之，对外国居民的信任程度与两者之间的沟通成本也息息相关，若对外国居民的不信任程度较大，必然会加大跨国服务企业与当地消费者的沟通成本。因此，在度量沟通成本方面，信任程度是一个较为理想的文化差异代理变量。

5.2.1 样本选取与数据说明

本书在沟通成本指数的构建思路中已提到 O * NET Online 数据库给出了各项工作活动在不同职位中所需的水平值，根据公式（5－1），要得到产业层面的企业与组织外部的沟通成本，需要各职位在不同行业中的就业比重数据作为权重，以对 O * NET Online 数据库给出的各项工作活动在不同职位中的水平值进行赋权。目前，一些发达国家，如美国、欧盟各国、加拿大等，都公布了历年行业层面的职位就业数据。除了发达国家外，联合国劳工组织（UN International labor Organization，ILO）也公布了行业层面的全球多数国家的各职位的就业数据。但 ILO 公布的数据，一方面缺失数据较多，尤其是发展中国家和欠发达国家；另一方面，其关于职位的统计和分类标准与 O * NET Online 数据库不一致，需要进行一定的换算，但标准的不一致势必会影响换算结果的准确性。此外，在几个发达国家样本中，虽然数据的质量较高，但需要考虑后文实证分析中跨国服务企业统计数据的可得性。通过文献查阅，发现对跨国服务企业进行调查统计的国家主要有美国、日本、法国、德国、印度等。①我们通过相关文献中公布的数据来源进行查找发现，以上几个国家的跨国服务企业调查数据均是保密的（confidential），或是来源数据库需要订购，只有美国经济分析局（Bureau of Economic Analysis，BEA）公布了经过加总和处理后的跨国企业数据（包括跨国服务企业）。因此，本书采取美国作为样本来测算行业层面的跨国服务企业与组织外部的沟通成本。

确定了美国作为测算的样本后，接下来需要查找美国各职位在不同行业中的就业比重数据。美国劳工统计局（Bureau of Labor Statistics，BLS）公布了 1997—2012 年各行业 23 个大类近 500 个职位的就业比重数据。②在行业的分类上，1997—2002 年的行业分类标准是 1987 版的 SIC（Standard Industrial Classification）标准，分别公布了按照 2 位和 3 位代码行业分类的各职位就业比重数据；2003—2012 年的行业分类标准是 2002 版的 NAICS（North American Industry Classification

---

① Helpman et al.（2004）较早地采取美国制造业跨国企业数据检验了企业国际化经营的模式选择（HMY 模型），他们采取的数据库中也公布了跨国服务企业的数据，关于该数据库，后文将给出详细说明。其他国家的跨国服务企业数据，比如：Ayumu（2011）采取日本跨国服务企业数据检验了日本服务企业对外直接投资生产率溢价的存在性；Engel & Procher（2012）、Bhattacharya（2012）和 Wagner（2014）分别采取法国、印度和德国服务企业数据检验了 HMY 模型在法国服务业的适用性。

② 职位是按照 SOC（Standard Occupational Classification）标准进行分类的，23 个大类是根据 SOC 标准 2 位代码进行分类的；500 多个详细职位是按照 SOC 标准 7 位代码进行分类的。限于篇幅，附录中表 C1 给出了美国 2003—2012 年服务业和制造业 23 个大类职位的年平均就业比重。

System）标准，分别公布了按照 3—6 位代码行业分类的各职位就业比重数据。同时，BLS 为了能够使两个版本的统计数据具有可比性，也公布了 SIC（1987 版）标准与 NAICS（2002 版）标准之间各行业的转换关系。①但是，为了避免在行业对应中出现较大偏差，我们采取 2003—2012 年 NAICS（2002 版）标准下 3 位代码行业的各职位就业比重数据来测算跨国服务企业与组织外部的沟通成本。该标准下 3 位代码行业共有 89 个，见附录中表 C3。

5.2.2 各服务行业的沟通成本考察

基于行业层面的考察主要是从以下三个方面进行的：

第一，分析跨国服务企业与组织外部沟通相关的 4 项工作活动的成本在所有工作活动中的重要性。表 5－1 给出了美国跨国服务企业在 41 项工作活动中成本较大的 4 项工作活动以及与对外沟通相关的 4 项工作活动的成本指数和增长率。可以看出，建立和维护人际关系、组织、计划和安排工作、更新和使用相关知识、与上下级或同事交流等是跨国服务企业各职位中所需水平最高的 4 项工作活动，说明人际关系、工作安排、知识更新和同事交流是跨国服务企业所有工作活动中成本最高的。但是，从增长率来看，这 4 项工作活动所需水平的增长势头较低，尤其是排名前两位的工作活动，在考察期内表现为负增长，说明人际关系和工作安排在跨国服务企业中的成本正在逐年下降。

表 5－1　美国跨国服务企业部分工作活动的年均成本指数及增长率

名次	工作活动	均值	增长率%
1	建立和维护人际关系	3.56	－0.04
2	组织、计划和安排工作	3.37	－0.03
3	更新和使用相关知识	3.33	0.01
4	与上下级或同事交流	3.25	0.00
9	与组织外部人员交流	2.90	0.02
11	与公众直接沟通	2.71	－0.08
24	向他人诠释信息含义	2.32	0.06
32	向消费者营销推广	2.11	0.06

注：各成本指数是以服务业各行业产值作为权重计算而得；2012 年产值数据未公布，根据 1998—2011 年年均增长率近似得出；限于篇幅，表中仅给出部分工作活动的年均成本指数和增长率，所有工作活动的年均成本指数见附录中表 C2；所有工作活动各年的成本指数未给出，有需要的读者可以索取。

数据来源：美国劳工统计局（Bureau of Labor Statistics）；O＊NET Online 数据库（http：//www.onetonline.org）；美国经济分析局（Bureau of Economic Analysis，BEA）。

① SIC（1987 版）与 NAICS（2002 版）之间的转换关系见 BLS 网站：http：/stat.bls.gov/oes/home.htm。

对于与组织外部沟通相关的4项工作活动，与组织外部人员交流是跨国服务企业各职位所需水平最高的工作活动，在41项工作活动中排名第9；其次是与公众直接沟通和向他人诠释信息含义，分别是第11位和24位；排名最低的是向消费者营销推广，为32位。表明跨国服务企业的间接和直接沟通是其与组织外部沟通成本较高的两类沟通方式，而营销推广的成本较低，这可能与服务业的特性有关，服务产品的生产和消费更加注重与消费者等外部人员的交流，有效的沟通对于消费者评价服务产品质量、加大营销额有着十分重要的作用，也是导致向消费者营销推广工作活动的成本较低的原因之一。此外，从增长率来看，与组织外部人员的沟通（包括与组织外部人员的交流和与公众直接沟通两项工作活动）的增长率要低于向消费者营销推广，说明一方面，跨国服务企业营销的重心正在逐步转向市场营销环节；另一方面，与消费者直接沟通所需的水平（成本）逐渐降低，可能的原因是，目前信息网络技术的发展使得多数服务企业由传统的与消费者面对面的沟通方式逐步转向电话、E－mail、网络等沟通方式，进而降低了直接沟通的成本。

第二，基于时间维度探析跨国服务企业与组织外部沟通成本的变迁及构成。从表5－2可以看出，4项工作活动在跨国服务企业与组织外部沟通总成本指数中的构成与前文在所有工作活动中的排名是一致的。其中，与组织外部人员沟通成本和与公众直接沟通成本占总成本的年均比重分别为28.88%和26.99%；而向消费者营销推广的成本是最低的，比重为21.02%，再次表明跨国服务企业与消费者的沟通交流水平（成本）要高于市场营销水平（成本）。

表5－2　美国跨国服务企业与组织外部沟通的成本指数及构成

年份	与组织外部人员沟通成本	向他人诠释信息含义成本	与公众直接沟通成本	向消费者营销推广成本	总体成本指数
2003	2.89	2.31	2.72	2.10	10.02
2004	2.89	2.31	2.71	2.10	10.02
2005	2.89	2.32	2.72	2.11	10.03
2006	2.90	2.32	2.72	2.11	10.05
2007	2.90	2.32	2.71	2.11	10.04
2008	2.91	2.33	2.72	2.11	10.07
2009	2.90	2.33	2.70	2.10	10.03
2010	2.90	2.33	2.70	2.11	10.03
2011	2.89	2.32	2.70	2.11	10.03

续表

年份	与组织外部人员沟通成本	向他人诠释信息含义成本	与公众直接沟通成本	向消费者营销推广成本	总体成本指数
2012	2.90	2.33	2.70	2.11	10.03
均值	2.90	2.32	2.71	2.11	10.04
增长率%	0.02	0.06	-0.08	0.06	0.01

注：各成本指数是以服务业各行业产值作为权重计算而得；2012 年产值数据未公布，根据 1998—2011 年的年均增长率近似得出。

数据来源：美国劳工统计局（Bureau of Labor Statistics）；O * NET Online 数据库（http://www.onetonline.org）；美国经济分析局（Bureau of Economic Analysis，BEA）。

此外，从与组织外部沟通的总体成本指数来看，跨国服务企业 2003—2012 年的对外沟通成本的总体变动较小，其中 2003—2008 年，呈现上升趋势；自 2009 年，跨国服务企业与组织外部的沟通成本出现下降，可能的原因是全球金融危机的爆发使得跨国服务企业缩减了与组织外部的沟通成本，且表 5-2 显示，缩减较大的是与公众的直接沟通成本以及市场营销成本。

第三，考察不同服务行业的跨国服务企业与组织外部的沟通成本水平及变动状况。表 5-3 给出了跨国服务企业与组织外部沟通成本最高和最低的 10 个服务行业，根据表 5-3，与组织外部沟通水平最高的 10 类行业都是零售行业，包括服装及相关饰品经销业（448）、体育用品、乐器和书籍经销业（451）、一般性经销商店（452）、杂货零售业（有店面）（453）等服务行业，这一现象与现实状况是较为一致的，零售行业主要是与消费者直接面对，与消费者之间的沟通水平相对较高，故拥有较高的与组织外部沟通成本。此外，从增长率来看，这些服务行业在对外沟通成本较高的同时，也拥有较高的成本增长率。

此外，从对外沟通成本排名倒数 10 位的服务行业来看，这些行业主要是运输业（482—488）、[①]仓储业（493）、邮差业（492）、水利、环境和公共设施管理业（562）和维修及保养服务业（811），且增长率大多为负，主要是因为这些行业与其他服务行业相比，所需的与消费者等组织外部的沟通水平较低。

5.2.3 与制造业的比较分析

与制造业跨国企业对外沟通成本的比较也从三个方面进行，同时，本书也将

① 旅游运输业（487）与组织外部沟通成本的排名是倒数第 11 位。

表 5－3　美国部分服务行业与组织外部沟通的年均成本指数及增长率

名次	行业	均值	增长率%	名次	行业	均值	增长率%
1	448	12.60	0.19	50	488	9.11	0.04
2	451	12.31	0.15	51	483	8.89	－0.27
3	447	12.19	0.29	52	493	8.88	－0.26
4	453	11.78	0.21	53	562	8.80	0.03
5	452	11.64	－0.11	54	811	8.77	0.05
6	444	11.40	0.33	55	492	8.73	－0.03
7	443	11.33	0.54	56	486	8.59	－0.29
8	442	11.31	0.34	57	484	8.55	－0.05
9	445	10.99	0.13	58	482	8.55	－0.22
10	446	10.94	－0.11	59	485	8.54	－0.16

注：沟通成本指数是指四类工作活动成本指数的加总，分别是与组织外部人员沟通、向他人诠释信息含义、与公众直接沟通、向消费者营销推广；“行业”一栏给出的是 2002 版 NAICS 标准下 3 位代码行业，具体行业名称见附录中表 C3；限于篇幅，表中仅给出部分行业的年均成本指数和增长率，具体服务行业各年的沟通成本见附录中表 C3。

数据来源：美国劳工统计局（Bureau of Labor Statistics）；O＊NET Online 数据库（http：//www. onetonline. Org）。

所有行业与组织外部的沟通成本纳入比较分析的框架中。①

首先，从跨国企业在所有工作活动中成本较大的工作活动类型来看，制造业跨国企业的操作和移动物体是成本最高的工作活动，且增长率高达 3.29%，这与服务业领域的现象是不同的；但成本排名 2—4 位的工作活动与服务业跨国企业是相类似的，结合所有行业中成本排名前 4 的工作活动，说明人际关系、同事间交流和知识更新是所有行业跨国企业成本花费最高的工作活动。

在与组织外部沟通成本相关的 4 个工作活动方面，制造业跨国企业在这 4 项工作活动上的成本排名较低，远远低于跨国服务企业，且从附录中表 C2 可以看出，与组织外部的沟通成本（包括与组织外部人员沟通成本、与公众直接沟通成本和消费者营销推广成本）是服务业与制造业跨国企业所有工作活动中成本差异最大的。跨国服务企业与组织外部人员沟通成本、与公众直接沟通成本、消费者

① 所有行业是在服务业和制造业的基础上，将农林牧渔业、采矿业、建筑业和公用事业的相关行业加入，所纳入的具体行业见附录中表 C3 中的 NAICS 行业代码 113—238。

表 5－4　美国制造业和所有行业部分工作活动的年均成本指数及增长率

	名次	工作活动	均值	增长率%
制造业	1	操作和移动物体	3.40	3.29
	2	建立和维护人际关系	3.25	0.05
	3	更新和使用相关知识	3.19	0.02
	4	与上下级或同事交流	3.16	0.02
	26	与组织外部人员沟通	2.23	0.08
	27	向他人诠释信息含义	2.16	0.04
	32	与公众直接交流	2.04	0.08
	40	向消费者营销推广	1.69	0.21
所有行业	1	建立和维护人际关系	3.47	－0.01
	2	组织、计划和安排工作	3.30	0.00
	3	更新和使用相关知识	3.28	0.03
	4	与上下级或同事交流	3.22	－0.01
	10	与组织外部人员沟通	2.77	0.01
	17	与公众直接交流	2.54	－0.03
	25	向他人诠释信息含义	2.27	0.08
	36	向消费者营销推广	1.99	0.12

注：各成本指数是以服务业各行业产值作为权重计算而得；2012 年产值数据未公布，根据 1998—2011 年的年均增长率近似得出；限于篇幅，表中仅给出部分工作活动的年均成本指数和增长率，所有工作活动的年均成本指数见附录中表 C2；所有工作活动各年的成本指数未给出，有需要读者可以索取。

数据来源：美国劳工统计局（Bureau of Labor Statistics）；O＊NET Online 数据库（http://www.onetonline.org）；美国经济分析局（Bureau of Economic Analysis，BEA）。

营销推广成本、向他人诠释信息含义成本分别是制造业跨国企业的 1.29 倍、1.32 倍、1.23 倍和 1.08 倍，表明跨国服务企业与消费者等组织外部沟通的重要性和成本要高于制造业跨国企业。

其次，从跨国企业与组织外部沟通成本的变迁和构成来看，与跨国服务企业相同，与组织外部人员沟通这一工作活动的成本也是制造业跨国企业对外沟通成本所占比重最高的，但比值却小于跨国服务企业，为 27.46%；与跨国服务企业不同的是，制造业跨国企业向他人诠释信息含义成本要高于与公众直接沟通成本，这可能是因为制造业企业所需的与消费者面对面沟通的水平较低导致的。此外，从所有行业来看，4 项工作活动成本在跨国企业与组织外部沟通成本中的大小关系与服务业领域是一致的。

表 5-5　　美国制造业及所有行业与组织外部沟通的成本指数及构成

年份	制造业					所有行业				
	(1)	(2)	(3)	(4)	(5)	(1)	(2)	(3)	(4)	(5)
2003	2.23	2.15	2.04	1.68	8.10	2.77	2.26	2.54	1.98	9.55
2004	2.23	2.15	2.04	1.68	8.12	2.77	2.26	2.54	1.98	9.55
2005	2.22	2.15	2.04	1.68	8.08	2.76	2.26	2.53	1.98	9.54
2006	2.22	2.15	2.03	1.68	8.08	2.77	2.26	2.54	1.99	9.56
2007	2.21	2.15	2.03	1.68	8.07	2.77	2.27	2.53	1.99	9.55
2008	2.24	2.18	2.06	1.70	8.19	2.78	2.28	2.54	2.00	9.60
2009	2.23	2.15	2.04	1.69	8.12	2.78	2.28	2.55	2.00	9.61
2010	2.24	2.16	2.05	1.70	8.14	2.78	2.28	2.54	2.00	9.60
2011	2.24	2.16	2.05	1.71	8.16	2.77	2.28	2.53	2.00	9.58
2012	2.25	2.16	2.05	1.71	8.17	2.77	2.28	2.53	2.00	9.58
均值	2.23	2.16	2.04	1.69	8.12	2.77	2.27	2.54	1.99	9.57
增长率%	0.08	0.04	0.08	0.21	0.10	0.01	0.08	-0.03	0.12	0.04

注：表中（1）—（5）分别表示与组织外部人员沟通成本、向他人诠释信息含义成本、与公众直接沟通成本、向消费者营销推广成本和总体成本；各成本指数是以各服务业各行业产值作为权重计算而得；2012 年产值数据未公布，根据 1998—2011 年年均增长率近似得出。

数据来源：美国劳工统计局（Bureau of Labor Statistics）；O * NET Online 数据库（http://www.onetonline.org）；美国经济分析局（Bureau of Economic Analysis，BEA）。

此外，制造业跨国企业与组织外部的总体沟通成本低于跨国服务企业，2003—2012 年的年均沟通成本指数仅为服务领域的 80.88%，所有行业的对外沟通成本也低于服务业，是跨国服务企业的 95.32%，说明服务领域的对外沟通成本是所有行业中最高的。从总体对外沟通成本的变迁来看，制造业跨国企业与组织外部的沟通成本也在 2009 年出现下降，但在 2010 年已经呈现回升势头，表明 2008 年全球金融危机对制造业跨国企业缩减对外沟通成本的影响只是暂时性的，也间接表明了与组织外部沟通在制造业跨国企业中的重要性低于服务业。

5.3 与组织外部沟通成本的测算：国家（地区）层面

上节采取美国相关数据从行业层面测算了美国跨国服务企业与组织外部的沟通成本指数，但考虑到由于文化、语言等差异，跨国服务企业在不同东道国服务市场的组织外部沟通成本必定存在差异。为此，本节进一步采取相关样本数据测算跨国服务企业在不同东道国与组织外部的沟通成本。

5.3.1 样本选取与数据说明

在样本的选取上，鉴于前文阐述的原因，我们仍选取美国跨国服务企业作为分析样本。而东道国样本的选取，一方面是根据公式（5－6）中沟通成本加成系数（δ 和 π）计算所需数据的可等性进行筛选；另一方面，结合后文实证分析中美国经济分析局（Bureau of Economic Analysis，BEA）公布的附属服务企业所在东道国的样本进行选择。根据以上两个方面的选取原则，最终确定 42 个国家（地区）为美国对外直接投资的东道国样本国家（地区），具体见附录中表 C4 。[①]其中，欧洲国家 22 个；拉丁美洲国家 6 个；非洲国家 3 个；亚洲国家（地区）11 个。

在数据来源方面，首先，行业层面沟通成本加总至国家层面所需的美国各行业产值数据来源于 BEA，其给出的国民账户行业分类体系与本书沟通成本的行业分类标准并不完全一致，但 BEA 给出了各产值行业对应的 2002 版 NAICS 代码，使得较为容易地将两个行业的分类体系对应起来。此外，2012 年各行业产值数据未公布，我们根据 1998—2011 年的年均增长率近似得出。

其次，各国掌握不同语言的人口比重数据来源于美国中央情报局（The CIA world fact book）网站，[②]该网站根据抽样调查公布了世界各国掌握不同语言的人

---

① 在后文的实证分析中，我们又加入了 14 个东道国样本国家，分别是希腊、厄瓜多尔、委内瑞拉、哥斯达黎加、洪都拉斯、巴拿马、巴巴多斯、百慕大、多米尼加、以色列、沙特阿拉伯、阿拉伯、菲律宾、新加坡。增加样本国家的原因主要是因为实证过程中其他变量的数据是可得的，由于本书采取的是面板数据，部分国家沟通成本数据的缺失并不影响本书的实证分析。

② 网址为：https：//www. cia. gov/library/publications/the－world－factbook/。

口比重，比如，加拿大58.8%的人口掌握英语，41.2%的人口掌握非英语。①但是，部分国家具体语言比重数据未给出，我们根据CIA给出的信息以及其他语言数据来源进行折算。其中，爱尔兰一般使用的语言是英语，爱尔兰语只是西海岸地区的人们使用，故本我们近似认为90%的人口掌握英语，10%的人口掌握非英语。埃及的主要语言是阿拉伯语，同时也指出受教育阶层都掌握了英语；在印度尼西亚和韩国，英语在初中和高中被广泛教学，因此，我们认为这3个国家掌握英语的人口比重是20%，非英语的人口比重是80%。②

最后，各国（地区）消费者对外国居民信任程度的比重数据来源于世界价值调查（World Value Survey，WVS）数据库和欧盟价值调查（European Value Survey，EVS）数据库。③ WVS和EVS通过抽样，对各国（地区）消费者信任其他国（地区）籍人员的程度进行了调查，并进行了汇总。比如，韩国对外国人员的信任程度为：1.8%的消费者完全信任；26.1%的消费者有点信任；55.1%的消费者非常不信任；16.9%的消费者完全不信任。此外，部分国家（地区）数据未公布，我们采取如下方法进行折算：中国香港采取与中国相同的比重数据；日本和尼日利亚采取WVS公布的对美国人的信任程度数据；新西兰采取WVS公布的对其他地区人的信任程度数据；奥地利、比利时、捷克、丹麦、匈牙利、爱尔兰、卢森堡、葡萄牙采取EVS公布的对其他人的信任程度数据。

5.3.2 与各国（地区）服务消费者的沟通成本

针对美国跨国服务企业与各东道国（地区）消费者等组织外部的沟通成本分析主要从以下两个视角对各国（地区）进行排名和分类：

第一，基于沟通成本构成视角对美国跨国服务企业在不同东道国（地区）与组织外部的沟通成本进行分析。表5-6给出了沟通成本由高到低排名前8位和最后8位的国家（地区），同时，本书也报告了美国跨国服务企业与中国组织外部的沟通成本和排名。可以看出，美国跨国服务企业与组织外部沟通成本最高的8个东道国（地区）均是非欧洲国家（地区），其中美国跨国服务企业与秘鲁消费者等组织外部的沟通成本是最高的，总沟通成本指数为34.41；对外沟通成

① 此时，加拿大的语言加成系数δ为：$0.588\times0+0.412\times1=0.412$。虽然CIA公布美国有20%人口掌握的语言是西班牙语，但英语仍然是美国对外交流的主要语言。因此，我们假设美国跨国企业与组织外部沟通的语言是英语。

② Mayer et al.（2011）的研究成果显示，在埃及、印度尼西亚和韩国，英语是这3个国家20%以上人口所掌握的语言，详见CEPII距离数据库（CEPII’s Database on Distances）。

③ WVS和EVS数据库网址：www.worldvaluessurvey.org;：www.europeanvaluesstudy.eu/evs/surveys。

本较低的是哥伦比亚，其指数值也达到 32.30。而在沟通成本最小的 8 个东道国中，与新西兰服务消费者等组织外部的沟通成本为 12.89，仅是秘鲁的 0.37 倍；排名倒数第 8 的卢森堡是排名正数第 8 的哥伦比亚的 0.79 倍，这表明美国跨国服务企业在不同东道国（地区）与组织外部的沟通成本存在较大差异。因此，在前文得出与组织外部沟通成本对跨国服务企业较为重要的前提下，各东道国（地区）不同的沟通成本是否会影响跨国服务企业对外直接投资动机的抉择，这是本书研究的关注点之一，第 4 章的数理模型分析中已在理论上给出解释，现实中的经验现象将会在下一章进行检验。

表 5－6 美国跨国服务企业在部分东道国（地区）的组织外部沟通成本指数

名次	国家（地区）	工作活动				
		(1)	(2)	(3)	(4)	(5)
1	秘鲁	9.66	8.09	9.15	7.05	34.41
2	马来西亚	9.60	8.03	9.09	7.45	34.17
3	巴西	9.55	7.99	9.05	7.41	34.00
4	墨西哥	9.52	7.97	9.02	7.39	33.89
5	泰国	9.41	7.87	8.91	7.30	33.49
6	土耳其	9.24	7.73	8.75	7.17	32.90
7	中国台湾	9.20	7.70	8.72	7.14	32.76
8	哥伦比亚	9.08	7.59	8.60	7.04	32.30
17	中国	8.54	7.13	8.08	6.61	30.05
35	卢森堡	7.33	6.10	6.94	5.65	26.02
36	日本	7.33	6.10	6.93	5.64	26.00
37	加拿大	5.99	4.96	5.66	4.58	21.18
38	尼日利亚	5.33	4.40	5.03	4.05	18.82
39	澳大利亚	5.22	4.30	4.92	3.96	18.41
40	英国	4.08	3.33	3.84	3.05	14.30
41	爱尔兰	4.02	3.28	3.78	3.00	14.08
42	新西兰	3.69	3.00	3.46	2.74	12.89

注：表中数据是 2003—2012 年的均值；（1）—（5）分别表示与组织外部人员沟通成本、向他人诠释信息含义成本、与公众直接沟通成本、向消费者营销推广成本和总体成本；具体计算方法见公式（5－4）—（5－7）。

数据来源：美国劳工统计局（Bureau of Labor Statistics）；O * NET Online 数据库（http://www.onetonline.org）；美国经济分析局（Bureau of Economic Analysis，BEA）；美国中央情报局（The CIA world fact book）；世界价值调查（World Value Survey，WVS）及欧盟价值调查（European Value Survey，EVS）数据库。

此外，从与组织外部沟通成本的指数构成来看，与行业层面的分析结果一致，与组织外部人员沟通成本在各东道国（地区）所占的比重是最高的；其次是与公众直接沟通成本和向他人诠释信息含义；所占比重最低的是向消费者营销推广成本。这说明跨国服务企业在各东道国（地区）与组织外部的沟通中，主要还是通过电话、E-mail 等间接沟通方式和面对面的直接沟通方式。

第二，基于经济发展水平视角探析美国跨国服务企业在不同经济发展水平东道国（地区）的对外沟通成本。图 5-1 给出了根据经济发展水平差异分组后的美国跨国服务企业与 42 个样本东道国（地区）组织外部沟通成本指数的气泡图。[①]在各国（地区）经济发展水平的分类标准上，本书采取中国科学院发布的《中国现代化报告 2009》中的分类标准，其通过构建第二次现代化指数（Modern Index，MI）将全球范围内 131 个国家分为发达国家、中等发达国家、初等发达国家和欠发达国家四类。[②]

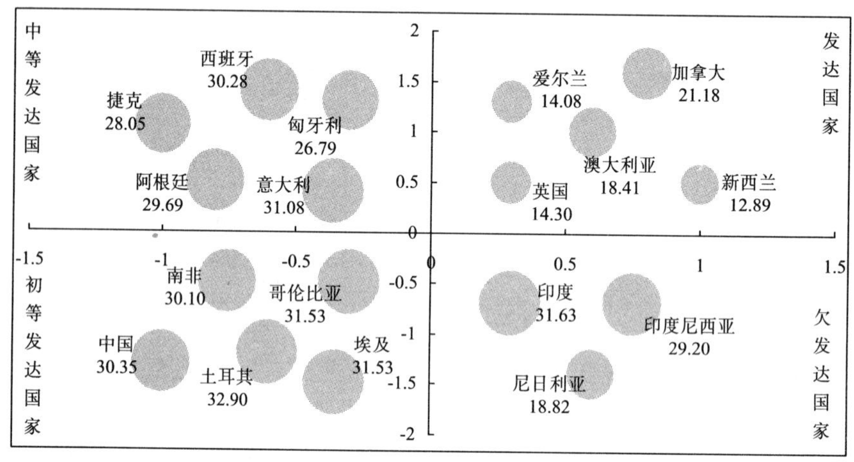

图 5-1　美国跨国服务企业在不同经济发展水平东道国的沟通成本指数

注：各类经济发展水平国家按照沟通成本指数从低到高的顺序各选取排名前 5 的国家，欠发达国家中只有图中的 3 个国家；图中沟通成本指数是指 2003—2012 年的年均值。

数据来源：美国劳工统计局（Bureau of Labor Statistics）；O* NET Online 数据库（http://www.onetonline.org）；美国经济分析局（Bureau of Economic Analysis，BEA）；美国中央情报局（The CIA world fact book）；世界价值调查（World Value Survey，WVS）及欧盟价值调查（European Value Survey，EVS）数据库。

① 由于分组后各组样本较多，本书只给出了各组由低到高排名前 5 的样本东道国。

② 根据《中国现代化报告 2009》的定义，第一次现代化是以工业化、城市化和民主化为典型特征的经典现代化；第二次现代化是以知识化、绿色化和全球化为典型特征的新现代化。对各国分类的标准是：发达国家，MI > 80；中等发达国家，50 < MI≤80；初等发达国家，30 < MI≤50；欠发达国家，MI≤30。

根据图 5-1，总体来看，美国跨国服务企业在发达的东道国与组织外部的沟通成本相对较低；在中等发达的东道国的组织外部沟通成本次之；在初等发达的东道国的组织外部沟通成本相对最高。但是，在欠发达国家表现出并不一致的现象，在尼日利亚的对外沟通成本指数为 18.82，而在印度却高达 31.63，这可能是由于一些欠发达国家（如尼日利亚）与美国的语言相同而导致沟通成本的降低。综上所述，除欠发达国家外，跨国服务企业在经济发展水平越低的国家，其与东道国组织外部的沟通成本相对越高。原因可能在于，发达国家的开放程度较高，接受外部事物的水平相对更高，且其制度环境相对较好，使得跨国企业在经济较发达的东道国与组织外部的沟通成本相对较低。

5.3.3 与制造业的比较分析

本节主要比较分析跨国服务企业与制造业跨国企业在不同东道国与组织外部的沟通成本。首先，在与组织外部沟通成本指数的排名上，制造业以及所有行业的跨国企业与服务领域跨国企业在不同东道国的表现是一致的，说明语言、文化和制度环境等因素对跨国企业在不同东道国与组织外部沟通成本的影响不会因产业的不同而发生变化。

表 5-7　　美国跨国企业在部分东道国的组织外部沟通成本指数

	名次	国家	工作活动				
			(1)	(2)	(3)	(4)	(5)
制造业	1	秘鲁	7.84	7.64	7.33	6.36	29.17
	2	马来西亚	7.79	7.58	7.28	6.32	28.96
	3	巴西	7.75	7.55	7.24	6.29	28.82
	4	墨西哥	7.73	7.52	7.22	6.27	28.73
	17	中国	6.91	6.72	6.45	5.59	25.67
	39	澳大利亚	4.16	4.04	3.86	3.30	15.36
	40	英国	3.21	3.11	2.97	2.51	11.80
	41	爱尔兰	3.16	3.07	2.92	2.47	11.61
	42	新西兰	2.89	2.80	2.66	2.24	10.59

续表

	名次	国家	工作活动				
			(1)	(2)	(3)	(4)	(5)
所有行业	1	秘鲁	9.32	7.95	8.68	7.19	33.14
	2	马来西亚	9.25	7.89	8.62	7.14	32.91
	3	巴西	9.21	7.86	5.58	7.10	32.75
	4	墨西哥	9.18	7.83	8.55	7.08	32.64
	17	中国	8.23	7.00	7.66	6.32	29.21
	39	澳大利亚	5.02	4.22	4.65	3.78	17.67
	40	英国	3.92	3.26	3.61	2.90	13.69
	41	爱尔兰	3.86	3.21	3.56	2.86	13.48
	42	新西兰	3.54	2.94	3.26	2.60	12.33

注：表中数据是2003—2012年的均值；(1)—(5)分别表示与组织外部人员沟通成本、向他人诠释信息含义成本、与公众直接沟通成本、向消费者营销推广成本和总体成本；具体计算方法见公式(5-4)—(5-7)。

数据来源：美国劳工统计局（Bureau of Labor Statistics）；O*NET Online数据库（http://www.onetonline.org）；美国经济分析局（Bureau of Economic Analysis，BEA）；美国中央情报局（The CIA world fact book）；世界价值调查（World Value Survey，WVS）及欧盟价值调查（European Value Survey，EVS）数据库。

在与组织外部沟通成本指数的构成上，各项工作活动成本的构成与行业层面的表现是一致的，正如前文所述，可能的原因是，制造业企业所需的与消费者等面对面沟通的水平较低而导致的，且制造业企业的这一属性不会因行业或国家的不同而发生改变。

其次，从经济发展水平视角比较分析制造业与服务业跨国企业在不同经济发展水平东道国与组织外部沟通成本的差异。各国经济发展水平的分类及报告标准与前文服务领域的分析中是一致的，结果如图5-2所示。可以看出，图5-2所列出的国家与图5-1是相同的，再次说明语言、文化和制度环境等因素对跨国企业与不同东道国对外沟通成本的影响不会因产业的不同而发生变化。但是，从对外沟通成本的指数值来看，制造业跨国企业与各东道国组织外部的沟通成本均低于跨国服务企业，这与行业层面的分析结论也是一致的，即跨国服务企业与消费者等组织外部沟通的重要性和成本都要高于制造业跨国企业。

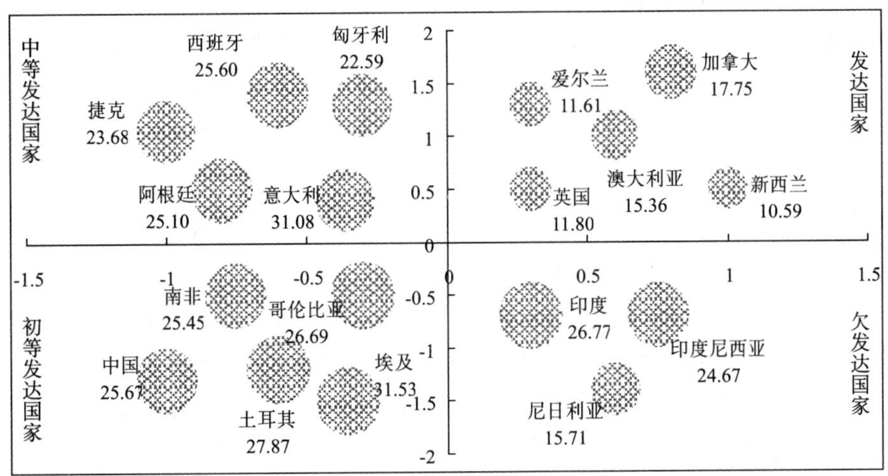

图 5－2　美国制造业跨国企业在不同经济发展水平东道国的沟通成本指数

注：各类经济发展水平国家按照沟通成本指数由低到高的顺序各选取排名前 5 的国家，欠发达国家中只有图中的 3 个国家；图中沟通成本指数是指 2003—2012 年的年均值。

数据来源：美国劳工统计局（Bureau of Labor Statistics）；O* NET Online 数据库（http://www.onetonline.org）；美国经济分析局（Bureau of Economic Analysis，BEA）；美国中央情报局（The CIA world fact book）；世界价值调查（World Value Survey，WVS）及欧盟价值调查（European Value Survey，EVS）数据库。

在不同经济发展水平国家的比较上，与服务领域呈现出的现象也是一致的：除欠发达国家外，制造业跨国企业在发达的东道国与组织外部的沟通成本是最低的；而在初等发达的东道国，制造业跨国企业与消费者等组织外部的沟通成本是最高的。结合跨国服务企业在不同经济发展水平东道国与组织外部的沟通成本表现，可以得出，跨国企业在经济发展水平越高的东道国投资，其与消费者、公众等组织外部的沟通成本越低。

5.4　本章小结

服务提供者与消费者之间的有效沟通是消费者评价服务产品质量的一个重要方面，因此，服务企业与消费者等组织外部的沟通水平要高于制造业企业。而鉴于行业的异质性以及各国（地区）语言、文化、制度环境等因素的差异，跨国服务企业在不同行业和东道国与组织外部的沟通成本也存在差异，进而导致了跨国服务企业对外直接投资动机的组织外部沟通成本也不同。鉴于此，本书将企业与组织外部的沟通成本作为影响跨国服务企业对外直接投资动机抉择的重要因素之一。而在采取样本数据进行经验检验之前，需要对跨国服务企业与组织外部的沟通成本进行测算。因此，本章的主要目的是构建和测算跨国服务企业与组织外部的沟通成本，主要内容和结论有：

首先，基于各职位与对外沟通相关的工作活动所需的水平，采取不同服务行业中各职位的就业比重数据作为权重，构建了行业层面的跨国服务企业与组织外部的沟通成本指数。在此基础上，结合不同国家间的语言、文化和制度环境等影响跨国服务企业与本地消费者、公众等有效沟通的因素，进一步构建了跨国服务企业在不同东道国与组织外部的沟通成本指数。

其次，以美国作为样本，采取相关数据测算了行业层面的美国跨国服务企业与组织外部的沟通成本，并与制造业跨国企业的对外沟通成本进行了比较。发现服务业与制造业跨国企业在所有工作活动中成本相差最大的是与组织外部沟通相关的几类工作活动，即跨国服务企业的对外沟通成本要远远高于制造业跨国企业；细分行业后的考察发现：服务业与组织外部沟通成本最高的行业是零售服务业；最低的是运输业、仓储业等。

最后，采取相同的样本，从国家（地区）层面测算了美国跨国服务企业与不同东道国（地区）消费者等组织外部的沟通成本指数。结果表明，国家（地区）层面同样显示出跨国服务企业与组织外部的沟通成本要高于制造业跨国企业，且按照不同经济发展水平将样本国家分类后发现，除了欠发达国家外，美国在经济发展水平越高的东道国，其与消费者、公众等组织外部的沟通成本越低。这可能与发达国家开放程度较高，拥有相对较高的外部事物的接受水平有关；同时，发达国家也拥有良好的制度环境，使得跨国企业在发达东道国拥有相对较低的组织外部沟通成本。

第 6 章

异质性服务企业对外直接投资动机的选择效应

在理论模型部分，本书通过对跨国服务企业对外直接投资动机的行为分析，得出了生产率较高的跨国服务企业在东道国倾向于寻求效率，而不是寻求市场。为了验证这一理论预期，本章将通过构建经验检验模型，并采取相关样本数据进行检验。在检验的方法上，分别基于母国视角和东道国视角，采取行业面板数据和跨国面板数据从静态和动态两个层面对跨国服务企业对外直接投资动机的选择效应进行实证检验。在此基础上，进一步比较分析制造业跨国企业在对外直接投资动机的选择上与跨国服务企业的异同。

6.1 模型、样本与数据：实证方法

6.1.1 经验检验模型的构建

目前从动态视角对异质性企业贸易和投资行为的实证研究，主要是采取企业层面的样本数据而进行的，且实证方法主要有两类：一是将企业层面数据加总至行业或国家层面，通过构建行业或国家层面的经验检验模型进行分析，如 Helpman et al. (2004)、高越和李荣林 (2008) 等；二是直接采取企业层面数据，通过设定虚拟变量来研究异质性企业对外贸易和投资的选择效应，如 Kimura & Kiyota (2006) 等。

根据前文数理模型中对异质性服务企业对外直接投资动机选择的分析，并结合跨国服务企业数据的可得性和特征，我们分别构建行业和国家两个层面的经验检验模型，以从不同视角考察跨国服务企业对外直接投资动机的选择效应。在实证模型构建的过程中，借鉴 Helpman et al.（2004）在检验企业对外直接投资和贸易抉择时的模型构建方法，①同时，为了降低变量的变动趋势以及减少其异方差，我们对各变量取对数形式。具体经验检验模型如下：

$$\ln\frac{fdip_{it}}{fdim_{it}} = \alpha_{it} + \beta_{it}\ln tfp_{it} + \delta_{it}\ln tccost_{it} + \lambda_{it}\ln cont_{it} + \varepsilon_{it} \qquad (6-1)$$

其中，i 表示行业或国家；t 表示时期；$fdip_{it}$和 $fdim_{it}$分别表示跨国服务企业对外直接投资的效率寻求型和市场寻求型动机；tfp_{it}表示跨国服务企业的生产率；$tccost_{it}$表示跨国服务企业与组织外部的沟通成本；$cont_{it}$为控制变量。

以上各变量的选取和衡量方法如下：首先，关于因变量和主要自变量的衡量。在跨国服务企业对外直接投资动机（$fdip_{it}$和 $fdim_{it}$）的衡量上，传统的服务领域统计数据未对企业对外直接投资的动机进行划分，且与对外直接投资相关的 FDI 数据也未按不同的投资动机进行分类，本书借鉴已有研究的衡量方法，②并结合前文对跨国服务企业不同投资动机的界定，分别采取跨国服务企业在海外市场的销售额（包括返回母国的销售额）和在东道国市场的销售额作为其对外直接投资的效率寻求型动机（$fdip_{it}$）和市场寻求型动机（$fdim_{it}$）的衡量指标。

在跨国服务企业生产率（tfp_{it}）的测算上，目前与生产率相关的研究文献中大都采取全要素生产率，主要的原因在于 TFP 能够更好地反映生产过程中各种投入要素转化为最终产出的总体性效率。TFP 的测算方法有宏观层面的增长核算法、参数回归法，也有适用于微观层面的半参数方法等。③由于本书的研究对象是跨国服务企业，需采取微观层面的 TFP 测算方法，主要有前沿分析法和非前沿

---

① Helpman et al.（2004）将模型的因变量设为贸易与 FDI 的比值形式，通过分析各自变量与因变量的符号和显著性来判断企业的贸易与投资抉择。这种因变量的设定方法，一方面能够较好地分析企业国际化经营的选择效应；另一方面也能够避免贸易或投资变量与自变量可能存在的互为因果现象，即在一定程度上避免了变量可能存在的内生性问题。本书借鉴 Helpman et al.（2004）设定模型的方法，将因变量设定为不同投资动机变量的比值形式。

② Beugelsdijk et al.（2008）在研究不同类型 FDI 对东道国经济发展的影响时，采取跨国附属公司在东道国本地市场的销售额和返回母国市场的销售额分别作为水平型 FDI 和垂直型 FDI 的替代变量；Franco（2013）在对不同投资动机 FDI 的贸易效应进行实证检验中，也采取跨国附属公司在东道国市场的销售额近似替代市场寻求型 FDI，并采用附属公司返回母国的销售额和对海外市场的销售额分别作为资源寻求型 FDI 和出口平台型 FDI 的替代变量。

③ Beveren（2012）对目前已有的 TFP 估计方法进行了详细的总结和评述。

分析法两类，但前沿分析法得出的 TFP 是指数值，而不是水平值，无法应用于本书选择效应的研究中，故只能采取非前沿的估计方法，包括 OLS 方法、固定效应方法、GMM 方法、OP 方法和 LP 方法等。以上几种方法中，OLS 方法和固定效应方法可能会存在同时性偏差（simultaneity bias）和选择性偏差（selection bias）；OP 方法和 LP 方法需要企业层面的投资和中间投入数据，结合本书的样本数据，最终选择 GMM 方法进行 TFP 测算。①

同时，本文也采取 Griliches & Mairesse（1991）提出的近似全要素生产率（Approximate TFP，ATFP）方法进行测算，该方法的实质是参数估计方法中索罗余值法的近似值，其在集合了参数估计方法优势的同时，所需数据也较易获取，因此得到较多学者的青睐。② ATFP 的计算公式为：

$$ATFP = \ln(Q/L) - s\ln(K/L) \tag{6-2}$$

其中，Q 代表产出；K 代表资本投入；L 代表劳动投入。s 是参数，表示在生产过程中资本的贡献程度，其取值是根据本书所采取的样本数据估计得出。③

此外，为了验证估计结果的可靠性，在采取了 GMM 估计得出的 TFP（$gmmp_{it}$）和近似 TFP（$appp_{it}$）之后，还将采取 OLS 估计得出的 TFP（$olsp_{it}$）和劳动生产率（$labp_{it}$）进行稳健性检验。

关于跨国服务企业与组织外部沟通成本的（$tccost_{it}$）衡量方法，本书在第 5 章已经对该变量分别在行业层面和国家层面的衡量指数进行了构建，见公式（5－3）和公式（5－7）。

其次，关于控制变量的选取和衡量。在行业层面的估计模型中，限于数据的可得性，本书采取跨国服务企业的劳动力成本（$lcost_{it}$）、所缴纳生产税（tax_{it}）和利润额（$profit_{it}$）作为行业面板数据的控制变量，其中，变量 $lcost_{it}$ 和 tax_{it} 用来衡量母公司的生产成本水平，分别采取单位从业人员的劳动报酬和缴纳的生产及进口税进行衡量；$profit_{it}$ 采取跨国服务企业的利润额进行衡量。

在国家层面的估计模型中，控制变量包括东道国的服务市场规模（$size_{it}$）、

---

① 鲁晓东和连玉君（2012）以及 Beveren（2012）对几类微观层面的 TFP 估计方法进行了详细的评析。

② 由于 ATFP 方法测算的便利性，较多学者采取 Griliches & Mairesse（1991）提出的 ATFP 方法对全要素生产率进行测算，比如，国外的学者有 Raff et al.（2012）、Takechi（2013）等；国内学者有李春顶（2009）、汤二子等（2011）等。

③ 在此借鉴汤二子等（2011）的估计思路，假设生产函数是 C－D 函数，且是规模报酬不变的，即 $Q = AK^sL^{1-s}$，可以得到：$\ln(Q/L) = \ln A + s\ln(K/L)$。因此，本书对模型 $\ln(Q/L) = \ln A + s\ln(K/L) + u$ 进行估计，进而得到参数 s 的估计值。

跨国服务企业的劳动力成本（$lcost_{it}$）、企业利润额（$profit_{it}$）以及语言（$language_{it}$）、东道国营商环境（$institu_{it}$）等虚拟变量。其中，$size_{it}$采取东道国服务业 GDP 进行衡量；$lcost_{it}$和 $profit_{it}$采取跨国服务企业的单位从业人员的劳动报酬和利润额进行衡量；虚拟变量 $language_i$采取东道国与母国 20% 以上人口所掌握语言是否相同进行赋值，若相同，取值为 1，否则为 0；$institu_i$是根据 2011—2012 年世界各国的营商便利性排名数据，取其平均值，若东道国的平均值小于世界整体的水平值，说明有利于营商，赋值为 1，否则为 0。

6.1.2 实证分析样本的选取

本书的经验检验需获取跨国服务企业层面的数据，但由于服务领域统计的滞后性，使得经验研究受到了一定的限制。因此，数据可得性已成为服务领域相关研究选取样本时需考虑的一个重要方面。美国作为服务领域统计较为完善和全面的国家之一，其公布了 1986 年以来跨国企业及其附属公司（包括服务企业）的经营和贸易等数据，本书从数据完整性和连贯性以及其他变量的可得性等方面考虑，选取 1999—2010 年的相关数据作为经验检验的样本期。

此外，由于原始的跨国企业层面数据未公布，美国经济分析局（Bureau of Economic Analysis，BEA）也只给出了各跨国企业加总后的行业和国家（地区）层面数据。因此，本书分析采取基于母国视角的行业面板样本和基于东道国视角的跨国（地区）面板样本进行经验检验。

其中，基于行业层面对选择效应的经验检验样本涉及 28 个服务行业，即行业面板数据的横截面个数为 28，分别为：专业及商业设备批发业、石油及其产品批发服务业、药品批发业、其他批发业、零售服务业、出版业、动漫和录音业、广播业、电信业、互联网、数据处理及其他信息服务业、银行业、证券业、其他金融业、保险业、房地产业、计算机系统设计及相关服务业、管理、科学和技术咨询业、广告及其相关服务业、其他专业、科学和技术服务业、运输和仓储业、房地产业、租赁服务业、非银行的企业管理服务业、公共管理服务业、卫生保健和社会援助服务业、住宿业、餐饮业、其他服务业。

基于国家（地区）层面的经验检验所需跨国面板数据的截面个数是 56，即样本国家（地区）是包括发达和发展中在内的 56 个国家（地区），分别是：加拿大、奥地利、比利时、捷克、丹麦、芬兰、法国、德国、希腊、匈牙利、爱尔兰、意大利、卢森堡、荷兰、挪威、波兰、葡萄牙、俄罗斯、西班牙、瑞典、瑞士、土耳其、英国、阿根廷、巴西、智利、哥伦比亚、厄瓜多尔、秘鲁、委内瑞拉、哥斯达黎加、洪都拉斯、墨西哥、巴拿马、巴巴多斯、百慕大、多米尼加、埃及、尼日利亚、南非、以色列、沙特阿拉伯、阿拉伯、澳大利亚、中国、中国香港、印度、印度尼西亚、日本、韩国、马来西亚、新西兰、菲律宾、新加坡、中国台湾、泰国。

6.1.3 实证检验数据的说明

行业层面实证检验所需的美国各服务行业跨国服务企业数据，除沟通成本外，其他数据均来源于美国经济分析局。其中，测算各服务行业沟通成本所需数据的来源见第 5 章中的数据说明；美国经济分析局公布的跨国服务企业数据的具体说明如下：美国经济分析局对国内跨国企业每 5 年进行一次基准调查（benchmark survey），在本书样本期内分别是 1999 年、2004 年和 2009 年，其他各年的数据是根据抽样调查得出。衡量跨国服务企业投资动机所需的不同目的地的销售额数据，有部分行业的个别年份数据为保密数据，本书根据已知年份的年均变动率近似得出。

测算母公司 TFP 所需的产出、劳动投入和资本投入数据是采取企业增加值、从业人数、劳动报酬、净资产、厂房及设备（net property，plant，and equipment）和资本性支出（Capital expenditures）等 4 个指标进行衡量和估算的，具体方法为：采取母公司的增加值衡量产出；[①]采取劳动报酬衡量母公司的劳动投入，[②]同时为了对本书估计结果的真实性进行稳健性检验，也采取从业人数作为劳动投入的衡量指标；在母公司资本投入的估算上，美国经济分析局每 5 年的基准调查公布了母公司的净资产、厂房及设备数据，本书采取这 3 年的数据作为母公司的资本投入，关于其他各年的资本投入，借鉴永续存盘法估算资本存量的方法，将基准调查公布的企业净资产、厂房及设备数据去除资本折旧额后，再与其他各年公布的资本性支出数据相加得出。在资本折旧额的计算上，本书根据 1999 年基准调查公布的母公司净资产、厂房及设备数据，加上 2000—2004 年各年的资本性

① 美国经济分析局也公布了跨国服务企业的销售额数据，本书未采取这一数据作为稳健性检验的指标，主要是因为销售额数据反应的是企业的产出，在测算 TFP 时需纳入企业的中间投入，而企业的中间投入数据未公布。此外，美国经济分析局从 2001 年才开始公布跨国服务企业的增加值数据，1999 - 2000 年公布的是产出数据，为了避免近似折算可能造成的较大误差，本书对这两年采取跨国服务企业的产出数据。

② 张军和施少华（2003）以及杨勇（2008）指出，由于发展中国家的收入分配体制不合理、市场调节机制不完善等因素，劳动报酬并不能较好地反映劳动投入的变化，但在市场经济发达的国家，劳动报酬能够较为合理地反应劳动投入。

投入数据，再与2004年基准调查得出的母公司净资产、厂房及设备数据相减，然后除以5，得出2000—2003年各年的年均资本折旧额。2005—2008年的年均资本折旧额也采取相同方法得出，2010年的资本折旧额近似采取2005—2008年的年均资本折旧额数据。此外，上述各行业跨国服务企业的增加值、资本投入和劳动报酬数据分别采取美国以2005年为基期的服务业GDP平减指数、服务业固定资产价格指数和消费者价格指数剔除价格因素，各类价格指数来源于世界银行WDI（World Development Index）数据库和美国经济分析局。①

国家（地区）层面实证检验所需的各类数据来源如下：美国跨国服务企业与各国（地区）组织外部沟通成本的数据来源见第5章中的数据说明；衡量不同投资动机的本地销售额、返回母国销售额和海外销售额数据来源美国经济分析局；同样测算劳动力成本所需的劳动报酬和从业人数数据、跨国服务企业的利润数据，以及测算TFP所需的数据也都来源于美国经济分析局，但由于未公布按附属企业所在东道国（地区）分类的母公司数据，本书采取母公司控股的附属企业的相关数据近似衡量，这样做的目的是为了能够与母公司状况较为接近。因为，若附属企业是母公司控股，母公司一般而言会在技术、人力资本等方面不留余力地提供支持，使得上述变量的测算，尤其是关键变量（生产率）的测算与母公司的差异会大大缩小。此外，在跨国服务企业生产率（TFP和劳动生产率）的测算方法和各类平减指数数据的来源上，除中国台湾的各类价格平减指数来源于《台湾统计年鉴2011》外，其他的与行业层面的估算方法及数据来源是一致。

各国（地区）服务业的GDP数据（2005年为基期）来源于世界银行WDI数据库，但比利时、希腊、爱尔兰、瑞士、英国、尼日利亚、以色列和中国台湾的数据未公布，本书采取世界银行WDI数据库公布的上述国家或地区（除中国台湾）的现价服务业GDP采用总体GDP平减指数（2005年为基期）剔除价格因素，中国台湾的数据来源于《台湾统计年鉴2011》。

语言虚拟变量数据来源于Mayer et al.（2011）的研究成果，具体数据收录于CEPII距离数据库（CEPII's Database on Distances）。各国（地区）的营商便利性排名数据来源于世界银行WDI数据库，其中，中国台湾和百慕大的排名数据未给出，本书根据这两个地区在现实中的营商环境将其赋值为1，即这两个地区拥有着有利于营商的制度和经济环境。

---

① 计算各服务行业跨国服务企业劳动生产率和劳动成本所需的劳动报酬和增加值数据也是采取文中剔除价格因素后的数据。

6.2 异质性服务企业对外直接投资动机的选择：母国视角

6.2.1 静态面板回归结果分析

首先，我们在不考虑计量模型中可能存在的内生性问题的前提下，对行业层面的样本进行静态面板回归，表 6－1 报告了分别采取近似 TFP（appp）和 GMM 估计所得 TFP（gmmp）时的静态面板估计结果，其中，appp1 和 gmmp1 是采取劳动报酬作为劳动投入所测算的 TFP；appp2 和 gmmp2 是采取从业人数作为劳动投入所测算的 TFP。[①]由于面板设定的 F 检验表明个体效应十分显著，本书只进行了固定效应（Fixed Effect）和随机效应（Random Effect）两种面板模型效应下的检验。其中，（1）—（4）列是固定效应的 OLS 估计结果；（5）—（8）列是随机效应的 FGLS 估计结果。

表 6－1　　静态面板估计结果：母国视角

	固定效应				随机效应			
	(1)	(2)	(3)	(4)	(5)	(6)	(7)	(8)
lnappp1	-0.31* (-1.83)				-0.20 (-1.26)			
lngmmp1		-0.31* (-1.88)				-0.22 (-1.35)		
lnappp2			-0.31* (-1.83)				-0.20 (-1.26)	
lngmmp2				-0.31* (-1.88)				-0.22 (-1.35)

① 由于 TFP 是本书研究选择效应的一个关键自变量，因此，在采取不同方法测算 TFP 时，本书也采取不同的劳动投入衡量方法来测算 TFP，可以作为对本书估计结果可靠性的一个稳健性检验。

续表

	固定效应				随机效应			
	(1)	(2)	(3)	(4)	(5)	(6)	(7)	(8)
lntccost	0.08 (0.02)	-0.24 (-0.07)	0.08 (0.02)	-0.23 (-0.07)	-0.17 (-0.06)	-0.30 (-0.11)	-0.17 (-0.06)	-0.30 (-0.11)
lntax	0.20* (1.89)	0.21* (1.92)	0.20* (1.89)	0.21* (1.92)	0.12 (1.32)	0.13 (1.35)	0.12 (1.32)	0.13 (1.35)
lnlcost	-4.32*** (-5.32)	-4.30*** (-5.37)	-4.14*** (-5.39)	-4.05*** (-5.42)	-4.20*** (-5.23)	-4.20*** (-5.32)	-4.08*** (-5.37)	-4.02*** (-5.46)
lnprofit	0.01 (1.26)	0.01 (1.21)	0.01 (1.26)	0.01 (1.21)	0.01 (1.14)	0.01 (1.11)	0.01 (1.14)	0.01 (1.11)
常数项	-3.13 (-0.40)	-2.58 (-0.33)	-3.13 (-0.40)	-2.60 (-0.33)	-2.00 (-0.32)	-1.83 (-0.29)	-2.00 (-0.32)	-1.84 (-0.29)
样本量	318	318	318	318	318	318	318	318
Wald 统计量					39.1***	39.4***	39.1***	39.4***
F 统计量	8.4***	8.4***	8.4***	8.4***				
F 检验	18.4***	18.6***	18.4***	18.6***				

注：括号内为 t 统计量；*、**、***分别表示在 10%、5% 和 1% 的显著性水平上显著；为了便于分析，将相同模型效应的估计结果列在一起，故未将 Hausman 检验的结果纳入表中。

计量结果显示，固定效应模型和随机效应模型下各变量的系数符号是一致的，但部分变量的显著性存在差异，尤其是本书关注的关键变量（TFP）。根据 Hausman 检验结果，表明在 5% 的显著性水平下无法拒绝模型为随机效应的原假设，故本书以随机效应的估计结果进行分析。由计量结果可以看出，各生产率变量的系数都不显著，说明跨国服务企业对外直接投资动机的选择效应是不存在的。出现这一现象的原因，一方面，可能是在行业层面不同跨国服务企业的投资动机表现与其生产率差异不相关，即选择效应的确不存在；另一方面，可能是计量模型存在内生性问题，导致估计结果出现偏差。在其他自变量方面，只有母公司的劳动力成本（lnlcost）变量与其投资动机表现出显著的相关性，在 4 个估计方程中都呈现出显著的负相关关系，这一结果似乎在理论上是不成立的，因为跨国企业的劳动力成本越高，其有更大的动机去寻求国外相对廉价的劳动力而不是拓展市场。但是，结合实证的样本形式以及前文数理模型的分析，寻求效率的跨国服务企业需要面对相对更大的成本（主要是面对远远大于国内贸易成本的国际贸易成本），若某一行业的跨国服务企业的劳动力成本相对较高，多数企业不会为了寻求相对廉价的劳动力而去面对更高的经营和销售成本。此外，这一结果也在一定程度上说明了，随着欠发达国家劳动力成本的逐步提高，其与发达国家的劳动力成本差异在逐渐缩小，相对较低的劳动力成本可能已不是跨国服务企业效率寻求中的一个重要部分。

6.2.2 动态面板回归结果分析

静态面板估计得出选择效应不存在的结论，可能是由于计量模型中变量存在内生性问题所引致的，即本书关注的主要自变量以及其他一些控制变量可能存在逆向因果（reverse causality）关系所导致的内生性问题。①

严重的内生性将导致普通估计结果有偏或非一致，为降低偏误需要对变量可能存在的内生性问题进行处理，本书采取动态面板 GMM（Generalized Method of Moments，GMM）估计方法解决内生性问题，GMM 估计包括采用滞后因变量作为差分方程工具变量的 dif - GMM 估计和增加滞后差分变量作为水平方程工具变量的 sys - GMM 估计。但由于 dif - GMM 的估计结果较易受弱工具变量的影响（Blundell & Bond，1998），而 Arellano & Bover（1995）提出的 sys - GMM 进一步增加了可用的工具变量，且估计过程中同时使用水平方程和差分方程，能够有效地克服 dif - GMM 的弱工具变量问题。因此，本书将选择 sys - GMM 方法进行估计。此外，GMM 估计又可以分为一步 GMM（one step GMM）估计和两步 GMM（two step GMM）估计，在有限样本条件下，传统两步估计容易导致估计系数的标准差产生向下偏倚，虽然经过 Windmeijer（2005）方法进行矫正后的偏倚会减小，但会导致两步 GMM 估计量的近似渐进分布不可靠。因此，在经验研究中通常采取一步 GMM 估计量进行分析。鉴于此，本书主要报告一步 GMM 的估计结果，在一定程度上避免了在小样本条件下所导致的估计量偏差。同时，为了检验模型设定的合理性和工具变量的有效性，本书也报告了两步 GMM 估计的二阶序列相关和 Sargan 检验结果。

---

① 虽然本书在构建计量模型时已考虑到这一问题，采取 fdip 与 fdim 的比值作为因变量，但不排除因变量可能会对一些自变量（如生产率、沟通成本、劳动力成本等）产生逆向因果关系。

表 6-2 动态面板估计结果（sys-GMM）：母国视角

	(1)	(2)	(3)	(4)	(5)	(6)	(7)	(8)
$lnfdi_{-1}$	0.40***	0.41***	0.40***	0.41***	0.43***	0.42***	0.43***	0.42***
	(7.47)	(7.66)	(7.50)	(7.69)	(8.68)	(8.35)	(8.68)	(8.36)
lnappp1	-0.15				-0.15			
	(-1.00)				(-1.08)			
lngmmp1		-0.14				-0.11		
		(-0.95)				(-0.81)		
lnappp2			-0.14				-0.15	
			(-0.94)				(-1.09)	
lngmmp2				-0.14				-0.11
				(-0.96)				(-0.82)
lntccost	2.51	1.64	2.65	2.03	0.98	0.31	0.99	0.35
	(0.82)	(0.52)	(0.87)	(0.65)	(0.36)	(0.11)	(0.36)	(0.13)
lntax	0.12	0.06	0.12	0.06	0.13	0.11	0.13	0.11
	(1.14)	(0.56)	(1.22)	(0.61)	(1.57)	(1.38)	(1.56)	(1.37)
lnlcost	-3.38***	-3.18***	-3.31***	-3.25***	-2.46***	-2.45***	-2.38***	-2.36***
	(-4.04)	(-3.78)	(-4.10)	(-4.04)	(-3.72)	(-3.77)	(-3.82)	(-3.92)
lnprofit	0.01	0.01	0.01	0.01	0.01	0.01	0.01	0.01
	(1.35)	(1.36)	(1.33)	(1.29)	(0.82)	(0.62)	(0.82)	(0.63)
常数项	-7.53	-5.18	-7.90	-6.10	-3.99	-2.41	-4.00	-2.52
	(-1.06)	(-0.71)	(-1.12)	(-0.85)	(-0.63)	(-0.38)	(-0.63)	(-0.40)
样本量	291	291	291	291	291	291	291	291
Wald 统计量	117.4***	109.0***	119.7***	113.0***	147.9***	139.0***	148.0***	139.1***
AR（2）	0.63	0.59	0.60	0.61	0.59	0.66	0.59	0.66
Sargan	20.44	21.50	20.88	21.03	25.63	22.05	25.63	22.01

注：括号内为 t 统计量；*、**、*** 分别表示在 10%、5% 和 1% 的显著性水平上显著；表中各变量检验结果均为 sys-GMM 的一步估计结果；AR（2）和 Sargan 检验为两步估计结果，其中 AR（2）给出的是二阶自相关检验的 P 值；lnfdi 表示的是 ln（fdip/fdim）；（1）—（4）列是将因变量和生产率变量视为内生变量，（2）—（8）列是将因变量、生产率变量、lntccost 和 lnlcost 视为内生变量，并将上述两类内生变量的两阶及更高阶滞后项分别作为其相应差分变量的工具变量，其他变量的工具均是自身。

在估计过程中，将 $\ln(fdip/fdim)_{-1}$、生产率变量（lnappp 和 lngmmp）、lntccost 和 lnlcost 视为内生变量，并将内生变量的两阶及更高阶的滞后项作为工具变量。估计结果见表 6 - 2，其中，（1）—（4）列是 ln（fdip/fdim）$_{-1}$ 和生产率变量为内生变量时的估计结果；（5）—（8）列是 ln（fdip/fdim）$_{-1}$、生产率变量、lntccost 和 lnlcost 为内生变量时的估计结果。可以看出，AR（2）检验结果显示，所有 sys - GMM 估计的残差项不存在二阶序列相关，表明动态面板 GMM 估计是较为可靠的；且 Sargan 过度识别检验不能拒绝“工具变量为外生变量”的零假设，说明本书所采用的工具变量是有效的。

根据检验结果，在考虑到内生性问题之后，各生产率变量的系数仍不显著，且其他变量中同样只有劳动力成本变量（lnlcost）的系数呈现出显著负相关，说明从行业层面来看，跨国服务企业对外直接投资动机的选择效应是不存在的，可能的原因在于投资动机差异与行业之间的相关性较弱，某一行业内生产率相对较高的跨国服务企业并不一定会表现出较为一致的对外直接投资动机，跨国服务企业的投资动机可能更多地是由所在东道国的因素决定的。因此，仅仅从母国视角的行业层面研究跨国服务企业对外直接投资的动机是不足的，若要明确投资动机的选择效应，还需要结合东道国的因素进行检验。

6.2.3 估计结果的稳健性检验

为了验证上述估计结果的可靠性，本书进一步从估计方法改变、主要自变量改变、其他变量改变和剔除异常样本等四个方面进行稳健性检验。限于篇幅，本书只报告了采取劳动报酬作为劳动投入所测算生产率的估计结果，采取从业人数的估计结果见附录的表 D2。

第一，改变样本的估计方法。首先通过改变样本的估计方法对前文估计结果的稳健性进行检验，在估计方法上，本书采取能够在一定程度上克服内生性问题的 dif - GMM 方法，估计结果见表 6 - 3 的（1）—（2）列，可以看出，主要自变量和控制变量的符号及显著性未发生实质性改变，只是 lntax 的系数显著性有所改善，表明本书的估计结果是可靠的。

第二，改变生产率的衡量方法。鉴于生产率变量是本书选择效应检验中的关键变量，在前文从不同的生产率测算和估计方法对实证结果进行稳健性检验的基础上，本书进一步采取跨国服务企业的劳动生产率（lnlabp）和 OLS 估计所得 TFP（lnolsp）对模型估计结果的可靠性进行检验。估计结果见表 6 - 3 的（3）—（4）列，可以看出，在采取了不同的生产率衡量方法之后，主要自变量和控制变量的符号及显著性与表 6 - 2 报告的估计结果是一致的，说明生产率变量测算方法的改变不会对本书的估计结果造成实质性影响，本书的结果是稳健的。

表 6－3　　稳健性检验结果：母国视角

	(1)	(2)	(3)	(4)	(5)	(6)	(7)	(8)
$lnfdi_{-1}$	0.37***	0.37***	0.43***	0.43***	0.43***	0.42***	0.40***	0.39***
	(5.67)	(5.56)	(8.47)	(8.53)	(8.77)	(8.47)	(6.96)	(6.78)
lnappp1	−0.16		−0.06		−0.15		−0.13	
(lnlabp1)	(−0.96)		(−0.48)		(−1.06)		(−0.90)	
lngmmp1		−0.14		−0.15		−0.10		−0.09
(lnolsp1)		(−0.88)		(−1.02)		(−0.71)		(−0.60)
lntccost	−2.14	−2.25	−1.25	0.52	1.73	1.20	0.85	0.44
(lnoccost)	(−0.56)	(−0.60)	(−0.45)	(0.19)	(0.86)	(0.60)	(0.27)	(0.14)
lntax	0.24*	0.24*	0.08	0.13	0.16*	0.15*	0.22**	0.20*
	(1.89)	(1.93)	(0.92)	(1.56)	(1.92)	(1.81)	(2.10)	(1.91)
lnlcost	−2.73***	−2.68***	−2.43***	−2.50***	−2.34***	−2.28***	−2.26***	−2.22***
	(−3.16)	(−3.15)	(−3.79)	(−3.82)	(−3.54)	(−3.51)	(−2.80)	(−2.77)
lnprofit	0.01	0.01	0.01	0.01	0.01	0.01	0.01	0.01
	(0.97)	(0.85)	(0.54)	(0.71)	(0.88)	(0.78)	(0.54)	(0.40)
常数项	2.39	2.51	1.49	−2.74	−3.76*	−3.22	−4.25	−3.24
	(0.27)	(0.29)	(0.23)	(−0.43)	(−1.68)	(−1.42)	(−0.57)	(−0.43)
样本量	259	259	291	291	291	291	225	225
Wald 统计量	72.8***	71.4***	135.5***	144.4***	152.8***	143.7***	94.1***	88.6***
AR（2）	0.73	0.78	0.69	0.67	0.62	0.58	0.71	0.77
Sargan	21.61	21.60	23.79	22.09	22.13	21.48	18.38	16.63

注：括号内为 t 统计量；*、**、*** 分别表示在 10%、5% 和 1% 的显著性水平上显著；表中各变量检验结果均为 GMM 的一步估计结果；AR（2）和 Sargan 检验为两步估计结果，其中 AR（2）给出的是二阶自相关检验的 P 值；lnfdi 表示的是 ln（fdip/fdim）；表中稳健性检验将因变量、生产率变量、lntccost 和 lnlcost 视为内生变量，并将上述两类内生变量的两阶及更高阶滞后项分别作为其相应差分变量的工具变量，其他变量的工具均是自身；lnlabp1 和 lnolsp1 分别是第（3）列和第（4）列的生产率变量；lnoccost 是（5）—（6）列的沟通成本变量；限于篇幅，表中只给出了采取劳动报酬作为劳动投入所得的生产率变量的估计结果，采取从业人数所得生产率变量的估计结果未发生实质性改变，见附录 D2。

第三，改变沟通成本的测度指标。与消费者等组织外部的沟通成本是本书引入的作为影响跨国服务企业对外直接投资动机抉择的一个重要因素，为了检验不同沟通成本指数的选取是否会对本书估计结果带来实证性影响，我们选取与组织外部人员沟通成本指数（lnoccost）作为跨国服务业对外沟通的成本指数进行稳健性检验。根据估计结果（表 6－3 的（5）—（6）列），沟通成本指数的改变并未给估计结果带来较大影响，沟通成本变量的系数符号和显著性未发生改变，其他变量的结果与前文的估计结果也是一致的。

第四，剔除异常样本。在样本数据的收集和整理过程中，本书发现部分服务行业的跨国服务企业的投资动机表现出较大差异，比如一些服务行业，如卫生保健和社会援助服务业，其跨国服务企业的海外销售额所占总销售额的比重低于1%；而另一些服务行业，如药品批发业，其海外销售额已高达60%以上。为了验证异常样本的"特殊性"是否会影响估计结果，本书将这些样本剔除，具体方法为：首先计算出样本期内各服务行业跨国服务企业海外销售额占总销售额的均值，以及各服务行业在样本期内的10%和90%的分位数值；然后把样本中均值低于各指标的10%分位数值和高于90%分位数值的服务行业予以剔除。[①]对新样本再次进行动态面板GMM检验，估计结果见表6-3的（7）—（8）列。可以看出，剔除异常样本之后，主要自变量（生产率变量、lntccost）的系数符号和显著性仍未发生变化，在控制变量方面，除lntax变量的系数显著性有微小的改善外，其他变量的估计结果与前文仍是一致的。因此，异常样本的剔除并未给模型估计结果带来实质性影响，本书的估计结果是可靠的。

此外，表6-3报告的是采取劳动报酬作为劳动投入所得生产率变量的估计结果，采取从业人数作为劳动投入的估计结果中，各变量的系数符号和显著性也未发生实证性改变（见附录表D2），进一步表明本文的计量结果是可靠的。

6.3 异质性服务企业对外直接投资动机的选择：东道国视角

基于母国视角对跨国服务企业对外直接投资动机选择效应的分析，发现跨国服务企业的投资动机在行业层面未表现出显著的选择效应。如前文所述，这一现象出现的原因，可能是由于跨国服务企业的投资动机更多地是由东道国的因素决定的，比如，资源禀赋、制度环境、市场规模等。因此，为验证跨国服务企业投

① 被剔除的异常服务行业有：药品批发业、其他批发业、零售服务业、出版业、房地产业、卫生保健和社会援助服务业。

资动机的选择效应在东道国层面的显著性，本书进一步采取跨国面板数据，基于东道国视角对跨国服务企业对外直接投资的选择效应进行经验检验。

6.3.1 静态面板回归结果分析

与母国视角下的估计思路相同，基于东道国视角的检验，首先在不考虑变量的内生性条件下进行静态面板估计，且在生产率变量上的测算和表示方法也是一致的，即采取 appp1 和 gmmp1 表示劳动报酬作为劳动投入所测算的 TFP；appp2 和 gmmp2 是采取从业人数作为劳动投入所测算的 TFP。

表 6-4 静态面板估计结果：东道国视角

估计方法 / 自变量	固定效应				随机效应			
	(1)	(2)	(3)	(4)	(5)	(6)	(7)	(8)
lnappp1	0.32 * (1.82)				0.58 *** (4.06)			
lngmmp1		0.29 * (1.74)				0.54 *** (4.32)		
lnappp2			0.30 * (1.76)				0.56 *** (4.09)	
lngmmp2				0.27 * (1.67)				0.51 *** (4.31)
lntccost	-5.35 (-1.16)	-5.38 (-1.17)	-5.33 (-1.16)	-5.34 (-1.16)	-1.74 (-1.07)	-1.17 (-0.71)	-1.79 (-1.12)	-1.21 (-0.75)
lnsize	2.45 *** (4.06)	2.29 *** (3.42)	2.45 *** (4.03)	2.31 *** (3.44)	0.73 *** (4.44)	0.59 *** (3.47)	0.71 *** (4.40)	0.58 *** (3.45)
lnlcost	0.69 ** (2.47)	0.60 ** (2.04)	0.47 (1.45)	0.55 * (1.83)	0.69 *** (2.64)	0.47 * (1.73)	0.26 (0.89)	0.38 (1.35)
lnprofit	-0.01 (-0.24)	-0.01 (-0.19)	-0.01 (-0.21)	-0.01 (-0.16)	0.01 (0.28)	0.01 (0.15)	0.01 (0.29)	0.01 (0.17)
language					-0.48 (-0.57)	-0.51 (-0.59)	-0.50 (-0.60)	-0.52 (-0.61)
institu					0.74 (0.86)	0.65 (0.75)	0.73 (0.86)	0.64 (0.74)

续表

自变量 \ 估计方法	固定效应				随机效应			
	(1)	(2)	(3)	(4)	(5)	(6)	(7)	(8)
常数项	-16.58 (-1.06)	-15.23 (-0.95)	-16.61 (-1.06)	-15.53 (-0.96)	-8.88 (-1.61)	-10.14* (-1.83)	-8.30 (-1.52)	-9.74* (-1.76)
样本量	480	480	480	480	480	480	480	480
Wald 统计量					73.6***	75.8***	74.0***	75.8***
F 统计量	11.8***	11.7***	11.7***	11.7***				
F 检验	8.5***	7.7***	8.3***	7.6***				

注：括号内为 t 统计量；*、**、*** 分别表示在 10%、5% 和 1% 的显著性水平上显著；为了便于分析，将相同模型效应的估计结果列在一起，故未将 Hausman 检验的结果纳入表中。

此外，根据面板设定的 F 检验结果，本书进行了面板模型效应分别为固定效应和随机效应的检验。估计结果见表 6-4 所示，其中，(1)—(4) 列报告了模型效应为固定效应的估计结果；(5)—(8) 列报告了模型效应为随机效应的估计结果。可以看出，基于东道国视角的跨国面板估计结果要略优于母国视角下行业面板的计量结果，无论是采取不同的 TFP 测算方法，还是 TFP 测算中采取不同的劳动投入衡量指标（劳动报酬或从业人数），本书关注的主要自变量（生产率、沟通成本），以及其他控制变量的系数符号和显著性未发生实质性变化，且从各变量的显著性来看，生产率变量（lnappp 和 lngmmp）、劳动力成本变量（lnlcost）以及东道国服务市场规模变量（lnsize）的系数通过了 5% 的显著性水平检验。由于 Hausman 检验结果表明在 5% 的显著性水平下无法拒绝模型为随机效应的原假设，故本书以随机效应的估计结果进行分析。

根据计量结果，生产率相对较高的跨国服务企业倾向于在东道国市场寻求效率，与前文数理模型分析中的理论预期是一致的。主要是因为，若跨国服务企业进行对外直接投资的主要目的是在东道国寻求效率，其需要更高的生产率以面对较高的经营成本。lnsize 的系数显著为正，表明跨国服务企业在服务市场规模越大的东道国表现出更强的效率寻求型动机，这一现象可能与理论预期不一致，因为若东道国的市场规模越大，其市场潜力和空间相对越大，跨国企业可能更愿意去寻求市场。lnlcost 的系数也呈现出正向效应，即劳动力成本越高的跨国服务企业在东道国表现出更强的效率寻求动机，这与行业层面的估计结果是相反的，可能的原因在于高劳动力成本的效率寻求动机效应在东道国之间表现得更为明显，但从系数显著性来看，只有生产率为 lnappp1 时，lnlcost 的系数通过了 5% 的显著性水平检验，再次说明跨国服务企业在寻求效率时，劳动力成本可能已不是其考虑的一个重要部分。关于其他变量，如 lntccost、lnprofit 以及虚拟变量的系数未通过显著性检验，这可能是模型的内生性问题所导致的。

6.3.2 动态面板回归结果分析

在采取静态面板回归的基础上，本书进一步考虑变量可能存在的内生性问题对估计结果造成的非一致现象。在估计方法上，仍采取动态面板的 GMM 估计方法。同时，为了避免 dif - GMM 方法可能存在的弱工具变量问题对估计结果带来的影响，本书同样采取 sys - GMM 方法进行估计。此外，为了克服传统两步估计容易导致估计系数的标准差产生向下偏倚，以及检验模型设定的合理性和工具变量的有效性，本书主要报告一步 GMM 的估计结果和两步 GMM 估计的二阶序列相关和 Sargan 检验结果。

在估计过程中，与行业层面的 sys - GMM 估计相同，将 ln（fdip/fdim）$_{-1}$、生产率变量（lnappp 和 lngmmp）、lntccost 和 lnlcost 视为内生变量，并将内生变量的两阶及更高阶的滞后项作为工具变量。

表 6 - 5　　　　动态面板估计结果（sys - GMM）：东道国视角

	(1)	(2)	(3)	(4)	(5)	(6)	(7)	(8)
lnfdi $_{-1}$	0.25 ***	0.22 ***	0.21 ***	0.22 ***	0.23 ***	0.23 ***	0.23 ***	0.23 ***
	(13.27)	(12.23)	(12.09)	(12.18)	(13.79)	(13.68)	(13.86)	(13.72)
lnappp1	0.16 ***				0.25 ***			
	(2.78)				(5.20)			
lngmmp1		0.22 ***				0.19 ***		
		(4.35)				(4.72)		
lnappp2			0.27 ***				0.24 ***	
			(4.79)				(5.36)	
lngmmp2				0.22 ***				0.19 ***
				(4.54)				(4.78)
lntccost	-1.57 **	-1.75 ***	-2.03 ***	-1.83 ***	-3.02 ***	-2.88 ***	-2.93 ***	-2.81 ***
	(-2.47)	(-2.78)	(-3.17)	(-2.89)	(-5.79)	(-5.54)	(-5.67)	(-5.43)
lnsize	-0.11	-0.16	-0.13	-0.16	-0.08	-0.14 *	-0.06	-0.11
	(-1.17)	(-1.53)	(-1.37)	(-1.57)	(-1.14)	(-1.73)	(-0.76)	(-1.43)

续表

	(1)	(2)	(3)	(4)	(5)	(6)	(7)	(8)
lnlcost	0.30**	0.22*	0.12	0.16	0.32***	0.23**	0.11	0.18*
	(2.41)	(1.71)	(0.92)	(1.23)	(3.45)	(2.42)	(1.06)	(1.91)
lnprofit	0.02**	0.02***	0.02**	0.02***	0.02***	0.03***	0.02***	0.03***
	(2.24)	(2.89)	(2.25)	(2.88)	(3.57)	(4.75)	(3.26)	(4.63)
language	-1.40***	-1.59***	-1.49***	-1.67***	-1.16***	-1.34***	-1.10***	-1.30***
	(-3.74)	(-4.52)	(-3.94)	(-4.77)	(-4.23)	(-4.96)	(-4.05)	(-4.78)
institu	0.16	-0.30	0.35	-0.21	0.19	-0.23	0.22	-0.22
	(0.39)	(-0.75)	(0.85)	(-0.55)	(0.72)	(-0.88)	(0.83)	(-0.86)
常数项	3.87	4.87**	5.25**	5.22**	8.03***	8.24***	7.53***	7.80***
	(1.60)	(2.02)	(2.18)	(2.16)	(3.95)	(4.05)	(3.73)	(3.84)
样本量	440	440	440	440	440	440	440	440
Wald 统计量	420.9***	427.9***	448.9***	438.5***	754.7***	716.8***	759.4***	714.7***
AR (2)	0.41	0.37	0.41	0.37	0.41	0.39	0.42	0.39
Sargan	37.16	35.61	36.39	35.83	33.26	33.31	35.93	34.93

注：括号内为 t 统计量；*、**、*** 分别表示在 10%、5% 和 1% 的显著性水平上显著；表中各变量检验结果均为 sys - GMM 的一步估计结果；AR（2）和 Sargan 检验为两步估计结果，其中 AR（2）给出的是二阶自相关检验的 P 值；lnfdi 表示的是 ln（fdip/fdim）；（1）—（4）列是将因变量生产率变量视为内生变量，（2）—（8）列是将因变量、生产率变量、lntccost 和 lnlcost 视为内生变量，并将上述两类内生变量的两阶及更高阶滞后项分别作为其相应差分变量的工具变量，其他变量的工具均是自身。

估计结果见表 6-5，其中，（1）—（4）列是 ln（fdip/fdim）$_{-1}$和生产率变量为内生变量时的估计结果；（5）—（8）列是 ln（fdip/fdim）$_{-1}$、生产率变量、lntccost 和 lnlcost 为内生变量时的估计结果。可以看出，AR（2）检验和 Sargan 过度识别检验结果显示，所有 sys - GMM 估计的残差项不存在二阶序列相关，且估计过程中采取的工具变量是有效的。因此，动态面板的 sys - GMM 估计是较为可靠的。

从各变量的系数符号及显著性来看，在考虑到变量的内生性问题之后，各变量的显著性得到了明显的改善，其中，生产率较高的跨国服务企业能够克服相对较高的海外投资和经营成本，因此在东道国更倾向于寻求效率，这与理论模型分析结论是一致的；与东道国组织外部沟通成本变量（lntccost）的系数显著为负，说明在沟通成本越高的东道国，跨国服务企业对外直接投资的市场寻求动机的比例越高，也间接表明了寻求市场的组织外部沟通成本要高于寻求效率的沟通成本。

在其他控制变量方面，企业利润（lnprofit）和劳动力成本（lnlcost）越高的跨国服务企业，越倾向于在东道国市场寻求效率，可能原因在于，一方面，企业利润越高，承受海外经营成本的能力越强，更愿意通过寻求效率来实现利润最大化目标；另一方面，正如前文所述，高劳动力成本的效率寻求动机效应在不同东道国之间表现得更为明显，但在表6-5的8列估计结果中，只有3列的估计系数通过了5%的显著性检验，说明随着发展中国家劳动力成本的逐步提高，劳动力成本的优势正逐渐减弱，跨国服务企业寻求廉价劳动力成本的动机将不再成为其效率寻求的一个重要部分。东道国市场规模变量（lnsize）的系数未通过显著性检验，但系数符号为负，这与静态面板估计结果截然相反，说明在考虑到内生性问题之后，估计结果表现出了符合现实状况的现象，即东道国市场规模和空间越大，跨国服务企业越倾向于寻求东道国市场。

在虚拟变量方面，语言虚拟变量（language）的系数显著为负，表明跨国服务企业在与母国语言相同的东道国，更愿意寻求市场，这也说明与消费者之间的有效沟通是影响跨国服务企业对外直接投资动机的一个重要因素，证实了本书在理论模型部分提出的观点；东道国营商环境变量（institu）的系数不显著，即东道国营商环境对跨国服务企业的投资动机无显著影响，可能是由于多数服务产品生产和消费同时性的特征，不论跨国服务企业对外直接投资是寻求市场还是寻求效率，其都需要跨国服务企业在东道国生产和经营。因此，东道国的营商环境对跨国服务企业选择何种投资动机不会造成显著的影响。

6.3.3 估计结果的稳健性检验

为了验证上述估计结果的可靠性，本书从以下几个方面进行稳健性检验，主要有：改变生产率变量的测算方法、改变沟通成本的衡量指标和剔除异常样本。①同样，限于篇幅，本书只报告了采取劳动报酬作为劳动投入所测算的生产率的估计结果，采取从业人数的估计结果见附录的表D1。

第一，改变生产率的衡量方法。首先改变主要自变量（生产率）的测算方法，以检验估计结果的稳健性。在生产率测算方法上，本书仍采取跨国服务企业的劳动生产率（lnlabp）和OLS估计所得TFP（lnolsp）对估计结果的可靠性进

---

① 与母国视角下的稳健性检验不同，本书在东道国视角下的稳健性检验未进行dif-GMM检验，主要是因为，一方面，模型中纳入了虚拟变量，采取dif-GMM方法会导致两步估计结果无法对工具变量的有效性进行检验；另一方面，若将虚拟变量剔除，估计结果受到了弱工具变量的影响而出现了偏差。

行检验。估计结果见表 6 - 6 的（1）—（2）列，可以看出，在采取了两种不同的生产率衡量方法之后，主要自变量（生产率变量和沟通成本变量）以及控制变量的符号及显著性未发生改变，说明表 6 - 5 的动态面板估计结果是可靠的。

第二，改变沟通成本的衡量指标。与母国视角下的稳健性分析相同，本书仍通过改变沟通成本的衡量指标对估计结果进行稳健性检验，在沟通成本指标的选取上，同样采取与组织外部人员沟通成本指数（lnoccost）进行 sys - GMM 估计（结果见表 6 - 6 的（3）—（4）列）。估计结果显示，在改变沟通成本的衡量方法之后，生产率变量和沟通成本变量的系数符号和显著性未发生变化，且其他控制变量的估计结果与表 6 - 5 报告的结果相比也是一致的。

第三，剔除异常样本。同样，本书将跨国面板中的异常样本剔除来检验估计结果的可靠性，异常样本的剔除方法有：一是与行业层面的剔除方法相同，将投资动机表现出较大差异的样本东道国删除，首先计算出样本期内各东道国跨国服务企业海外销售额占总销售额的均值，以及各东道国在样本期内的 10% 和 90% 的分位数值，然后把样本中均值低于各指标的 10% 分位数值和高于 90% 分位数值的样本国家予以剔除。二是部分国家的海外销售额和本地销售额数据有较多年份未公布，为了检验样本的"特殊性"是否会对估计结果产生较大影响，本书将样本期内 5 年及 5 年以上数据未公布的东道国样本予以剔除。最终，两种方法共剔除了 14 个异常样本国家。[①]对剔除样本后的新样本进行 sys - GMM 检验，结果见表 6 - 6 的（5）—（6）列。

表 6 - 6　　稳健性检验结果：东道国视角

	(1)	(2)	(3)	(4)	(5)	(6)
$lnfdi_{-1}$	0.23***	0.23***	0.23***	0.23***	0.25***	0.26***
	(14.11)	(13.65)	(13.87)	(13.75)	(14.58)	(14.69)
lnapppl	0.23***		0.25***		0.23***	
(lnlabpl)	(4.56)		(5.21)		(4.79)	
lngmmpl		0.24***		0.20***		0.16***
(lnolspl)		(5.37)		(4.73)		(4.09)
lntccost	-3.02***	-2.97***	-3.02***	-2.87***	-2.03***	-1.75***
(lnoccost)	(-5.69)	(-5.76)	(-5.67)	(-5.42)	(-3.69)	(-3.18)

① 被剔除的样本国（地区）家有：爱尔兰、瑞士、智利、哥伦比亚、洪都拉斯、巴拿马、巴巴多斯、百慕大、多米尼加、埃及、尼日利亚、以色列、沙特阿拉伯、中国台湾。

续表

	(1)	(2)	(3)	(4)	(5)	(6)
lnsize	-0.09 (-1.27)	-0.09 (-1.24)	-0.08 (-1.12)	-0.13* (-1.71)	-0.16*** (-2.60)	-0.20*** (-2.93)
lnlcost	0.36*** (3.88)	0.27*** (2.97)	0.32*** (3.43)	0.23** (2.40)	0.31*** (3.17)	0.22** (2.18)
lnprofit	0.03*** (4.00)	0.02*** (3.51)	0.02*** (3.52)	0.03*** (4.70)	0.03*** (4.72)	0.03*** (5.79)
language	-1.13*** (-4.10)	-1.19*** (-4.38)	-1.14*** (-4.18)	-1.33*** (-4.91)	-0.84*** (-3.14)	-0.90*** (-3.45)
institu	0.19 (0.69)	0.11 (0.40)	0.21 (0.78)	-0.21 (-0.83)	0.12 (0.49)	-0.18 (-0.76)
常数项	8.01*** (3.91)	8.03*** (3.97)	4.15*** (2.78)	4.52*** (3.01)	5.84*** (3.09)	5.36*** (2.82)
样本量	440	440	440	440	385	385
Wald 统计量	741.7***	748.9***	749.1***	711.7***	698.7***	660.5***
AR (2)	0.41	0.41	0.42	0.39	0.26	0.24
Sargan	33.45	34.53	36.38	33.25	33.11	30.67

注：括号内为 t 统计量；*、**、*** 分别表示在 10%、5% 和 1% 的显著性水平上显著；表中各变量检验结果均为 sys-GMM 的一步估计结果；AR (2) 和 Sargan 检验为两步估计结果，其中 AR (2) 给出的是二阶自相关检验的 P 值；lnfdi 表示的是 ln (fdip/fdim)；表中稳健性检验将因变量、生产率变量、lntccost 和 lnlcost 视为内生变量，并将上述两类内生变量的两阶及更高阶滞后项分别作为其相应差分变量的工具变量，其他变量的工具均是自身；lnlabp1 和 lnolsp1 分别是第 (1) 列和第 (2) 列的生产率变量；lnoccost 是 (3) — (4) 列的沟通成本变量；限于篇幅，表中只给出了采取劳动报酬作为劳动投入所得的生产率变量的估计结果，采取从业人数所得生产率变量的估计结果未发生实质性改变，见附录表 C2。

根据估计结果，除 lnsize 的系数由不显著变为显著外，其他主要自变量和控制变量的系数符号和显著性均未发生改变，说明一方面，前文对东道国服务市场规模影响投资动机选择效应的分析是正确的，即跨国服务企业在服务市场规模较大的东道国倾向于寻求市场，之前的不显著结果主要是由异常样本造成的；另一方面，异常样本的剔除并未对结果分析造成实质性影响，即本书的动态面板 GMM 估计结果是可靠的。此外，附录中的表 D1 报告了采取从业人数作为生产率测算的劳动投入的稳健性检验结果，可以看出，三个方面的估计结果均显示，各变量的系数符号和显著性都未发生实证性改变，进一步表明本书的估计结果是可靠的。

6.4 制造业企业对外直接投资动机的选择：比较分析

前文分别基于母国视角和东道国视角对跨国服务企业对外直接投资动机的选择效应进行了经验验证，在此基础上，本节主要对制造业跨国企业对外直接投资动机的选择效应进行实证检验，以比较分析制造业领域与服务领域跨国企业在投资动机抉择上的异同。同时，为了考察总体层面跨国企业的投资动机表现，本书也给出了总体层面的估计结果。在分析视角上，我们仍从母国视角和东道国视角两个方面进行。

6.4.1 样本选取和数据说明

为了增强服务领域与制造业领域及总体层面比较分析的可比性，对制造业和总体层面上的分析也选取美国作为样本。其中，基于东道国视角的分析样本与前文服务领域的样本是一致的，即包括发展中和发达在内的 56 个东道国（地区）；基于母国视角的制造业行业面板的估计样本，包括的行业共有 30 个：食品制造业、饮料和烟草产品制造业、纺织，服装和皮革制品业、木制品制造业、造纸业、印刷及相关支持行业、石油及煤制品制造业、基本化学品制造业、树脂、合成橡胶、纤维等制造业、制药业、肥皂、清洗剂等制造业、其他化学品制造业、塑料及橡胶制品业、非金属矿物制造业、初级金属制造业、金属制品业、与农业、建筑业和采矿业相关的机械制造业、与制造业相关的机械制造业、其他机械制造业、计算机及电子品制造业、通信设备制造业、音频和视频设备制造业、半导体和其他电子元件制造业、与航海、测量等相关的制造业、磁性和光学介质制造业、电子设备、家电及其组件制造业、机动车辆、拖车及其零部件制造业、其他运输设备制造业、家具及相关品制造业、其他制造业。

此外，关于总体层面上的实证样本，除了包括前文给出的 28 个服务行业和 30 个制造业行业外，还包括农业、建筑业、采矿业在内的其他 5 个行业，即农林牧渔业、石油和天然气开采业、其他采矿业（石油和天然气除外）、建筑业和公用事业。因此，总体层面的样本共包括 63 个行业。

在各变量的衡量和数据来源上，与前文服务领域也是相同的，只是在涉及特定领域时，采取对应的衡量指标，比如，市场规模变量（lnsize）在制造业样本中是制造业 GDP，在总样本中是总体 GDP；GDP 平减指数和固定资产价格指数在制造业样本中采取的是制造业的 GDP 平减指数和固定资产价格指数，在总体样本中采取的是总体的 GDP 平减指数和固定资产价格指数。

6.4.2 母国视角下的投资动机选择

表 6 - 7 报告了基于母国视角的动态面板 sys - GMM 估计结果，其中，（1）—（4）列是制造业行业面板样本的 sys - GMM 估计结果；（5）—（8）列是包括农林牧渔业、采矿业、建筑业、制造业、服务业等所有行业在内的动态面板 sys - GMM 估计结果。

在估计过程中，考虑到与组织外部的沟通成本（lntccost）在制造业和总体层面的重要程度要远远低于服务业，本书不再将 lntccost 视为内生变量，而是将 ln（fdip/fdim）$_{-1}$、生产率变量（lnappp 和 lngmmp）、lnprofit 和 lnlcost 视为内生变量，并将内生变量的两阶及更高阶的滞后项作为工具变量。[①]

根据表 6 - 7 报告的估计结果，制造业跨国企业未表现出明显的投资动机选择效应，在 4 种估计结果中，只有 lngmmp2（从业人数衡量劳动投入，且采取 GMM 方法测算 TFP）通过了 5% 的显著性水平检验，且总体层面的检验也未呈现出一致结论，部分估计结果甚至为负。上述结果表明，基于行业视角的制造业及总体层面的跨国企业对外直接投资动机未呈现出明显的选择效应，这一现象与跨国服务企业是一致的。在其他控制变量上，只有总体层面的 lnlcost 的系数显著为负，其他变量的系数均不显著，这与服务领域的估计结果也较为相似，劳动力成本越高的跨国企业越倾向于寻求市场，说明劳动力成本优势逐渐减弱，已不是跨国企业对外直接投资寻求的主要目标。

综上所述，与服务领域的分析结果较为一致，与母国视角对制造业和总体层面跨国企业的估计结果显示，由于投资动机差异与行业之间的相关性较弱，跨国企业对外直接投资动机的选择效应在行业层面是不存在的，跨国企业的投资动机可能更多地是由所在东道国的因素决定的。因此，接下来本书也将从东道国视角对跨国企业投资动机的选择效应进行检验。

① 将 lnprofit 视为内生变量，主要是因为看作内生变量之后，估计结果中各系数的符号和显著性有明显的改善，且 Sargan 检验结果表明工具变量的设定是合理的。

表 6-7　　动态面板估计结果（sys-GMM）：母国视角

	制造业				所有行业			
	(1)	(2)	(3)	(4)	(5)	(6)	(7)	(8)
$lnfdi_{-1}$	0.46*** (8.50)	0.44*** (8.18)	0.46*** (8.50)	0.44*** (8.17)	0.50*** (13.58)	0.47*** (12.86)	0.49*** (13.54)	0.47*** (12.92)
lnappp1	0.19* (1.90)				-0.06 (-0.61)			
lngmmp1		0.19* (1.96)				-0.17** (-2.56)		
lnappp2			0.19* (1.90)				-0.05 (-0.45)	
lngmmp2				0.19** (1.97)				-0.17** (-2.50)
lntccost	-0.45 (-0.59)	-0.51 (-0.69)	-0.45 (-0.59)	-0.51 (-0.68)	-0.16 (-0.17)	-1.76 (-1.64)	-0.23 (-0.24)	-1.73 (-1.60)
lntax	-0.02 (-0.66)	-0.04 (-1.39)	-0.02 (-0.66)	-0.05 (-1.40)	0.04 (0.64)	0.05 (0.77)	0.04 (0.60)	0.05 (0.77)
lnlcost	0.24 (1.08)	0.19 (0.91)	0.06 (0.33)	0.08 (0.41)	-1.03*** (-3.21)	-1.27*** (-4.34)	-0.97*** (-3.42)	-1.15*** (-4.16)
lnprofit	-0.01 (-1.50)	-0.01* (-1.68)	-0.01 (-1.50)	-0.01* (-1.68)	0.01 (0.80)	0.01 (1.20)	0.01 (0.75)	0.01 (1.20)
常数项	0.85 (0.52)	0.76 (0.47)	0.851 (0.52)	0.75 (0.46)	-0.33 (-0.16)	3.35 (1.39)	-0.19 (-0.09)	3.29 (1.35)
样本量	329	329	329	329	675	675	675	675
Wald 统计量	96.5***	91.0***	96.5***	91.0***	253.5***	254.0***	252.6***	254.1***
Sargan	23.24	24.91	25.79	25.06	59.03	59.04	59.16	57.48

注：括号内为 t 统计量；*、**、*** 分别表示在 10%、5% 和 1% 的显著性水平上显著；表中各变量检验结果均为 sys-GMM 的一步估计结果；Sargan 检验为两步估计结果；lnfdi 表示的是 ln（fdip/fdim）；表中各列估计结果将因变量、生产率变量、lnprofit 和 lnlcost 视为内生变量，并将内生变量的两阶及更高阶滞后项分别作为其相应差分变量的工具变量，其他变量的工具均是自身。

6.4.3　东道国视角下的投资动机选择

基于东道国视角的动态面板估计过程中，仍将 $\ln(fdip/fdim)_{-1}$、生产率变量

(lnappp 和 lngmmp)、lnprofit 和 lnlcost 视为内生变量，并将内生变量的两阶及更高阶的滞后项作为工具变量，估计结果见表 6－8 所示，其中（1）—（4）列是制造业跨国企业的估计结果；（5）—（8）列是总体层面的 sys－GMM 估计结果。

表 6－8　　　　动态面板估计结果（sys－GMM）：东道国视角

	制造业				所有行业			
	(1)	(2)	(3)	(4)	(5)	(6)	(7)	(8)
$lnfdi_{-1}$	0.47*** (9.87)	0.42*** (8.91)	0.42*** (8.87)	0.41*** (8.79)	0.45*** (10.41)	0.44*** (10.13)	0.44*** (10.41)	0.43*** (9.95)
lnappp1	0.11** (2.05)				－0.03 (－0.47)			
lngmmp1		0.20*** (3.92)				0.15** (2.27)		
lnappp2			0.19*** (3.39)				－0.02 (－0.33)	
lngmmp2				0.20*** (4.01)				0.14** (2.36)
lntccost	0.32 (0.57)	0.72 (1.27)	0.37 (0.65)	0.68 (1.21)	－0.25 (－0.52)	－0.02 (－0.03)	－0.27 (－0.57)	0.10 (0.21)
lnsize	－0.16*** (－2.64)	－0.27*** (－4.29)	－0.22*** (－3.88)	－0.27*** (－4.31)	－0.19*** (－4.03)	－0.23*** (－4.61)	－0.19*** (－3.90)	－0.26*** (－4.86)
lnlcost	0.01 (0.01)	－0.05 (－0.57)	－0.13 (－1.30)	－0.08 (－0.79)	0.06 (0.72)	0.06 (0.69)	0.08 (0.89)	0.05 (0.54)
lnprofit	0.01 (0.91)	0.01 (0.29)	0.01 (0.34)	0.01 (0.37)	0.01** (2.33)	0.01* (1.74)	0.01** (2.31)	0.01* (1.78)
language	－0.54** (－2.17)	－0.68*** (－2.93)	－0.62*** (－2.62)	－0.64*** (－2.71)	－0.68*** (－3.30)	－0.71*** (－3.39)	－0.68*** (－3.33)	－0.69*** (－3.33)
institu	－0.18 (－0.70)	－0.11 (－0.46)	－0.16 (－0.66)	－0.07 (－0.29)	0.66*** (3.52)	0.79*** (4.23)	0.65*** (3.49)	0.82*** (4.40)
常数项	0.48 (0.27)	－0.10 (－0.06)	0.81 (0.46)	0.11 (0.07)	2.22 (1.30)	1.04 (0.60)	2.20 (1.30)	0.86 (0.50)
样本量	423	423	423	423	462	462	462	462
Wald 统计量	210.2***	234.9***	225.5***	232.6***	281.6***	294.7***	280.0***	298.3***
Sargan	32.88	33.69	28.17	32.25	34.38	37.80	38.23	35.94

注：括号内为 t 统计量；*、**、*** 分别表示在 10%、5% 和 1% 的显著性水平上显著；表中各变量检验结果均为 sys－GMM 的一步估计结果；Sargan 检验为两步估计结果；lnfdi 表示的是 ln（fdip/fdim）；表中各列估计结果是将因变量、生产率变量、lnprofit 和 lnlcost 视为内生变量，并将内生变量的两阶及更高阶滞后项分别作为其相应差分变量的工具变量，其他变量的工具均是自身。

可以看出，基于东道国视角的估计结果中，各变量的系数显著性明显提高，说明跨国企业对外直接投资的动机主要是由东道国因素决定的。其中，制造业和总体层面的估计结果显示，生产率变量的系数符号显著为正，说明生产率较高的跨国企业越倾向于在东道国寻求效率，这一结论与服务领域的分析结论是一致的，主要原因在于国际贸易成本大于国内贸易的普遍事实，导致寻求效率的跨国企业需要更高的生产率来承受较大的经营成本。

东道国市场规模（lnsize）的估计结果与服务领域的结论也是一致的，显著为负的系数表明，东道国市场规模越大，跨国企业越倾向于在东道国寻求市场。变量 lntccost 和 lnlocst 的系数未通过 5% 显著性水平检验，这说明，一方面，与组织外部的沟通成本在制造业和总体层面的跨国企业对外直接投资动机的抉择中未起到显著的作用，主要是因为制造业跨国企业所需的与消费者等组织外部人员沟通的水平和重要性较低，但从语言虚拟变量（language）的系数显著为负的结果来看，若东道国与母国的语言相同，跨国企业还是倾向于在东道国寻求市场，因为相同的语言使得跨国企业能够更为准确地了解和掌握东道国的市场行情；另一方面，正如前文所述，发展中国家劳动力成本的上升使得其对于跨国企业而言，逐渐失去了在东道国寻求廉价劳动力的动机，劳动力成本可能已不再是效率寻求中的重点，该结论在服务领域也是成立的。

跨国企业利润（lnprofit）和营商环境虚拟变量（institu）的估计结果在制造业层面是不显著的，但从总体层面的考察却呈现出显著为正的结论。说明在制造业领域，跨国企业的利润水平以及东道国的营商环境对制造业跨国企业对外直接投资动机的抉择无显著影响；但在总体层面，跨国企业的利润越高，或东道国的营商环境越好，跨国企业越倾向于在东道国寻求效率，一方面，是因为高利润的跨国企业能够克服效率寻求中较高的经营成本；另一方面，若东道国拥有较好的营商环境，跨国企业可能为了实现利润最大化，通过垂直分工形式，在全球范围内进行产品价值链的有效配置。

6.5 本章小结

本章主要是对数理模型分析所得理论预期的一个经验检验，即跨国服务企业对外直接投资动机的选择效应检验，通过采取1999—2010年美国28个服务行业以及56个东道国的跨国服务企业的相关数据，分别基于母国视角和东道国视角，运用行业面板模型和跨国面板模型对跨国服务企业对外直接投资动机的选择效应进行了静态面板和动态面板估计，并对从多个层面对估计结果的可靠性进行了稳健性检验。在此基础上，本章进一步采取制造业跨国企业和总体跨国企业的数据，对母国视角和东道国视角下跨国企业对外直接投资动机的选择效应进行了比较分析。本章的主要结论有：

第一，基于母国视角的行业面板动态GMM估计结果显示，跨国服务企业生产率与对外直接投资动机之间的相关性较弱，即跨国服务企业对外直接投资动机的选择效应在行业层面表现的不明显，主要原因可能在于跨国服务企业对外直接投资动机的选择效应更多地表现在不同的东道国之间，即对外直接投资的动机主要是由跨国服务企业所在东道国的因素决定的，而在行业层面的投资动机差异与行业之间的相关性较弱，某一行业内生产率相对较高的跨国服务企业并不一定会表现出较为一致的对外直接投资动机。

第二，基于东道国视角的计量结果显示，跨国服务企业对外直接投资动机的选择效应在东道国层面是存在的，生产率较高的跨国服务企业倾向于在东道国寻求效率，主要是因为生产率较高的跨国服务企业能够克服相对较高的海外投资和经营成本，而生产率较低的跨国服务企业在东道国主要是寻求市场。跨国服务企业在与组织外部沟通成本较高的东道国，其市场寻求的比例越高，表明寻求市场的沟通成本要高于寻求效率的沟通成本。跨国服务企业的利润和劳动力成本越高，其越倾向于在东道国市场寻求效率。语言虚拟变量的系数符号和显著性表明，跨国服务企业在与母国语言相同的东道国，更愿意去寻求市场，这也说明与消费者之间的有效沟通是影响跨国服务企业对外直接投资动机的一个重要因素。此外，东道国的市场规模和营商环境对跨国服务企业对外直接投资动机的选择效应影响不显著，但结合前文的结论以及系数符号，能够发现东道国市场规模和空

间越大，跨国服务企业越倾向于寻求东道国市场。

第三，对制造业和总体层面跨国企业对外直接投资动机的选择效应的比较分析表明：一方面，基于母国视角的计量结果显示，与服务领域的结果相同，制造业和总体层面的跨国企业对外直接投资动机也未呈现出明显的选择效应，且劳动力成本变量的估计结果与服务业也是一致的，即劳动力成本越高的跨国企业越倾向于寻求市场，说明劳动力成本优势逐渐减弱，已不是跨国企业对外直接投资寻求的主要目标；另一方面，基于东道国视角的估计结果与服务领域的分析结论也基本上是一致的，生产率较高的跨国企业倾向于在东道国寻求效率；东道国市场规模越大，跨国企业越愿意在东道国寻求市场；语言虚拟变量的系数显著为负的结果表明，若东道国与母国的语言相同，跨国企业也是倾向于在东道国寻求市场。

第7章 异质性服务企业对外直接投资动机的学习效应

上一章对跨国服务企业对外直接投资动机的选择效应进行了检验，但寻求效率的跨国服务企业生产率高于寻求市场的现象（投资动机的生产率溢价），并不一定全部由跨国服务企业“事先”决定的，即上述现象并不只是生产率较高的跨国服务企业选择效率寻求型动机所造成的，也可能是跨国服务企业在东道国市场寻求效率之后带来了自身生产率的进步，这也是对外直接投资动机生产率溢价的另一个动态方面——投资动机的学习效应。为此，本章进一步对跨国服务企业对外直接投资动机的学习效应进行检验，为了保证全书的系统性和一致性，对学习效应的实证分析也分别基于母国视角和东道国视角进行。

7.1 模型、变量与样本：实证方法

7.1.1 经验检验模型的构建

与对外直接投资的生产率溢出效应（productivity effect）不同，对外直接投资的学习效应（learning effect）是指进行直接投资的跨国企业，通过与东道国企业的交流学习等路径促进自身生产率的进步，而生产率溢出效应主要是指通过对外直接投资方式促进了母国与跨国企业同类或具有上下游关联企业的生产率进步。因此，对外直接投资的生产率效应和学习效应是差异性较大的两个方面，针对学习效应的经验检验需要从跨国企业层面进行，而生产率溢出效应的检验更多

地集中在行业、产业等宏观层面。但限于跨国服务企业微观层面数据的可得性，且东道国相关因素在学习效应中的影响是本书关注的重点之一，因此，我们采取分别加总至行业和国家层面的跨国服务企业数据进行实证检验。

根据样本数据的特征，本书分别构建行业和国家层面的检验模型以对跨国服务企业对外直接投资的学习效应进行分析，考虑到数据可得性和东道国影响因素的同时，也可以与上一章的选择效应形成一个完整的体系。结合本章的研究目的，且为了降低变量的异方差，本书构建双对数模型进行检验，具体形式为：

$$lntfp_{it} = \alpha_{it} + \beta_{it} lnfdi_{it} + \delta_{it} cont_{it} + \lambda_{it} z_{it} \times lnfdi_{it} + \varepsilon_{it} \quad (7-1)$$

其中，i 表示国家或行业；$lntfp_{it}$是跨国服务企业的生产率变量；$lnfdi_{it}$是投资动机变量，分别表示市场寻求型（$lnfdim_{it}$）和效率寻求型（$lnfdip_{it}$）对外直接投资动机，为了避免可能存在的多重共线性以及区别不同投资动机的学习效应，我们将投资动机变量分别纳入模型（7 - 1）中进行估计；$cont_{it}$是控制变量；z_{it}是跨国服务企业自身或东道国的一些可能影响学习效应的因素，通过与 $lnfdi_{it}$构建交乘项来检验这些因素对跨国服务企业不同投资动机学习效应的影响。

7.1.2 实证模型变量的衡量

在因变量（tfp_{it}）的衡量上，由于全要素生产率（Total Factor Productivity，TFP）能够度量除劳动和资本变化以外的技术变化，是最为常用的生产率指标（Syverson，2011）。因此，与上一章相同，本书仍采取能够更好地反映生产过程中各种投入要素转化为最终产出的总体性效率的 TFP 来衡量跨国服务企业的生产率。在 TFP 测算方法的选取上，除了采取上一章给出的近似全要素生产率（$appp_{it}$）和 GMM 估计得出的 TFP（$gmmp_{it}$）外，[①]为了检验估计结果的可靠性，本书还将采取 OLS 方法得出的 TFP（$olsp_{it}$）进行稳健性检验。

在主要自变量（$fdip_{it}$和 $fdim_{it}$）的衡量上，与上一章的衡量方法相同，分别采取跨国服务企业在海外市场的销售额（包括返回母国的销售额）和在东道国市场的销售额来衡量其对外直接投资的效率寻求型动机（$fdip_{it}$）和市场寻求型

---

① 近似全要素生产率的计算公式以及公式中参数的估计方法见第 6 章的公式（6 - 2）和后文对公式的详细说明。此外，由于 TFP 在本章模型中是因变量，且实证样本是面板数据，所以我们最初也尝试采取非参数的序列 DEA - Malmquist 生产率指数法来测算 TFP，此方法详细介绍见王恕立和胡宗彪（2012）。但是，该方法所测 TFP 是生产率的变动指数，虽然 Fare et al.（1994）以及李梅和柳士昌（2012）提出了可以将 TFP 变动指数转换为基期的累积变化率形式进行回归，但该处理方法得出的仍为 TFP 指数，较难真实反映 TFP 的水平，故本书放弃该生产率测算方法。

动机（$fdim_{it}$）。此外，为了剔除变量的价格因素，我们分别将 $fdip_{it}$ 和 $fdim_{it}$ 与跨国服务企业的现价销售额相比，即采取海外市场销售额和东道国市场销售额占跨国服务企业总销售额的比重形式来表示。①

在控制变量（$cont_{it}$）的选取和衡量上，基于母国视角的行业面板模型中，选取跨国服务企业与东道国组织外部的沟通成本（$tccost_{it}$）、跨国服务企业的研发水平（rd_{it}）和资本密集度（$capint_{it}$）作为控制变量。其中，采取跨国服务企业与组织外部的沟通成本作为控制变量，主要是因为与消费者等组织外部的有效沟通是多数服务产品在生产过程中所需的一个重要环节。因此，与消费者等组织外部的沟通水平是影响跨国服务企业生产率的一个重要因素，在沟通成本的衡量方法上，见第 5 章的公式（5－3）；在 rd_{it} 和 $capint_{it}$ 的衡量上，分别采取跨国服务企业的研发支出和资本密集度（资本—劳动比）进行度量。②基于东道国视角的跨国面板模型中，选取跨国服务企业在各东道国与组织外部的沟通成本（$tccost_{it}$）和资本密集度（$capint_{it}$），以及东道国的研发水平（rd_{it}）、经济发展水平（$level_{it}$）和人力资本（$hcapital_{it}$）作为控制变量。其中，沟通成本的衡量方法见第 5 章的公式（5－7）；跨国服务企业的资本密集度采取资本—劳动比进行衡量；东道国的研发水平采取各国的研发支出占 GDP 的比重度量；各东道国的经济发展水平采取人均 GDP 衡量；人力资本采取各东道国拥有高等学历劳动力占总劳动力的比重衡量。

关于学习效应的影响因素（z_{it}）考察，限于部分数据的可得性以及样本数据的特征，在基于母国视角的行业面板模型中，本书选取 rd_{it} 和 $capint_{it}$ 作为检验学习效应的影响因素，以考察母国跨国服务企业的研发水平和资本密集度对不同对外直接投资动机的学习效应的影响；基于东道国视角的跨国面板模型中，本书重点考察东道国的研发水平（rd_{it}）、经济发展水平（$level_{it}$）和人力资本（$hcapital_{it}$）对跨国服务企业通过学习效应提升自身生产率的影响。

7.1.3 样本选取与数据说明

为了增强与第 6 章的选择效应结论的可比性以及全书的系统性，本章在学习效应的检验样本的选取上，仍采取美国跨国服务企业作为经验检验的样本，且样

---

① 采取这一方法的主要原因是，细分行业的商品零售价格指数，以及跨国面板中海外销售额相对应的价格平减指数较难获取。

② 资本是本书在估计 TFP 时所测算的跨国服务企业的资本存量；劳动采取劳动人数进行衡量。因此，本书的资本密集度（$capint_{it}$）变量表示的是跨国服务企业中人均拥有的资本量。

本期同样为 1999—2010 年。在经验检验的视角上，限于美国经济分析局（Bureau of Economic Analysis，BEA）公布的跨国服务企业数据形式，本书对学习效应的分析也采取基于母国视角的行业面板样本和基于东道国视角的跨国面板样本进行经验检验。

其中，基于行业层面对学习效应的经验检验样本涉及的服务行业与前文在选择效应的检验中是一致的，均为 28 个服务行业，分别是：专业及商业设备批发业、石油及其产品批发服务业、药品批发业、其他批发业、零售服务业、出版业、动漫和录音业、广播业、电信业、互联网、数据处理及其他信息服务业、银行业、证券业、其他金融业、保险业、房地产业、计算机系统设计及相关服务业、管理、科学和技术咨询业、广告及其相关服务业、其他专业、科学和技术服务业、运输和仓储业、房地产业、租赁服务业、非银行的企业管理服务业、公共管理服务业、卫生保健和社会援助服务业、住宿业、餐饮业、其他服务业。

基于国家层面的经验检验涉及的东道国（地区）样本与第 6 章选择效应的检验样本也是一致的，即样本国家（地区）是包括发达国家（地区）和发展中国家（地区）在内的 56 个国家（地区），分别是加拿大、奥地利、比利时、捷克、丹麦、芬兰、法国、德国、希腊、匈牙利、爱尔兰、意大利、卢森堡、荷兰、挪威、波兰、葡萄牙、俄罗斯、西班牙、瑞典、瑞士、土耳其、英国、阿根廷、巴西、智利、哥伦比亚、厄瓜多尔、秘鲁、委内瑞拉、哥斯达黎加、洪都拉斯、墨西哥、巴拿马、巴巴多斯、百慕大、多米尼加、埃及、尼日利亚、南非、以色列、沙特阿拉伯、阿拉伯、澳大利亚、中国、中国香港、印度、印度尼西亚、日本、韩国、马来西亚、新西兰、菲律宾、新加坡、中国台湾、泰国。

关于各变量所需的数据来源，跨国（地区）服务企业 TFP 测算和投资动机衡量所需的数据来源与前文选择效应检验中是一致的，同样，为了考察估计结果的稳健性，在本章 TFP 的测算中，也分别采取劳动报酬和从业人数来衡量劳动投入。跨国（地区）服务企业的现价销售额数据（包括各服务行业和东道国）和研发支出数据来源于美国经济分析局。沟通成本数据见第 5 章的数据说明部分。

跨国面板模型中各控制变量的数据来源如下：衡量经济发展水平的人均 GDP 数据（2005 年为基期）来源于世界银行 WDI（World Development Index）数据库，中国台湾数据来源于《台湾统计年鉴 2011》；衡量东道国人力资本的高等学历劳动力所占比重数据来源于世界银行 WDI 数据库和联合国国际劳工组织（International Labour Organization，ILO），中国台湾数据来源于《台湾统计年鉴 2011》，中国的相关数据是根据历年《中国统计年鉴》公布的抽样人口中大专及以上人口数除以抽样比例，得出的大专以上人口数再计算其占总就业人数的比重；衡量各国研发水平的研发支出占 GDP 比重数据来源于世界银行 WDI，中国台湾数据来源于《台湾统计年鉴 2011》。

7.2 异质性服务企业对外投资动机的学习效应：母国视角

在选择效应的检验中，基于母国视角的行业面板估计结果显示，跨国服务企业在行业层面未表现出明显的对外直接投资选择效应，那么静态层面表现出的效率寻求型跨国服务企业的生产率高于寻求市场跨国服务企业的现象，是否属于“事后”效应，即跨国服务企业通过对外直接投资在东道国寻求效率之后带来了自身生产率的进步。为了回答这一问题，本节主要基于母国视角的行业层面分别进行静态面板和动态面板估计。

7.2.1 静态面板回归结果分析

在静态面板估计中，为了检验估计结果的稳健性，一方面，分别采取近似 TFP（appp）和 GMM 估计所得 TFP（gmmp）进行回归；另一方面，在运用不同方法测算 TFP 时，也采取不同的劳动投入衡量方法对两类 TFP 进行测算。

在估计方法上，由于面板设定的 F 检验十分显著，本书只进行了面板模型效应分别为固定效应和随机效应的检验。同时，不同因变量估计的 Hausman 检验结果的 P 值均为 0，说明在极高的置信水平下拒绝了模型效应为随机效应的原假设。因此，本书根据固定效应的估计结果进行分析，见表 7－1 所示，限于篇幅，只报告了固定效应的估计结果。其中，（1）—（4）列分别是近似 TFP（appp1）和 GMM 估计所得 TFP（gmmp1），且采取劳动报酬作为劳动投入时的估计结果；（5）—（8）列是采取从业人数作为劳动投入所测算 TFP（appp2 和 gmmp2）的估计结果。

根据表 7－1 报告的估计结果，以寻求效率为主要目的的跨国服务企业，其对外直接投资对自身的生产率效应显著为负，即跨国服务企业在东道国市场寻求效率的行为会降低其生产率；而寻求东道国服务市场的跨国服务企业，其对外直接投资行为对自身的生产率影响不显著，但从系数符号来看，也呈现出负向效

表 7－1　　静态面板估计结果（固定效应）：母国视角

	lnappp1		lngmmp1		lnappp2		lngmmp2	
	（1）	（2）	（3）	（4）	（5）	（6）	（7）	（8）
lnfdip	－0.07 **		－0.06 *		－0.08 ***		－0.08 **	
	（－2.08）		（－1.81）		（－2.65）		（－2.58）	
lnfdim		－0.02		－0.02		－0.02		－0.02
		（－0.68）		（－0.53）		（－0.74）		（－0.59）
lntccost	0.84	1.60	0.76	1.55	0.69	1.32	0.54	1.16
	（0.59）	（1.06）	（0.53）	（1.01）	（0.51）	（0.92）	（0.40）	（0.81）
lnrd	－0.11 ***	－0.06 ***	－0.11 ***	－0.06 ***	－0.10 ***	－0.05 **	－0.09 ***	－0.05 ***
	（－6.06）	（－2.89）	（－6.18）	（－3.04）	（－5.63）	（－2.56）	（－5.60）	（－2.61）
lncapint	－0.49 ***	－0.63 ***	－0.33 ***	－0.48 ***	－0.41 ***	－0.52 ***	－0.22 **	－0.33 **
	（－5.37）	（－3.95）	（－3.53）	（－2.96）	（－4.68）	（－3.43）	（－2.52）	（－2.21）
lnfdip × lnrd	0.04 ***		0.04 ***		0.03 ***		0.03 ***	
	（7.57）		（7.67）		（7.19）		（7.15）	
lnfdip × lncapint	0.09 ***		0.09 ***		0.08 ***		0.08 ***	
	（3.36）		（3.47）		（3.08）		（3.10）	
lnfdim × lnrd		0.02 ***		0.02 ***		0.01 ***		0.01 ***
		（3.30）		（3.42）		（3.05）		（3.10）
lnfdim × lncapint		0.09 **		0.10 **		0.08 **		0.08 **
		（2.45）		（2.57）		（2.20）		（2.24）
常数项	－1.23	－3.07	－1.59	－3.52	－0.88	－2.45	－1.17	－2.69
	（－0.38）	（－0.88）	（－0.48）	（－1.00）	（－0.28）	（－0.74）	（－0.36）	（－0.81）
样本量	324	324	324	324	324	324	324	324
F 统计量	13.9 ***	5.7 ***	11.0 ***	3.0 ***	11.6 ***	4.4 ***	8.8 ***	2.6 ***
F 检验	6.7 ***	4.8 ***	7.2 ***	5.4 ***	6.7 ***	5.0 ***	7.6 ***	5.9 ***
Hausman	0.00	0.00	0.00	0.00	0.00	0.00	0.00	0.00

注：括号内为 t 统计量；*、**、*** 分别表示在 10%、5% 和 1% 的显著性水平上显著；根据 Husman 检验结果，表中报告的是模型效应为固定效应的静态面板估计结果，其中（1）—（4）列是采取劳动报酬作为 TFP 测算时的劳动投入所得估计结果；（5）—（8）列是采取从业人数作为 TFP 测算时的劳动投入所得估计结果；Hausman 检验报告的是 P 值。

应。上述现象出现的原因在于投资动机变量与生产率变量之间可能存在的双向因果关系造成的，因为前文分析得出生产率较高的跨国服务企业会选择在东道国市场寻求效率，这就导致投资动机变量会出现内生性问题。

在控制变量方面，与组织外部的沟通成本（lntccost）对跨国服务企业自身的生产率影响不显著，这可能与样本数据的特征有关，与消费者等组织外部的沟通水平在各服务行业间的异质性要小于与各东道国之间的差异，[①]使得两者之间未呈现出显著的相关性。

跨国服务企业的研发水平（lnrd）对其自身生产率的作用显著为负，但从lnrd与投资动机变量（lnfdip 和 lnfdim）的交乘项系数来看，跨国服务企业的研发水平能够通过对外直接投资的路径来提升自身的生产率，即研发行为显著地促进了跨国服务企业对外直接投资动机的学习效应。Cohen & Levinthal（1989）指出企业进行研发能够产生两大效应：创新效应和学习效应，前者是指研发直接提升企业的发明创新能力，后者是指提高了企业的吸收能力。在研发的两大效应中，其学习效应要比创新效应更为显著（Kinoshita，2001；Hu，2005）。因此，跨国服务企业的研发行为主要是加强了自身的吸收能力，使得其能够敏锐地识别和学习国外先进的技术成果和管理经验（Cohen and Levinthal，1990；戴觅、徐淼杰，2011），从而提升自身的生产率。

跨国服务企业的资本密集度（lncapint）呈现出的估计结果与lnrd是一致的，即资本密集度的增加对跨国服务企业自身生产率的作用显著为负，但能够通过对外直接投资的路径显著地促进跨国服务企业投资动机的学习效应。这一现象出现的原因可能在于，跨国服务企业资本密集度的提高，一方面与制造业企业不同，服务企业新的资本投入对其全要素生产率的增长施加了未预料到的抑制作用（Gouyette and Perelman，1997），且劳动投入的减少带来的服务企业劳动生产率的增长并不一定能够导致全要素生产率的增加（Triplett and Barry，2003）；另一方面，资本密集度越高的跨国服务企业，其学习国外先进技术和管理经验的基础和条件越好，具有很强的吸收能力，能够促进跨国服务企业在东道国的学习效应，提高自身生产率。

7.2.2 动态面板回归结果分析

在投资动机选择效应的分析中，可以看出跨国服务企业的生产率水平决定了其对外直接投资的动机，即生产率较高的跨国服务企业倾向于在东道国市场寻求

---

① 由第5章的分析可以看出，由于语言、文化、制度环境等因素是与组织外部有效沟通的重要影响因素，因此，与不同东道国之间的国家层面的沟通成本差异要大于其在行业层面的异质性。

效率，而跨国服务企业不同的投资动机对其自身生产率的影响效应也不同，即存在对外直接投资动机的学习效应。因此，跨国服务企业的生产率与其对外直接投资动机变量之间可能存在双向因果关系，这也是前文静态面板估计结果未呈现出与现实状况较为一致现象的主要原因之一。

鉴于此，本书采取动态面板 GMM 估计方法解决模型中可能存在的内生性问题，在具体的 GMM 估计方法选择上，考虑到采用滞后因变量作为差分方程工具变量的 dif – GMM 估计较易受弱工具变量的影响，我们采取同时使用水平方程和差分方程的 sys – GMM 估计来克服 dif – GMM 的弱工具变量问题。此外，为了避免传统两步估计所导致的估计系数的标准差发生向下偏倚，本书主要报告一步 sys – GMM 的估计结果；同时，本书也报告了两步 sys – GMM 估计的二阶序列相关和 Sargan 检验结果，以检验模型设定的合理性和工具变量的有效性。

动态面板 sys – GMM 的估计结果见表 7 – 2 所示，可以看出，在克服了内生性问题之后，投资动机变量（lnfdip 和 lnfdim）的符号由负变为正，显著性也有所改善。采取不同的 TFP 测算方法和劳动投入衡量方法的估计结果均表明，以寻求效率为主要目的的跨国服务企业，其对外直接投资能够对自身生产率产生显著的正向效应，而以寻求市场为主的对外直接投资对其自身生产率的正向影响不显著，这一结果与前文理论模型的分析结果是一致的，说明跨国服务企业的投资学习效应存在于效率寻求型对外直接投资中，即东道国对生产和经营效率的寻求提升了跨国服务企业自身的生产率水平。

表 7 – 2　　　动态面板估计结果（sys – GMM）：母国视角

	lnappp1		lngmmp1		lnappp2		lngmmp2	
	(1)	(2)	(3)	(4)	(5)	(6)	(7)	(8)
$lntfp_{-1}$	–0.07*	0.04	–0.05	0.06	–0.11***	–0.02	–0.11***	–0.03
	(–1.85)	(1.07)	(–1.15)	(1.37)	(–2.87)	(–0.41)	(–2.89)	(–0.71)
lnfdip	0.07***		0.08***		0.06***		0.07***	
	(3.19)		(3.42)		(2.87)		(3.32)	
lnfdim		0.01		0.02		0.01		0.02
		(0.30)		(0.61)		(0.45)		(0.85)
lntccost	–1.30	–1.93*	–1.29	–1.83*	–1.57	–2.12**	–1.62	–2.03**
	(–1.16)	(–1.91)	(–1.11)	(–1.74)	(–1.48)	(–2.22)	(–1.50)	(–2.09)
lnrd	–0.08***	–0.01	–0.09***	–0.02	–0.07***	0.01	–0.08***	–0.01
	(–5.57)	(–0.05)	(–6.63)	(–1.00)	(–4.99)	(0.13)	(–5.89)	(–0.84)

续表

	lnappp1		lngmmp1		lnappp2		lngmmp2	
	(1)	(2)	(3)	(4)	(5)	(6)	(7)	(8)
lncapint	-0.68***	-0.76***	-0.54***	-0.68***	-0.61***	-0.65***	-0.45***	-0.51***
	(-7.85)	(-5.03)	(-6.40)	(-4.38)	(-7.36)	(-4.49)	(-5.67)	(-3.59)
lnfdip × lnrd	0.01***		0.02***		0.01***		0.01***	
	(3.89)		(4.76)		(3.41)		(4.07)	
lnfdip × lncapint	0.03		0.04*		0.03		0.04*	
	(1.09)		(1.78)		(1.00)		(1.66)	
lnfdim × lnrd		-0.01		-0.01		-0.01		-0.01
		(-1.16)		(-0.49)		(-1.24)		(-0.59)
lnfdim × lncapint		0.03		0.06*		0.02		0.05
		(1.04)		(1.87)		(0.69)		(1.49)
常数项	3.60	5.01**	3.04	4.27*	4.25*	5.43**	3.70	4.60**
	(1.40)	(2.16)	(1.13)	(1.76)	(1.73)	(2.47)	(1.48)	(2.07)
样本量	295	295	295	295	295	295	295	295
Wald 统计量	151.8	120.1	108.1	70.9	137.6	101.1	89.3	53.7
AR (2)	0.30	0.30	0.29	0.30	0.28	0.28	0.29	0.29
Sargan	16.32	23.50	20.29	18.59	16.77	22.98	12.16	18.45

注：括号内为 t 统计量；*、**、*** 分别表示在 10%、5% 和 1% 的显著性水平上显著；表中各变量检验结果均为 sys-GMM 的一步估计结果，其中（1）—（4）列是采取劳动报酬作为 TFP 测算时的劳动投入所得估计结果；（5）—（8）列是采取从业人数作为 TFP 测算时的劳动投入所得估计结果；AR（2）和 Sargan 检验为两步估计结果，其中 AR（2）给出的是二阶自相关检验的 P 值；lntfp 是指对应的生产率因变量；在估计过程中，分别将 lnfdip 和 lnfdim 视为内生变量，并将内生变量的两阶及更高阶滞后项分别作为其相应差分变量的工具变量，其他变量的工具均是自身。

在控制变量方面，与静态面板分析结果一致，由于行业层面沟通成本的异质性较小，沟通成本对跨国服务企业自身生产率的影响总体上是不显著的。研发水平对自身生产率的影响效应主要体现在效率寻求型对外直接投资的跨国服务企业中，且从系数符号来看，跨国服务企业的研发水平主要通过加强对外界的学习和吸收能力来提升自身的生产率；以寻求市场为主要目的的跨国服务企业，其研发水平的创新效应和学习效应对自身生产率的影响不显著。这一现象出现的原因可能在于，与市场寻求型投资动机相比，以寻求东道国生产和经营效率为主的跨国服务企业，其本身具有较强的学习和吸收能力，研发水平进一步加强了其敏锐地识别和学习国外先进技术成果和管理经验的能力，进而促进了自身生产率的进步。跨国服务企业资本密集度的增加对其自身生产率的效应显著为负，且对不同投资动机的学习效应影响不显著，系数未通过5%的显著性水平检验。如前文所述，可能的原因是，一方面，服务企业新资本的投入对其生产率的增长造成了难以预料到的抑制性作用（Gouyette and Perelman，1997）；另一方面，劳动生产率的增长并不一定会带来全要素生产率的增加（Triplett and Barry，2003）。

7.2.3 估计结果的稳健性检验

为了验证前文估计结果的可靠性，接下来本书将采取不同方法进行稳健性检验，主要有因变量改变、主要自变量改变、因变量和自变量同时改变、剔除异常等四个方面对估计结果的可靠性进行检验。

第一，改变因变量（TFP）的测算方法。前文报告的是采取近似 TFP 和 GMM 估计所得 TFP 的估计结果，为了验证生产率变量的改变是否会对估计结果产生实证性影响，本书将采取 OLS 方法测算的 TFP（lnolsp）纳入模型中进行估计，结果见表 7－3 的（1）—（2）列，可以看出，主要自变量（lnfdip 和 lnfdim）的显著性及系数符号未发生实质性变化，且控制变量的估计结果与前文相比，也未产生显著变化，说明本书的估计结果是可靠的。

第二，改变主要自变量（lnfdip 和 lnfdim）的衡量方法。在生产率变量测算方法改变的基础上，本书进一步检验投资动机变量衡量方法的改变对估计结果的影响，在 lnfdip 和 lnfdim 的衡量方法上，本书采取跨国服务企业在海外市场的销售额和在东道国市场的销售额来分别衡量效率寻求型和市场寻求型投资动机，即采取未剔除价格因素的投资动机变量进行回归。表 7－3 的（3）—（4）列给出了主要自变量改变之后的估计结果，可以看出，lnfdip 和 lnfdim 的系数显著性和符号未发生实质性变化，仍然呈现出效率寻求型对外直接投资具有显著的投资学习效应，而市场寻求型对外直接投资对跨国服务企业自身的生产率效应不显著。此外，从控制变量的估计结果来看，各控制变量的符号和显著性也未发生显著变化。因此，主要自变量改变视角下的估计结果再次表明本书的结果是较为可靠的。

第三，因变量和主要自变量同时改变。本书将 OLS 方法所得 TFP 和未剔除价格因素的投资动机变量同时纳入模型中进行估计，即同时改变因变量和主要自变量来检验前文估计结果的可靠性。根据表 7－3 中（5）—（6）列给出的估计结果，lnfdip 和 lnfdim 的系数符号和显著性未发生实证性改变；在控制变量方面，

表 7-3　　稳健性检验结果：母国视角

	lnolsp1		lngmmp1		lnolsp1		lngmmp1	
	(1)	(2)	(3)	(4)	(5)	(6)	(7)	(8)
$lntfp_{-1}$	-0.10 **	-0.01	-0.03	0.05	-0.07	0.03	-0.06	0.03
	(-2.57)	(-0.20)	(-0.78)	(1.25)	(-1.60)	(0.73)	(-1.30)	(0.64)
lnfdip	0.07 ***		0.05 **		0.06 **		0.09 ***	
	(3.58)		(1.96)		(2.10)		(3.33)	
lnfdim		-0.01		0.04		0.03		0.01
		(-0.44)		(1.31)		(1.02)		(0.00)
lntccost	-1.26	-2.44 **	-1.68	-0.17	-1.15	-0.72	-2.30 *	-2.88 **
	(-1.15)	(-2.43)	(-1.48)	(-0.17)	(-1.04)	(-0.72)	(-1.66)	(-2.48)
lnrd	-0.07 ***	0.01	-0.14 ***	-0.04	-0.06 *	-0.02	-0.09 ***	-0.02
	(-5.16)	(0.19)	(-4.19)	(-1.03)	(-1.93)	(-0.47)	(-5.82)	(-1.16)
lncapint	-0.52 ***	-0.55 ***	-0.71 ***	-1.02 ***	-0.38 *	-1.11 ***	-0.49 ***	-0.36 **
	(-6.71)	(-3.81)	(-3.37)	(-3.08)	(-1.79)	(-3.42)	(-4.52)	(-2.02)
lnfdip × lnrd	0.01 ***		0.01 ***		0.01		0.02 ***	
	(4.60)		(2.88)		(1.18)		(4.17)	
lnfdip × lncapint	0.01		0.03		-0.01		0.04	
	(0.40)		(1.38)		(-0.52)		(1.33)	
lnfdim × lnrd		-0.01		0.01		-0.01		-0.01
		(-0.98)		(0.05)		(-0.24)		(-0.44)
lnfdim × lncapint		0.01		0.07 **		0.07 **		0.02
		(0.37)		(1.99)		(2.08)		(0.51)
常数项	4.75 *	7.41 ***	3.53	0.17	4.06	3.12	5.24 *	6.66 **
	(1.87)	(3.20)	(1.37)	(0.07)	(1.60)	(1.35)	(1.65)	(2.50)
样本量	295	295	295	295	295	295	229	229
Wald 统计量	136.3 ***	79.7 ***	99.5 ***	62.8 ***	105.7 ***	67.8 ***	68.7 ***	36.1 ***
AR（2）	0.29	0.31	0.30	0.31	0.29	0.30	0.31	0.31
Sargan	21.25	23.34	21.69	25.90	22.43	25.53	11.99	16.58

注：括号内为 t 统计量；*、**、*** 分别表示在 10%、5% 和 1% 的显著性水平上显著；表中各变量检验结果均为 sys-GMM 的一步估计结果；AR（2）和 Sargan 检验为两步估计结果，其中 AR（2）给出的是二阶自相关检验的 P 值；lntfp 是指对应的生产率因变量；在估计过程中，分别将 lnfdip 和 lnfdim 视为内生变量，并将内生变量的两阶及更高阶滞后项分别作为其相应差分变量的工具变量，其他变量的工具均是自身；限于篇幅，表中只给出了采取劳动报酬作为劳动投入所得的生产率变量的估计结果。

各变量的系数显著性较低，lnrd 和 lncapint 的系数显著性变为在 10% 的显著水平下显著，且交乘项未通过显著性检验，但从系数符号来看，各变量与生产率变量的系数符号与前文仍是一致的，这表明一方面，本书在估计过程中采取占现价销售额的比重形式对不同投资动机销售额价格因素进行剔除的方法是较为正确的；另一方面，在因变量和主要自变量同时改变时，估计结果未发生较大改变，前文的估计结果是可靠的。

第四，剔除异常样本。与第 6 章中的稳健性检验相同，为了验证异常样本的“特殊性”是否会对估计结果造成影响，本书将这些样本剔除，异常样本的剔除方法与上一章是相同的，具体为：首先计算出样本期内各服务行业跨国服务企业海外销售额占总销售额的均值，以及各服务行业在样本期内的 10% 和 90% 的分位数值；然后把样本中均值低于各指标的 10% 分位数值和高于 90% 分位数值的服务行业予以剔除，最终剔除了 6 个服务行业。[①]对新样本再次进行动态面板 sys－GMM 检验，估计结果见表 7－3 的（7）—（8）列。可以看出，剔除异常样本后，主要自变量的系数符号和显著性未发生变化，在各控制变量中，除了 lntccost 系数由不显著变为显著之外，其他变量的系数显著性和符号未发生实质性变化，表明本书的估计结果是稳健的。

7.3 异质性服务企业对外投资动机的学习效应：东道国视角

在上一章选择效应的分析中，本书分别从母国视角和东道国视角检验了跨国服务企业对外直接投资动机的选择效应，得出了投资动机的选择效应主要表现在不同东道国之间。结合上一节基于行业层面的母国视角的实证结果，可以看出，行业层面的对外直接投资动机的生产率溢价主要是“事后”决定的。那么，在东道国层面，投资动机的生产率溢价“事先”决定的，还是“事先”和“事后”效应同时存在？即生产率较高的跨国服务企业选择在东道国市场寻求效率，是否

① 这 6 个服务行业分别是：药品批发业、其他批发业、零售服务业、出版业、房地产业、卫生保健和社会援助服务业。

在东道国层面寻求效率的对外直接投资行为能够提升跨国服务企业自身的生产率？这是本小节主要考察的内容。

7.3.1 静态面板回归结果分析

为了与行业层面的估计结果具有可比性，在跨国层面的估计过程中，本书仍采取近似 TFP（appp）和 GMM 估计所得 TFP（gmmp）进行回归；同时，也采取不同的劳动投入衡量方法对两类 TFP 进行测算。

在静态面板估计方法的选择上，由于面板设定的 F 检验十分显著，本书只进行了面板模型效应分别为固定效应和随机效应的检验。此外，不同因变量估计的 Hausman 检验结果显著地拒绝了模型效应为随机效应的原假设。因此，本书以固定效应的估计结果进行分析，见表 7-4 所示。①其中，（1）—（4）列分别是近似 TFP（appp1）和 GMM 估计所得 TFP（gmmp1），且采取劳动报酬作为劳动投入时的估计结果；（5）—（8）列是采取从业人数作为劳动投入所测算 TFP（appp2 和 gmmp2）的估计结果。

根据表 7-4 报告的估计结果，以寻求效率或寻求市场为主要动机的跨国服务企业，其对外直接投资行为对其自身生产率的影响不显著，即对外直接投资动机的学习效应是不存在的，这一结果出现的可能原因是，投资动机变量与生产率变量之间可能存在的双向因果关系造成的，即模型可能存在的内生性问题所导致的，这与行业层面的静态面板分析原因是一致的。

在控制变量方面，与组织外部的沟通成本对跨国服务企业自身的生产率效应显著为正，说明跨国服务企业与东道国消费者等组织外部的沟通水平越高，对自身生产率的提升作用越大，这主要由多数服务产品生产和消费的同时性特征决定的，也从侧面反映出与消费者等组织外部的有效沟通对服务企业的重要性。东道国的研发水平（lnrd）对跨国服务企业的生产率无显著影响，且对投资动机学习效应的影响也不显著。跨国服务企业自身的资本密集度对其生产率具有显著的负向效应，但通过对外直接投资路径影响自身生产率的效应不显著，可能的原因在于，服务企业新的资本投入对其 TFP 增长施加了未预料到的抑制作用（Gouyette and Perelman，1997）；同时，劳动投入的减少所带来的服务企业劳动生产率的增长，并不一定能够导致 TFP 的增加（Triplett and Barry，2003）。东道国的经济发展水平（lnlevel）和人力资本（lnhcapital）对跨国服务企业生产率具有显著的正

① 限于篇幅，并结合 Hausman 检验结果，本书未报告随机效应的检验结果。

表 7－4　　　　静态面板估计结果（固定效应）：东道国视角

	lnappp1		lngmmp1		lnappp2		lngmmp2	
	(1)	(2)	(3)	(4)	(5)	(6)	(7)	(8)
lnfdip	-0.01 (-0.33)		0.16 (0.52)		-0.27 (-0.84)		0.12 (0.37)	
lnfdim		0.75 (0.86)		0.38 (0.41)		0.70 (0.72)		0.36 (0.37)
lntccost	3.96 *** (3.01)	3.81 *** (2.91)	5.26 *** (3.78)	5.17 *** (3.71)	5.51 *** (3.77)	5.43 *** (3.71)	5.72 *** (3.97)	5.65 *** (3.91)
lnrd	0.24 (1.31)	-0.22 (-0.45)	0.09 (0.48)	-0.37 (-0.69)	0.25 (1.24)	-0.44 (-0.78)	0.09 (0.46)	-0.43 (-0.78)
lncapint	-0.32 *** (-5.53)	-0.32 *** (-5.62)	-0.32 *** (-5.34)	-0.33 *** (-5.52)	-0.34 *** (-5.33)	-0.35 *** (-5.55)	-0.40 *** (-6.45)	-0.42 *** (-6.66)
lnlevel	1.56 *** (5.29)	1.77 *** (4.38)	2.32 *** (7.42)	2.58 *** (6.02)	1.37 *** (4.17)	1.60 *** (3.55)	2.29 *** (7.05)	2.55 *** (5.74)
lnhcapital	0.96 *** (4.85)	1.04 (1.55)	1.21 *** (5.77)	0.85 (1.19)	1.24 *** (5.65)	1.21 (1.61)	1.29 *** (5.96)	0.89 (1.20)
lnfdip × lnlevel	0.04 (0.95)		-0.01 (-0.10)		0.07 (1.56)		0.01 (0.08)	
lnfdip × lnrd	-0.08 * (-1.67)		-0.03 (-0.63)		-0.11 ** (-2.02)		-0.04 (-0.73)	
lnfdip × lnhcapital	-0.01 (-0.15)		0.04 (0.94)		-0.01 (-0.02)		0.04 (0.96)	
lnfdim × lnlevel		-0.09 (-1.09)		-0.09 (-0.98)		-0.10 (-1.06)		-0.09 (-0.96)
lnfdim × lnhcapital		-0.02 (-0.09)		0.12 (0.60)		0.02 (0.08)		0.13 (0.64)
lnfdim × lnrd		0.15 (1.12)		0.16 (1.13)		0.23 (1.54)		0.18 (1.24)
常数项	-29.08 *** (-6.09)	-30.15 *** (-5.43)	-37.72 *** (-7.46)	-38.33 *** (-6.49)	-30.61 *** (-5.76)	-31.63 *** (-5.10)	-38.37 *** (-7.31)	-38.96 *** (-6.35)
样本量	470	470	470	470	470	470	470	470
F 统计量	49.8 ***	50.6 ***	77.2 ***	77.2 ***	50.8 ***	50.7 ***	81.1 ***	80.9 ***
F 检验	12.5 ***	11.5 ***	24.0 ***	28.3 ***	10.8 ***	10.7 ***	24.2 ***	28.6 ***
Hausman	0.00	0.00	0.00	0.00	0.00	0.00	0.00	0.00

注：括号内为 t 统计量；*、**、*** 分别表示在 10%、5% 和 1% 的显著性水平上显著；根据 Husman 检验结果，表中报告的是模型效应为固定效应的静态面板估计结果，其中（1）—（4）列是采取劳动报酬作为 TFP 测算时的劳动投入所得估计结果；（5）—（8）列是采取从业人数作为 TFP 测算时的劳动投入所得估计结果；Husman 检验报告的是 P 值。

向效应，但对投资动机的学习效应的影响不显著，说明东道国较高的经济发展水平和良好的人力资本对于跨国服务企业提升自身生产率有着明显的促进作用，但这种生产率促进效应不是通过对外直接投资路径发生的。

7.3.2 动态面板回归结果分析

在静态面板估计的基础上，本书仍考虑模型变量内生性问题的动态面板估计；关于估计方法的选择，仍采取动态面板 GMM 估计方法来解决模型变量可能存在的内生性问题。考虑到采用滞后因变量作为差分方程工具变量的 dif - GMM 估计较易受弱工具变量的影响，且为了增强与行业层面检验结果的可比性，本书采取同时使用水平方程和差分方程的 sys - GMM 估计方法进行估计。此外，为了避免传统两步估计所导致的估计系数的标准差发生向下偏倚，并检验模型设定的合理性和工具变量的有效性，本书主要报告了各变量系数的一步 sys - GMM 估计结果以及两步 sys - GMM 估计的二阶序列相关和 Sargan 检验结果。

在内生变量的确定方面，静态面板估计中已提到投资动机变量（lnfdip 和 lnfdim）与跨国服务企业生产率之间可能存在双向因果关系，这是因为前文在选择效应的分析中，得出了生产率较高的跨国服务企业倾向于在东道国市场寻求效率的结论，因此本书将投资动机变量视为内生变量，在 GMM 估计中，将其两阶及更高阶的滞后项作为其工具变量。在其他变量上，东道国特征变量（如研发水平、经济发展水平、人力资本）与跨国服务企业生产率之间存在双向因果关系的可能性较小，因为跨国服务企业的生产率水平对上述东道国特征变量的影响微乎其微，较难对东道国的研发水平、经济发展水平和人力资本状况产生显著影响。[①]因此，本书将投资动机变量视为内生变量进行动态 sys - GMM 估计，检验结果见表 7 - 5。

表 7 - 5　　动态面板估计结果（sys - GMM）：东道国视角

	lnappp1		lngmmp1		lnappp2		lngmmp2	
	(1)	(2)	(3)	(4)	(5)	(6)	(7)	(8)
$lntfp_{-1}$	0.52***	0.63***	0.56***	0.64***	0.47***	0.61***	0.55***	0.62***
	(14.16)	(17.83)	(15.52)	(17.70)	(12.66)	(16.92)	(15.28)	(17.21)

① 跨国服务企业与组织外部的沟通成本（lntccost）和资本密集度（lncapint）变量可能对其自身生产率产生影响，本书也将这两个变量视为内生变量进行了 GMM 估计，但估计结果显示，各变量的显著性发生了明显的降低，且 Sargan 过度识别检验显著拒绝了“工具变量为外生变量”的零假设。

续表

	lnappp1		lngmmp1		lnappp2		lngmmp2	
	(1)	(2)	(3)	(4)	(5)	(6)	(7)	(8)
lnfdip	0.74 ** (2.19)		1.34 *** (3.56)		0.77 ** (2.04)		1.43 *** (3.71)	
lnfdim		-0.10 (-0.11)		-0.19 (-0.20)		0.30 (0.31)		-0.09 (-0.09)
lntccost	1.28 *** (3.30)	2.17 *** (4.46)	1.28 *** (3.03)	2.79 *** (5.05)	1.86 *** (4.37)	2.65 *** (4.67)	1.37 *** (3.17)	2.80 *** (4.89)
lnrd	-0.47 *** (-2.83)	-0.57 (-1.13)	-0.48 *** (-2.88)	-0.07 (-0.13)	-0.42 ** (-2.35)	-0.56 (-1.00)	-0.52 *** (-3.05)	0.04 (0.08)
lncapint	-0.13 ** (-2.08)	-0.05 (-0.70)	-0.16 ** (-2.42)	-0.10 (-1.54)	-0.24 *** (-3.67)	-0.17 ** (-2.33)	-0.25 *** (-3.89)	-0.20 *** (-2.99)
lnlevel	0.39 *** (2.71)	-0.10 (-0.36)	0.40 *** (2.70)	-0.32 (-1.07)	0.28 * (1.89)	0.13 (0.41)	0.46 *** (3.09)	-0.30 (-0.98)
lnhcapital	0.32 * (1.70)	1.59 ** (2.18)	0.82 *** (4.07)	2.16 *** (2.91)	0.58 *** (2.94)	1.86 ** (2.40)	0.81 *** (3.88)	2.31 *** (3.03)
lnfdip × lnlevel	-0.08 ** (-1.97)		-0.11 ** (-2.33)		-0.02 (-0.46)		-0.11 ** (-2.24)	
lnfdip × lnhcapital	0.03 (0.34)		-0.07 (-0.87)		-0.14 * (-1.74)		-0.10 (-1.22)	
lnfdip × lnrd	0.04 (0.75)		0.16 *** (2.89)		0.11 ** (2.02)		0.18 *** (3.18)	
lnfdim × lnlevel		0.06 (0.84)		0.11 (1.34)		0.06 (0.67)		0.11 (1.35)
lnfdim × lnhcapital		-0.20 (-1.03)		-0.31 (-1.52)		-0.30 (-1.45)		-0.35 * (-1.69)
lnfdim × lnrd		0.08 (0.59)		-0.03 (-0.24)		0.05 (0.31)		-0.06 (-0.43)
常数项	-8.02 *** (-4.29)	-10.16 *** (-2.67)	-8.05 *** (-4.09)	-10.46 *** (-2.64)	-8.14 *** (-3.92)	-13.34 *** (-3.13)	-8.29 *** (-4.11)	-10.49 ** (-2.57)
样本量	430	430	430	430	430	430	430	430
Wald 统计量	473.1 ***	821.71 ***	1016.6 ***	1071.0 ***	729.3 ***	822.7 ***	1146.2 ***	1151.6 ***
AR (2)	0.65	0.92	0.36	0.57	0.24	0.38	0.28	0.42
Sargan	35.89	31.19	33.39	37.73	37.89	37.70	32.96	31.56

注：括号内为 t 统计量；*、**、*** 分别表示在 10%、5% 和 1% 的显著性水平上显著；表中各变量检验结果均为 sys - GMM 的一步估计结果，其中（1）—（4）列分别是采取劳动报酬和从业人数作为 TFP 测算时的劳动投入所得估计结果；AR（2）和 Sargan 检验为两步估计结果，其中 AR（2）给出的是二阶自相关检验的 P 值；lntfp 是指对应的生产率因变量；在估计过程中，分别将 lnfdip 和 lnfdim 视为内生变量，并将内生变量的两阶及更高阶滞后项分别作为其相应差分变量的工具变量，其他变量的工具均是自身。

根据表 7 - 5 报告的估计结果，AR（2）检验结果显示，所有 sys - GMM 估计的残差项不存在二阶序列相关，表明动态面板 GMM 估计是较为可靠的；且 Sargan 过度识别检验不能拒绝“工具变量为外生变量”的零假设，说明本书所采用的工具变量是有效的。

在各变量方面，克服内生性问题之后，投资动机变量（lnfdip 和 lnfdim）的估计结果呈现出与行业层面一致的结果，即以寻求效率为主要目的的跨国服务企业，其对外直接投资能够对自身生产率产生显著的正向效应，而以寻求市场为主的对外直接投资对其自身生产率的影响不显著，再次表明跨国服务企业投资动机的学习效应是存在的，即跨国服务企业通过在东道国市场寻求生产和经营效率的同时提升了自身的生产率水平。

在控制变量的估计结果方面，与组织外部的沟通成本对跨国服务企业自身生产率有着显著的促进作用，即由于沟通因素在服务产品生产和消费时的重要性，跨国服务企业提高与消费者等外部之间的有效沟通水平，能够提升其生产率水平。东道国的研发水平和经济发展水平对跨国服务企业生产率和投资动机学习效应的影响，只在跨国服务企业对外直接投资动机为效率寻求型时存在显著的影响效应，但两个变量的影响是不同的：东道国的研发水平对跨国服务企业自身生产率存在显著的负向效应，而对投资动机学习效应的影响则显著为正；东道国经济发展水平对跨国服务企业生产率存在显著的正向影响，而在学习效应的影响上则是负向效应。这一现象出现的原因可能在于，一方面，东道国较高的研发水平对跨国服务企业的生产率溢出主要是通过对外直接投资路径产生的，而且若跨国服务企业的投资动机是寻求效率，其具有更强的捕捉和学习东道国先进技术成果和管理经验的能力，进而促进了寻求效率跨国服务企业自身的生产率；另一方面，拥有较高经济发展水平的东道国，其制度环境、人力资本等也相对较好，对跨国服务企业的生产率具有一定的促进作用，[①]但若跨国服务企业在经济发展水平较高的东道国寻求效率，较高的生产成本、规制成本等使得其无法提升自身的生产率，即不存在学习效应，这也是目前多数跨国企业进行全球配置和生产时主要集中在发展中国家和欠发达国家的原因之一。跨国服务企业的资本密集度对其自身的生产率影响显著为负，这与静态面板估计结果是一致的，原因正如前文所提到的，服务企业资本投入的增加或者劳动投入的减少并不一定能够带来 TFP 的增长。

---

① 表 7 - 5 的估计结果中，东道国人力资本（lnhcapital）对跨国服务企业生产率有着显著的正向影响效应，即人力资本水平越高的东道国，其对跨国服务企业自身生产率的促进效应越大。

7.3.3 估计结果的稳健性检验

为了验证上述动态面板 sys－GMM 估计结果的可靠性，本书仍对估计结果进行稳健性检验，在检验方法上，与前文保持一致，仍从因变量改变、主要自变量改变、因变量和自变量同时改变以及剔除异常样本四个方面对估计结果进行稳健性检验，估计结果见表7－6所示。

表7－6　稳健性检验结果：东道国视角

	lnolsp1		lngmmp1		lnolsp2		lngmmp2	
	(1)	(2)	(3)	(4)	(5)	(6)	(7)	(8)
$lntfp_{-1}$	0.48*** (13.12)	0.63*** (17.76)	0.47*** (12.75)	0.57*** (15.48)	0.48*** (12.72)	0.58*** (16.07)	0.53*** (13.66)	0.68*** (18.39)
lnfdip	0.63* (1.84)		0.88*** (3.51)		0.56** (2.34)		1.25*** (3.20)	
lnfdim		−0.22 (−0.25)		0.57 (1.27)		0.55 (1.25)		−0.85 (−0.90)
lntccost	1.35*** (3.51)	2.33*** (4.63)	1.80*** (4.64)	2.19*** (4.08)	1.70*** (4.54)	2.38*** (4.76)	2.25*** (5.52)	3.75*** (6.44)
lnrd	−0.39** (−2.41)	−0.40 (−0.78)	−0.46* (−1.83)	0.59 (0.92)	−0.07 (−0.28)	1.01 (1.60)	0.10 (0.57)	−0.37 (−0.71)
lncapint	−0.18*** (−2.99)	−0.12* (−1.85)	−0.13** (−2.17)	−0.17*** (−2.72)	−0.21*** (−3.50)	−0.14** (−2.11)	−0.17*** (−2.63)	−0.06 (−0.92)
lnlevel	0.28** (2.07)	−0.11 (−0.37)	0.48** (2.15)	0.06 (0.18)	0.40* (1.79)	−0.06 (−0.16)	0.22* (1.73)	−0.46 (−1.58)
lnhcapital	0.54*** (3.00)	1.57** (2.17)	0.22 (0.56)	1.55* (1.86)	−0.14 (−0.35)	2.14** (2.50)	0.81*** (4.09)	1.67** (2.15)
lnfdip × lnlevel	−0.05 (−1.09)		−0.08** (−2.50)		−0.07** (−2.06)		−0.13*** (−2.86)	
lnfdip × lnhcapital	−0.04 (−0.55)		0.03 (0.44)		0.06 (1.05)		0.03 (0.39)	
lnfdip × lnrd	0.06 (1.13)		0.07* (1.76)		−0.02 (−0.39)		0.09 (1.28)	
lnfdim × lnlevel		0.07 (0.97)		−0.01 (−0.10)		0.02 (0.34)		0.15* (1.90)

续表

	lnolsp1		lngmmp1		lnolsp2		lngmmp2	
	(1)	(2)	(3)	(4)	(5)	(6)	(7)	(8)
lnfdim × lnhcapital		-0.19 (-0.98)		-0.11 (-1.02)		-0.19* (-1.74)		-0.23 (-1.13)
lnfdim × lnrd		0.03 (0.22)		-0.09 (-1.07)		-0.15* (-1.78)		0.09 (0.67)
常数项	-7.37*** (-3.99)	-10.07*** (-2.63)	-9.53*** (-4.20)	-11.58*** (-3.08)	-8.11*** (-3.66)	-13.55*** (-3.67)	-9.51*** (-5.13)	-11.04*** (-2.77)
样本量	430	430	430	430	430	430	376	376
Wald 统计量	542.8***	942.9***	1178.4***	1374.9***	812.2***	1126.1***	1160.6***	1216.4***
AR（2）	0.68	0.80	0.40	0.52	0.65	0.81	0.40	0.86
Sargan	35.66	37.92	33.51	36.45	35.56	38.04	30.01	27.78

注：括号内为 t 统计量；*、**、*** 分别表示在 10%、5% 和 1% 的显著性水平上显著；表中各变量检验结果均为 sys-GMM 的一步估计结果；AR（2）和 Sargan 检验为两步估计结果，其中 AR（2）给出的是二阶自相关检验的 P 值；lntfp 是指对应的生产率因变量；在估计过程中，分别将 lnfdip 和 lnfdim 视为内生变量，并将内生变量的两阶及更高阶滞后项分别作为其相应差分变量的工具变量，其他变量的工具均是自身；限于篇幅，表中只给出了采取劳动报酬作为劳动投入所得的生产率变量的估计结果。

第一，改变因变量（TFP）的测算方法。首先改变模型中生产率变量的测算方法来检验估计结果的稳健性，在 TFP 的测算方法上，本书仍选取 OLS 方法所测算的 TFP（lnolsp）进行估计，结果见表 7-6 的（1）—（2）列。根据估计结果，lnfdip 只通过了 10% 的显著性检验，但其显著性仍强于 lnfdim，说明效率寻求型对外直接投资动机对跨国服务企业自身生产率的正向效应仍大于市场寻求型动机，估计结果未发生实质性改变；其他控制变量的显著性和符号也与表 7-5 中的结果基本一致，说明因变量的改变不会对估计结果产生显著影响，本书的结论是较为可靠的。

第二，改变主要自变量（lnfdip 和 lnfdim）的衡量方法。与行业层面的稳健性检验方法相同，在主要自变量的衡量方法上，本书采取未剔除价格因素后的投资动机变量，即跨国服务企业在海外市场的销售额和在东道国市场的销售额来分别衡量效率寻求型和市场寻求型投资动机。动态面板 GMM 估计结果见表 7-6 的（3）—（4）列，可以看出，改变了 lnfdip 和 lnfdim 的衡量方法之后，两个变量的系数符号和显著性未发生改变，且控制变量的系数显著性和符号也未产生实证性改变，说明本书的估计结果是可靠的。

第三，因变量和主要自变量同时改变。接下来，本书将同时改变因变量和主要自变量的衡量方法以检验估计结果的稳健性，即采取 OLS 方法所得 TFP 和未剔除价格因素的投资动机变量同时纳入模型中进行估计，结果见表 7－6 的（5）—（6）列。估计结果显示，lnfdip 和 lnfdim 的系数符号和显著性未发生实证性改变；在控制变量方面，除东道国经济发展水平变量（lnlevel）和研发水平的交乘项的系数显著性有所降低，其他变量的系数符号和显著性均未发生实质性改变，表明本书剔除投资动机变量的做法是正确的，且估计结果是较为稳健的。

第四，剔除异常样本。在东道国层面的检验上，本书也通过剔除异常样本的方法来检验估计结果的可靠性。在异常样本的剔除方法上，与第 6 章和行业层面的方法是一致的，即：首先计算出样本期内各服务行业跨国服务企业海外销售额占总销售额的均值，以及各服务行业在样本期内的 10% 和 90% 的分位数值；然后把样本中均值低于各指标的 10% 分位数值和高于 90% 分位数值的服务行业予以剔除，最终剔除了 6 个服务行业。[①]对剔除异常样本后的新样本进行动态面板 GMM 估计，结果见表 7－6 的（7）—（8）列。根据估计结果，主要自变量（lnfdip 和 lnfdim）的系数符号和显著性未发生改变，且控制变量的估计结果与表 7－5 的估计结果基本一致，再次表明本书的估计结果是稳健的，所得结论是可靠的。

7.4 制造业企业对外投资动机的学习效应：比较分析

基于母国视角和东道国视角对跨国服务企业对外直接投资动机学习效应的估计结果显示，跨国服务企业在东道国以寻求效率为主的对外直接投资能够提升自身的生产率，即投资动机的学习效应是存在的。那么，在制造业企业，是否也存在投资动机的学习效应？本节主要回答这一问题。此外，本书也给出了总体层面的估计结果，以考察总体层面跨国企业的投资动机学习效应。

① 剔除的服务行业有：药品批发业、其他批发业、零售服务业、出版业、房地产业、卫生保健和社会援助服务业。

7.4.1 样本选取与数据说明

对制造业企业的实证分析，本书同样选取美国作为估计样本，以增强服务企业与制造业企业以及总体层面之间的可比性。其中，基于东道国视角的分析样本与前文服务领域的样本是一致的，即包括发展中和发达在内的56个东道国（地区）；[①]基于母国视角的制造业行业面板的估计样本，包括的行业共有30个：食品制造业、饮料和烟草产品制造业、纺织，服装和皮革制品业、木制品制造业、造纸业、印刷及相关支持行业、石油及煤制品制造业、基本化学品制造业、树脂、合成橡胶、纤维等制造业、制药业、肥皂、清洗剂等制造业、其他化学品制造业、塑料及橡胶制品业、非金属矿物制造业、初级金属制造业、金属制品业、与农业、建筑业和采矿业相关的机械制造业、与制造业相关的机械制造业、其他机械制造业、计算机及电子品制造业、通信设备制造业、音频和视频设备制造业、半导体和其他电子元件制造业、与航海、测量等相关的制造业、磁性和光学介质制造业、电子设备、家电及其组件制造业、机动车辆、拖车及其零部件制造业、其他运输设备制造业、家具及相关品制造业、其他制造业。

此外，关于总体层面的实证样本，除了包括前文给出的28个服务行业和30个制造业行业外，还包括农业、建筑业、采矿业在内的其他5个行业，即农林牧渔业、石油和天然气开采业、其他采矿业（石油和天然气除外）、建筑业和公用事业。因此，总体层面的样本共包括63个行业。

在各变量的衡量和数据来源方面，与前文服务领域所给出的数据来源是一致的，只是在涉及特定领域时，采取对应的衡量指标，比如，GDP平减指数和固定资产价格指数在制造业样本中采取的是制造业的GDP平减指数和固定资产价格指数，在总体样本中采取的是总体的GDP平减指数和固定资产价格指数。

7.4.2 母国视角下的投资学习效应

表7-7报告了母国视角下行业面板的动态sys-GMM估计结果，其中，（1）—（4）列是制造业跨国企业的估计结果；（5）—（8）列是包括农业等所有行业跨国企业的估计结果。此外，限于篇幅，本书只给出了GMM估计方法所得TFP的估计结果。

可以看出，在制造业层面和所有层面上，跨国企业对外直接投资动机的学习

① 具体样本国家（地区），见本章中7.1.3部分给出的56个样本东道国家（地区）。

表 7-7　　动态面板估计结果（sys-GMM）：母国视角

	制造业				所有行业			
	lngmmp1		lngmmp2		lngmmp1		lngmmp2	
	(1)	(2)	(3)	(4)	(5)	(6)	(7)	(8)
$lntfp_{-1}$	0.38***	0.40***	0.33***	0.35***	0.49***	0.46***	0.45***	0.42***
	(8.65)	(8.95)	(7.66)	(7.93)	(17.19)	(15.21)	(15.96)	(13.96)
lnfdip	-0.38***		-0.35***		-0.07***		-0.08***	
	(-3.74)		(-3.57)		(-3.03)		(-3.37)	
lnfdim		-0.57***		-0.55***		0.03		0.03
		(-5.34)		(-5.36)		(1.10)		(1.08)
lntccost	-0.39	-0.54	-0.47	-0.53	-2.69***	-3.51***	-2.79***	-3.70***
	(-1.06)	(-1.37)	(-1.29)	(-1.37)	(-4.82)	(-6.70)	(-5.05)	(-7.09)
lnrd	-0.06	-0.13**	-0.02	-0.10*	-0.10***	0.07***	-0.10***	0.08***
	(-1.11)	(-2.35)	(-0.46)	(-1.84)	(-6.62)	(4.37)	(-6.50)	(5.24)
lncapint	-0.20*	-0.34**	-0.05	-0.25*	0.12*	-0.26**	0.18***	-0.14
	(-1.83)	(-2.45)	(-0.50)	(-1.88)	(1.95)	(-2.01)	(2.95)	(-1.12)
lnfdip × lnrd	0.05***		0.04***		0.02***		0.02***	
	(3.47)		(3.05)		(5.31)		(5.38)	
lnfdip × lncapint	-0.04		-0.07**		-0.07***		-0.07***	
	(-1.19)		(-2.10)		(-4.10)		(-4.16)	
lnfdim × lnrd		0.07***		0.07***		-0.01***		-0.02***
		(4.77)		(4.59)		(-4.41)		(-4.94)
lnfdim × lncapint		0.02		0.01		0.02		0.01
		(0.53)		(0.28)		(0.52)		(0.05)
常数项	2.96***	3.86***	3.06***	3.80***	7.30***	8.51***	7.53***	8.92***
	(3.43)	(4.22)	(3.62)	(4.25)	(5.85)	(7.15)	(6.10)	(7.53)
样本量	329	329	329	329	679	679	679	679
Wald 统计量	408.0***	396.5***	343.3***	348.8***	733.9***	515.0***	696.4***	496.6***
Sargan	25.53	26.11	25.77	25.43	60.55	59.40	59.06	57.14

注：括号内为 t 统计量；*、**、*** 分别表示在 10%、5% 和 1% 的显著性水平上显著；表中各变量检验结果均为 sys-GMM 的一步估计结果；Sargan 检验为两步估计结果；lntfp 是指对应的生产率因变量；在估计过程中，分别将 lnfdip 和 lnfdim 视为内生变量，并将内生变量的两阶及更高阶滞后项分别作为其相应差分变量的工具变量，其他变量的工具均是自身。

效应是不存在的，其中，制造业跨国企业不论是以寻求效率为主，还是以寻求市场为主，其对外直接投资行为对自身生产率的影响均为负，即从行业视角来看，制造业跨国企业对外直接投资会对自身带来效率损失；在总体层面，跨国企业以寻求效率为主的对外直接投资行为也会对自身生产率造成负的影响效应，而市场寻求型跨国企业对外直接投资的生产率效应不显著。制造业和总体层面上呈现出的投资动机学习效应与跨国服务企业的不一致，可能的原因在于，一方面，多数制造业跨国企业的生产和销售是分离的，在不同行业间的异质性小于跨国服务企业，生产中劳动力和原材料的投入成本差异更多地体现在东道国层面；另一方面，与制造业企业不同的是，消费者在服务产品质量和服务企业生产率衡量中起到关键作用（Rutkauskas and Paulaviciene，2005），而多数服务产品生产和消费同时性的特征使得跨国服务企业在服务产品生产过程中能够与消费者更多地接触和交流，来提高自身产品质量和生产率。在控制变量中，与消费者等组织外部沟通成本变量的估计结果表明了这一观点，根据所报告的估计结果，与消费者等组织外部沟通成本对制造业跨国企业自身生产率的影响不显著，甚至在总体层面表现出显著的负向效应，说明与消费者等外部的沟通在制造业层面和总体层面跨国企业中的重要性远远低于跨国服务企业。

在其他控制变量方面，跨国企业研发水平对自身生产率的影响表现为负向效应，但对投资动机的学习效应起到了显著的促进作用。其中，对于制造业跨国企业，不论是何种动机，较高的研发水平能够对其对外直接投资的学习效应产生正向影响；总体层面的跨国企业仅表现在效率寻求动机学习效应的促进上，研发水平对市场寻求型对外直接投资学习效应的影响效应为负，这与跨国服务企业的表现是一致。总之，与服务领域相同，制造业层面和总体层面的跨国企业研发水平主要通过加强对外界的学习和吸收能力来提升自身的生产率。

跨国企业资本密集度变量呈现出的结论与服务领域也基本是一致的，即资本密集度较高的跨国企业对自身生产率的影响效应为负，但在投资动机学习效应的影响方面，与跨国服务企业存在不一致现象，以寻求效率为主的跨国企业，其资本密集度对投资的学习效应具有显著地负向影响；而在市场寻求的跨国企业中，资本密集度对投资动机学习效应的影响不显著，这与跨国服务企业的表现是一致的。上述现象出现的原因可能在于，资本密集度较高的制造业跨国企业，若其对外直接投资的主要目的是寻求效率，那么，东道国相对廉价的劳动力和原材料等投入对其生产率的提高所发挥的作用较小，甚至会产生负向作用。

综上所述，基于行业层面的估计结果表明，在制造业层面和总体层面，跨国企业的投资动机学习效应是不存在的。跨国企业自身研发水平能够显著促进其对

外直接投资的学习效应，即研发水平越高的跨国企业，其通过对外直接投资提升自身生产率的效应越显著。

7.4.3 东道国视角下的投资学习效应

前文基于母国视角的分析表明，行业层面的制造业和总体跨国企业的投资动机学习效应是不存在的，接下来本书仍从东道国视角来比较分析制造业层面和总体层面跨国企业与跨国服务企业的投资动机学习效应。

为了增强与服务领域的可比性，本书在估计方法和变量的选择上保持不变，估计结果如表 7 - 8 所示，其中，（1）—（4）列是制造业跨国企业的估计结果；（5）—（8）列是所有行业跨国企业的估计结果。[①]根据表 7 - 8 报告的估计结果，制造业跨国企业的投资动机变量（lnfdip 和 lnfdim）均未通过 5% 的显著性水平检验，表明投资动机的学习效应在制造业领域是不存在的；但总体层面的投资动机变量呈现出显著的影响效应，且从系数符号来看，效率寻求型跨国企业的对外直接投资行为对其自身生产率存在显著正向影响效应，而市场寻求型则表现为显著的负影响，说明总体层面上跨国企业的投资动机选择效应是存在的，这一现象的出现，可能是跨国服务企业包含在内导致的。

表 7 - 8　　动态面板估计结果（sys - GMM）：东道国视角

	制造业				所有行业			
	lnappp1		lngmmp1		lnappp2		lngmmp2	
	(1)	(2)	(3)	(4)	(5)	(6)	(7)	(8)
$lntfp_{-1}$	0.68*** (20.82)	0.69*** (19.80)	0.65*** (20.72)	0.66*** (19.70)	0.28*** (8.80)	0.30*** (9.77)	0.30*** (10.31)	0.31*** (10.85)
lnfdip	0.80 (1.39)		1.02* (1.72)		2.07*** (4.04)		2.67*** (4.97)	
lnfdim		0.21 (0.29)		0.12 (0.17)		-5.38*** (-5.71)		-6.58*** (-6.56)
lntccost	0.79*** (2.90)	0.52* (1.80)	0.97*** (3.58)	0.49* (1.66)	-0.91** (-2.21)	-3.74*** (-8.31)	-0.91** (-2.11)	-4.11*** (-8.60)

① 限于篇幅，并考虑到与母国视角下的估计结果保持一致，本书也只给出了采取 GMM 估计方法所得 TFP 的估计结果。

续表

	制造业				所有行业			
	lnappp1		lngmmp1		lnappp2		lngmmp2	
	(1)	(2)	(3)	(4)	(5)	(6)	(7)	(8)
lnrd	-0.99*** (-3.21)	0.10 (0.20)	-1.11*** (-3.52)	0.22 (0.42)	-0.65** (-2.54)	2.76*** (4.47)	-0.82*** (-3.07)	3.59*** (5.48)
lncapint	-0.42*** (-5.75)	-0.45*** (-5.77)	-0.54*** (-7.38)	-0.60*** (-7.47)	-0.15*** (-12.97)	-0.13*** (-11.15)	-0.19*** (-16.19)	-0.16*** (-13.99)
lnlevel	0.78*** (2.87)	0.19 (0.58)	0.89*** (3.25)	0.19 (0.56)	1.19*** (5.43)	-3.37*** (-7.50)	1.54*** (6.75)	-4.05*** (-8.45)
lnhcapital	-0.25 (-0.64)	0.46 (0.78)	-0.10 (-0.26)	0.56 (0.92)	-1.26*** (-3.78)	2.93*** (4.26)	-1.34*** (-3.88)	3.67*** (4.99)
lnfdip × lnlevel	-0.16** (-2.45)		-0.17*** (-2.66)		-0.37*** (-6.28)		-0.45*** (-7.30)	
lnfdip × lnhcapital	0.18* (1.87)		0.15 (1.57)		0.45*** (4.55)		0.49*** (4.74)	
lnfdip × lnrd	0.24*** (3.22)		0.27*** (3.62)		0.19** (2.50)		0.25*** (3.06)	
lnfdim × lnlevel		-0.04 (-0.55)		-0.03 (-0.38)		0.71*** (6.45)		0.89*** (7.60)
lnfdim × lnhcapital		-0.03 (-0.24)		-0.05 (-0.37)		-0.60*** (-3.57)		-0.77*** (-4.24)
lnfdim × lnrd		0.01 (0.01)		-0.02 (-0.20)		-0.67*** (-4.45)		-0.87*** (-5.44)
常数项	-5.51** (-2.16)	-0.54 (-0.15)	-7.01*** (-2.66)	0.01 (0.00)	0.63 (0.24)	41.85*** (9.69)	-1.34 (-0.50)	48.16*** (10.52)
样本量	431	431	431	431	434	434	434	434
Wald 统计量	1314.8***	1349.7***	1450.6***	1485.1***	445.2***	531.2***	663.9***	693.1***
Sargan	36.23	38.04	35.31	36.90	34.67	37.14	34.27	39.67

注：括号内为 t 统计量；*、**、*** 分别表示在 10%、5% 和 1% 的显著性水平上显著；表中各变量检验结果均为 sys-GMM 的一步估计结果；Sargan 检验为两步估计结果；lntfp 是指对应的生产率因变量；在估计过程中，分别将 lnfdip 和 lnfdim 视为内生变量，并将内生变量的两阶及更高阶滞后项分别作为其相应差分变量的工具变量，其他变量的工具均是自身；限于篇幅，表中仅给出 GMM 估计方法所得 TFP 的估计结果。

在控制变量方面，沟通成本对跨国企业生产率的影响效应在制造业领域和总体层面呈现出不一致的现象。在制造业领域，跨国企业与组织外部的沟通成本能够提升其自身生产率，而这一现象在总体层面则表现为显著的负效应，说明制造业企业与组织外部的有效沟通对其生产率也具有促进效应，总体层面呈现出负向效应的可能原因是存在异常样本所导致的，因为从总体层面的样本数据来看，样本国家中有一小部分国家存在异常，沟通成本较高的样本国家，其跨国企业的生产率水平反而较低。

跨国企业的资本密集度对自身生产率的影响效应为负，这与行业层面以及服务领域的结论是一致的。东道国研发水平对跨国企业生产率存在负向的影响，但对效率寻求型投资动机的学习效应的影响显著为正，与服务领域的表现也是一致的，说明东道国较高的研发水平对跨国企业的生产率溢出主要是通过对外直接投资路径产生的，而且若跨国服务企业的投资动机是寻求效率，其具有更强的捕捉和学习东道国先进技术成果和管理经验的能力，进而促进了寻求效率跨国服务企业自身的生产率。东道国经济发展水平的估计结果与服务领域也是基本相同的，即东道国经济发展水平对跨国企业生产率存在显著的正向影响，而在学习效应的影响上则是负向效应，原因正如前文所提到的，拥有较高经济发展水平的东道国，其制度环境、人力资本等也相对较好，对跨国服务企业的生产率具有一定的促进作用，但若跨国服务企业在经济发展水平较高的东道国寻求效率，较高的生产成本、规制成本等使得其无法提升自身的生产率。东道国人力资本在制造业层面和总体层面表现出不一致的现象。其中，对于制造业跨国企业，东道国人力资本对其自身生产率和投资动机的学习效应都没有显著的影响效应；而从总体层面来看，东道国人力资本对跨国企业自身生产率具有显著的负向效应，在投资动机的学习效应上，不同投资动机的学习效应呈现出一定差异，若跨国企业在东道国市场主要是寻求效率，东道国人力资本对其对外直接投资的学习效应具有显著的正向影响，但对市场寻求型投资动机的学习效应的影响是负向的，原因可能在于，寻求效率的跨国企业具有更强的捕捉和学习东道国先进技术成果和管理经验的能力来促进自身生产率的提高。

7.5 本章小结

在静态层面表现出的效率寻求型跨国服务企业的生产率高于寻求市场型的生

产率溢价现象，是跨国服务企业“事先”选择的，还是“事后”导致的，第6章已经分别从母国视角和东道国视角对跨国服务企业对外直接投资动机的选择效应进行了检验，因此，本章是从动态层面检验异质性跨国服务企业对外直接投资动机表现的另一个方面，即关于对外直接投资动机学习效应的检验。在检验样本和方法上，与选择效应的检验中是一致的，即采取1999—2010年美国28个服务行业以及56个东道国（地区）的跨国服务企业的相关数据，分别从母国视角和东道国视角对跨国服务企业对外直接投资动机的学习效应进行了静态面板和动态面板估计，并与制造业和总体跨国企业的投资动机学习效应进行了比较，主要结论有：

第一，基于母国视角的估计结果表明，跨国服务企业的投资学习效应存在于效率寻求型对外直接投资中，在东道国对生产和经营效率的寻求提升了跨国服务企业自身的生产率水平。跨国服务企业的研发水平主要通过加强对外界的学习和吸收能力来提升自身的生产率。跨国服务企业资本密集度的增加对其自身生产率的效应显著为负，且对不同投资动机的学习效应影响不显著。

第二，基于东道国视角的估计结果显示，与行业层面的结论相同，以寻求效率为主要目的的跨国服务企业，其对外直接投资能够对自身生产率产生显著的正向效应，而以寻求市场为主的对外直接投资对其自身生产率的影响不显著，即跨国服务企业投资动机的学习效应是存在的，通过在东道国市场寻求生产和经营效率的同时提升了自身的生产率水平。与组织外部的沟通成本对跨国服务企业自身生产率有着显著的促进作用。东道国的研发水平对跨国服务企业自身生产率存在显著的负向效应，而对投资动机学习效应的影响则显著为正；东道国经济发展水平对跨国服务企业生产率存在显著的正向影响，而在学习效应的影响上则是负向效应；东道国人力资本对跨国服务企业自身生产率具有显著的正向影响，但对不同投资动机的学习效应的影响不显著。

第三，与制造业层面和总体层面跨国企业的比较分析中，发现制造业跨国企业不存在投资动机的学习效应，在总体层面上，投资动机的学习效应仅体现在跨国层面，说明对外直接投资动机的学习效应在服务领域体现的更加明显。在其他变量上，能够显著促进投资动机学习效应的因素主要是研发水平，包括跨国企业自身和东道国的研发水平，均对效率寻求型投资动机的学习效应具有显著的促进效应，这与研发所带来的学习效应增强以及寻求效率型跨国企业具有更强的捕捉和学习东道国先进技术成果和管理经验的能力是密不可分的。

第 8 章 总结及启示

8.1 主要研究结论

在跨国服务企业已成为对外直接投资主体及其投资动机差异日益凸显的背景下，本书基于异质性视角分别从理论和实证层面对服务企业对外直接投资动机的生产率溢价、选择效应和学习效应进行了研究。主要的研究结论有：

(1) 服务企业拥有较高的 TFP 水平和企业异质性，且存在较强的效率寻求型对外直接投资动机强度。在不同收入水平国家中，服务企业 TFP 在总体上呈现出在收入水平越高的国家，其 TFP 水平越高的现象；而在服务企业 TFP 的异质性上，则表现为在收入水平越低的国家，服务企业 TFP 的异质性越强。在服务企业对外直接投资的动机表现方面，呈现出收入水平越高国家，其效率寻求动机越明显的现象。从外资服务企业出口的时间分布上来看，不同收入水平国家和各服务行业呈现出一致的现象，即企业成立当年即开始出口的外资服务企业占据了较大比重，表明外资服务企业对外直接投资的效率寻求型动机的强度较大。此外，与制造业企业的 TFP 水平和投资动机的比较发现，服务企业的 TFP 水平和企业异质性要高于制造业企业；制造业企业对外直接投资以效率寻求型动机为主，但在效率寻求型投资动机的强度上略低于外资服务企业。

(2) 服务企业呈现出显著的效率寻求型对外直接投资动机的生产率溢价，即在静态层面，通过对外直接投资在东道国寻求效率的服务企业的生产率高于寻求市场的服务企业生产率。具体到不同收入水平国家，高收入国家由于效率寻求型跨国服务企业主要来源于生产率较低的非高收入国家，导致效率寻求型投资动机出现负向的生产率溢价；其他收入水平国家的外资服务企业中都表现出非出口企业生产率显著低于出口企业的现象，即存在效率寻求型投资动机的生产率溢价。在各服务行业层面，除运输业由于较低贸易成本导致外资出口企业的生产率低于非出口企业的生产率外，其他服务行业均表现出显著的效率寻求型投资动机的生产率溢价。与制造业企业的比较发现，服务企业效率寻求型投资动机的生产率溢价高于制造业企业。

（3）理论层面上异质性服务企业对外直接投资动机的选择效应和学习效应是存在的。借鉴 Helpman et al.（2004）给出的 HMY 模型的分析思路，并将 Oldenski（2012）提出的“沟通成本”这一更符合服务领域的特性纳入分析框架，对 HMY 模型进行了拓展，分析了服务企业对外直接投资动机的抉择（选择效应），并进一步通过构建反映不同投资动机的服务企业产出与劳动投入系数之间关系的函数，从规模经济效应路径对服务企业不同投资动机的学习效应进行了比较静态分析。得出的理论假说有：第一，生产率较高的服务企业会通过对外直接投资在东道国寻求效率；生产率次之的服务企业则在东道国生产和销售服务产品，即对外直接投资动机是市场寻求型；生产率较低的服务企业只服务于国内市场，在国内生产服务产品并提供给国内消费者；生产率最低的服务企业会退出市场。第二，市场寻求型和效率寻求型对外直接投资都能够促进服务企业自身生产率的提高，但效率寻求型对外直接投资的生产率促进效应更大，即在东道国寻求效率的服务企业具有更大的投资学习效应。

（4）跨国服务企业与消费者等组织外部的沟通水平和成本高于制造业跨国企业。由于行业的异质性以及各国语言、文化、制度环境等因素的差异，跨国服务企业在不同行业和东道国与组织外部的沟通成本存在差异，进而导致了跨国服务企业不同对外直接投资动机的沟通成本也不同。为此，本书将企业与组织外部的沟通成本作为影响跨国服务企业对外直接投资动机抉择的重要因素之一，并基于各职位与对外沟通相关的工作活动所需的水平，结合不同国家间的语言、文化和制度环境等影响跨国服务企业与本地消费者等有效沟通的因素，分别构建了行业层面和国家层面跨国服务企业与组织外部的沟通成本指数。在此基础上，以美国为样本，采取相关数据测算了行业层面与国家层面美国跨国服务企业与组织外部的沟通成本，并与制造业跨国企业的对外沟通成本进行了比较。主要结论有：第一，服务业与制造业跨国企业在所有工作活动中成本相差最大的是与组织外部

沟通相关的几类工作活动，即跨国服务企业的对外沟通成本要远远高于制造业跨国企业；第二，细分行业后的考察发现：服务业与组织外部沟通成本最高的行业是零售服务业；最低的是运输业、仓储业等；国家层面同样显示出跨国服务企业与组织外部的沟通成本要高于制造业跨国企业，且按照不同经济发展水平将样本国家分类后发现，除了欠发达国家，美国在经济发展水平越高的东道国，其与消费者、公众等组织外部的沟通成本越低。

（5）异质性服务企业对外直接投资动机的选择效应在国家层面存在，但在行业层面表现的不明显。通过采取 1999—2010 年美国 28 个服务行业以及 56 个东道国（地区）的跨国服务企业的相关数据，分别基于母国视角和东道国视角，运用行业面板模型和跨国面板模型对跨国服务企业的选择效应进行了静态面板和动态面板估计，并进一步采取制造业跨国企业和总体跨国企业的数据，对投资动机的选择效应进行了比较分析。主要结论有：第一，基于母国视角的行业面板动态 GMM 估计结果显示，跨国服务企业生产率与对外直接投资动机之间的相关性较弱，即跨国服务企业对外直接投资动机的选择效应在行业层面表现的不明显，可能原因在于跨国服务企业的对外直接投资动机的选择效应更多地表现在不同的东道国之间。第二，基于东道国视角的计量结果显示，跨国服务企业对外直接投资动机的选择效应在东道国层面是存在的，生产率较高的跨国服务企业倾向于在东道国寻求效率，主要是因为生产率较高的跨国服务企业能够克服相对较高的海外投资和经营成本，而生产率较低的跨国服务企业在东道国主要目的是寻求市场。第三，对制造业和总体层面跨国企业对外直接投资动机的选择效应的比较分析表明：一方面，基于母国视角的计量结果显示，与服务领域的结果相同，制造业和总体层面的跨国企业对外直接投资动机也未呈现出明显的选择效应；另一方面，基于东道国视角的估计结果与服务领域的分析结论也基本上是一致的，生产率较高的跨国企业倾向于在东道国寻求效率。

（6）异质性服务企业对外直接投资动机的学习效应在国家层面和行业层面均存在。为了保证结论的可比性，选取与选择效应检验相同的样本，即采取 1999—2010 年美国 28 个服务行业以及 56 个东道国（地区）的跨国服务企业的相关数据，分别从母国视角和东道国视角对跨国服务企业对外直接投资动机的学习效应进行了静态面板和动态面板估计，并与制造业和总体跨国企业的投资动机学习效应进行了比较。主要结论有：第一，基于母国视角的估计结果表明，跨国服务企业的投资学习效应存在于效率寻求型对外直接投资中，在东道国对生产和经营效率的寻求提升了跨国服务企业自身的生产率水平。跨国服务企业的研发水平主要通过加强对外界的学习和吸收能力来提升自身的生产率。跨国服务企业资本密集度的增加对其自身生产率的效应显著为负，且对不同投资动机的学习效应的影响不显著。第二，基于东道国视角的估计结果显示，以寻求效率为主要目的的跨国服务企业，其对外直接投资能够对自身生产率产生显著的正向效应，而市场寻求型跨国服务企业的对外直接投资对其自身生产率的影响不显著。说明效率寻求型跨国服务企业的投资学习效应是存在的，在东道国市场寻求生产和经营效率的同时提升了自身的生产率水平。第三，与制造业和总体层面跨国企业的比较分析中，发现制造业跨国企业不存在投资动机的学习效应，在总体层面上，投资动机的学习效应仅体现在跨国层面，说明对外直接投资动机的学习效应在服务领域表现的更加明显。

8.2 对中国的启示

根据本书研究，服务企业具有较强的异质性及效率寻求型投资动机强度，且静态层面呈现出的效率寻求型跨国服务企业的生产率高于市场寻求型跨国服务企业的现象，在动态层面是由自我选择效应和投资学习效应同时带来的，即生产率较高的跨国服务企业选择在东道国寻求效率的同时，也进一步提升了自身的生产率水平。这一结论对于一国政府和企业在服务经济全球化背景下通过利用外资和对外投资方式促进服务业发展、提升服务业国际竞争力等有着十分重要的政策启示。具体到中国而言，作为全球引资和对外投资的大国，中国在服务领域的引资和对外投资已取得较好的成就，《中国统计年鉴 2013》数据显示，2012 年中国服务业利用 FDI 所占比重已过半，达到 51.2%；而在 FDI 流出方面，服务业一直以来是中国对外投资的主要领域，近几年的比重都在 65% 以上。因此，结合本书的研究结论以及中国服务业 FDI 流入流出现状，得到的政策启示有：

（1）在服务业引资方面，近年来中国政府出台的相关文件中已多次提到今后一段时间内要“利用外资发展现代服务业”，因此在完善基础设施、扩大开放程度、增强引资质量等的同时，应鼓励跨国服务企业在华寻求效率，这主要是因为，与制造业跨国企业不同，服务产品的特殊属性使得多数跨国服务企业无法通过分割生产价值链方式将低附加价值环节置于国外，因此即使寻求效率的跨国服

务企业也会将整个生产价值链置于东道国以利用其比较优势，加之效率寻求型跨国服务企业拥有较高的生产率和研发投入水平，这大大增加了生产率溢出的几率。当然，在保证溢出源的情况下，作为受资国的中国也需加强自身的吸收能力。需要指出的是，之前中国具有较大比较优势的劳动力正在逐渐失去其吸引力，为了吸引效率寻求型跨国服务企业在华投资，中国需要在其他方面培育新型的比较优势，比如，法制环境、文化环境、贸易环境等方面。

（2）在服务业对外投资方面，虽然中国 FDI 流出主要集中于服务领域，但从行业构成来看，旅游、运输、商务租赁等低技术水平的传统服务行业占据了较大比重，且本书的研究结论显示出中国服务企业的生产率水平普遍较低，甚至低于中低收入国家。因此，在国家大力鼓励企业“走出去”的战略背景下，一方面，要加快低效率国有服务企业的改革步伐，鼓励国内服务企业加大研发和创新投入，尤其是拥有较强创新意愿的中小型服务企业和技术密集型服务行业中的企业，在研发和创新的资金方面要给予较大支持，以提高国内服务企业的生产率水平。另一方面，要鼓励生产率较高的服务企业通过对外直接投资方式在国外寻求生产和经营效率，尤其是在高收入水平的东道国寻求先进的管理和生产技术，以进一步提升自身的生产率水平，为国内带来福利效应的同时，惠及国内同行业和具有上下游联系的服务企业，提高中国服务业的国际竞争力。

8.3 进一步研究的方向

在跨国服务企业已成为对外直接投资主体以及投资动机日益凸显的背景下，本书在采取大样本微观企业数据从静态层面检验跨国服务企业不同投资动机的生产率溢价的基础上，结合与消费者等组织外部的沟通成本这一服务企业的特性，基于动态层面分别在理论模型和经验检验中探析了上述投资动机生产率溢价的来源，即是企业“事先”的自我选择效应带来，还是“事后”的学习效应导致。今后的研究方向主要集中在以下三个方面：

（1）考察与组织外部沟通成本的行业生产率效应在现实中的表现。在本书数理模型的分析中，得出一个有益结论：跨国服务企业与消费者等组织外部沟通成本的降低可以通过选择效应和生产再配置效应提高母国服务行业的整体生产率水平，但书中未对这一理论预期进行检验。因此，对这一理论推论的经验检验是今后研究的内容之一。

（2）将不确定性因素纳入异质性服务企业对外直接投资动机的抉择中。本书只是对异质性服务企业对外直接投资动机进行了初步的尝试性研究，在今后的进一步研究中，一方面，要放松理论框架中相同的市场规模和工资水平等假设，以解释服务企业在存在市场规模及工资水平差异时的投资动机抉择；另一方面，考虑到企业面对的金融约束可能对其投资动机抉择产生影响，以及企业不同性别的决策者所愿意承担的风险可能存在差异，因此，而引入金融学和性别经济学中的相关内容，考察服务企业在面对金融约束以及企业决策者性别不同时的对外直接投资动机表现。

（3）探析中低收入水平国家的跨国服务企业对外直接投资动机的行为。目前部分中低收入水平国家的对外直接投资规模较大且主要集中在服务业，比如，对外直接投资额位居世界第三位的中国在服务业所占的比重达到70%以上。因此，今后研究的视角需转向中低收入水平国家，在对其对外直接投资动机的抉择进行理论解释的基础上，随着服务企业微观数据可得性的增强，进一步从实证层面考察中低收入水平国家的服务企业对外直接投资动机的现实表现。

参考文献

[1] 程大中："中国服务业增长的特点、原因及影响——鲍莫尔－富克斯假说及其经验研究"，《中国社会科学》2004 年第 2 期。

[2] 戴觅、徐淼杰："企业出口前研发投入、出口及生产率进步——来自中国制造业企业的证据"，《经济学（季刊）》2011 年第 1 期。

[3] 范秀成、杜建刚："服务质量五维度对服务满意即服务忠诚的影响——基于转型期间中国服务业的一项实证研究"，《管理世界》2006 年第 6 期。

[4] 高越、李林荣："异质性、分割生产与国际贸易"，《经济学（季刊）》2008 年第 1 期。

[5] 胡宗彪：《企业异质性、贸易成本与服务业生产率》，武汉理工大学 2013 年。

[6] 江小涓："服务业增长：真实含义、多重影响和发展趋势"，《经济研究》2011 年第 4 期。

[7] 鲁晓东、连玉君："中国工业企业全要素生产率估计：1999—2007"，《经济学（季刊）》2012 年第 2 期。

[8] 李梅、柳士昌："对外直接投资逆向技术溢出的地区差异和门槛效应——基于中国省级面板数据的门槛回归分析"，《管理世界》2012 年第 1 期。

[9] 李春顶："异质性企业国际化路径选择研究——新—新贸易理论及其在中国的应用"，复旦大学国际贸易学博士学位论文 2009 年。

[10] 李春顶："出口贸易、FDI 与我国企业的国际化路径选择——新—新贸易理论模型扩展及我国分行业企业数据的实证研究"，《南开经济研究》2009 年第 2 期。

[11] 钱学锋、王菊蓉、黄云湖、王胜："出口与中国工业企业的生产率——自我选择效应还是出口学习效应？"，《数量经济技术经济研究》2011 年第 2 期。

[12] 田东文、贾科华："分割生产、垂直专业化、FDI 与企业异质性"，《国际贸易问题》2010 年第 9 期。

[13] 汤二子、李影、张海英："异质性企业、出口与'生产率悖论'——

基于2007年中国制造业企业层面的证据”，《南开经济研究》2011年第3期。

[14] 王恕立、胡宗彪：“中国服务业分行业生产率变迁及异质性考察”，《经济研究》2012年第4期。

[15] 王恕立、刘军、胡宗彪：“FDI流入、动机差异与服务产品垂直型产业内贸易”，《世界经济》2014年第2期。

[16] 王争、郑京海、史晋川：“中国地区工业生产绩效：结构差异、制度冲击及动态表现”，《经济研究》2006年第11期。

[17] 谢千里、罗斯基、张铁凡：“中国工业企业生产率的增长与收敛”，《经济学（季刊）》2008年第3期。

[18] 杨勇：“中国服务业全要素生产率再测算”，《世界经济》2008年第10期。

[19] 张军、施少华：“中国全要素生产率变动：1952—1998”，《世界经济文汇》2003年第2期。

[20] 张杰、李勇、刘志彪：“出口促进中国企业生产率提高吗？——来自中国本土制造业企业的经验证据：1999—2003”，《管理世界》2009年第12期。

[21] Ackerberg, D., C. L. Benkard, S. Berry, and A. Pakes, 2007, “Econometric Tools for Analyzing Market Outcomes”, in J. Heckman, J. & Leamer, E. (eds), Handbook of Econometrics (Vol. 6 (1), 4171 - 4276), Amsterdam: North - Holland.

[22] Alfaro, L., and A. Charlton, 2009, “Intra - Industry Foreign Direct Investment”, American Economic Review, Vol. 99 (5), 2096 - 2119.

[23] Anand, J., and A. Delios, 2002, “Absolute and Relative Resources as Determinants of International Acquistions”, Strategic Management Journal, Vol. 23, 119 - 134.

[24] Anderson, M. A., and S. L. Smith, 1999, “Do National Borders Really Matter? A Reconsideration of Canada-U. S. Regional Trade” Review of International Economics, Vol. 7 (2), 219 - 227.

[25] Arellano, M., and O. Bover, 1995, “Another Look at the Instrumental Variable Estimation of Error-Components Models”, Journal of Econometrics, Vol. 68 (1), 29 - 51.

[26] Arnold, J. M., and K. Hussinger, 2010, “Exports versus FDI in German Manufacturing: Firm Performance and Participation in International Markets”, Review

of International Economics, Vol. 18 (4), 595 - 606.

[27] Asier, M., 2012, "Are Trade Costs Higher for Services than for Manufactures? Evidence from Firm - Level Data", MPRA Working Paper, No. 36185.

[28] Autor, D., F. Levy, and R. Murnane, 2003, "The Skill Content of Recent Technological Change: an Empirical Exploration", Quarterly Journal of Economics, Vol. 118 (4), 1279 - 1333.

[29] Aw, B. Y., and Y. Lee, 2008, "Firm Heterogeneity and Location Choice of Taiwanese Multinationals", Journal of International Economics, Vol. 75 (1), 403 - 415.

[30] Ayca, T. K., 2012, "Cross - Border M&A vs. Greenfield Investments: Does Corruption Make A Difference?", MPRA Working Paper, No. 42857.

[31] Ayumu, T., 2011, "Multinationals in the Services and Manufacturing Sectors: a Firm - level Analysis Using Japanese Data", RIETI Discussion Paper, No. 11 - E - 059.

[32] Baldwin, R. E., 2005, "Heterogeneous Firms and Trade: Testable and Untestable Properties of the Melitz Model", NBER Working Paper, No. 11471.

[33] Baldwin, R. E., and R. Forslid, 2010, "Trade Liberalization with Heterogeneous Firms", Review of Development Economics, Vol. 14 (2), 161 - 176.

[34] Baldwin, R., and T. Okubo, 2014, "Networked FDI: Sale and Sourcing Patterns of Japanese Foreign Affiliates", The World Economy, Vol. 37 (8), 1051 - 1080.

[35] Baltagi, B., P. Egger, and M. Pfaffermayr, 2007, "Estimating Models of Complex FDI: Are There Third - Country Effects?" Journal of Econometrics, Vol. 140 (1), 260 - 281.

[36] Bandick, R., 2010, "Multinationals and Plant Survival", Reviews of World Economics, Vol. 145 (4), 609 - 634.

[37] Becker, J., and C. Fuest, 2011, "Tax Competition: Greenfield Investment versus Mergers and Acquisitions", Regional Science and Urban Economics, Vol. 41 (5), 476 - 486.

[38] Becker, J., 2013, "Taxation of Foreign Profits with Heterogeneous Multinational Firms", The World Economy, Vol. 36 (1), 76 - 92.

[39] Benfratello, L., and T. Razzolini, 2008, "Firms' Productivity and Internalisation Choicse: Evidence for a Large Sample of Italian Firms", University of Mila-

no, Development Working Papers, No. 236.

[40] Ber, H. , A. Blass, and O. Yosha, 2002, "Monetary Policy in an Open Economy: The Differential Impact on Exporting and Non – Exporting Firms", CEPR Discussion Paper, No. 3191.

[41] Berman, N. , and J. Hericourt, 2010, "Financial Factors and the Margins of Trade: Evidence from Cross – Country Firm – Level Data", Journal of Development Economics, Vol. 93 (2), 206 – 217.

[42] Bernard, A. B. , J. Eaton, J. B. Jensen, and S. Kortum, 2003, "Plants and Productivity in International Trade", American Economic Review, Vol. 93 (4), 1268 – 1290.

[43] Bernard, A. B. , J. B. Jensen, S. J. Redding, and P. K. Schott, 2012, "The Empirics of Firm Heterogeneity and International Trade", Annual Review of Economics, Vol. 4 (1), 283 – 313.

[44] Beugelsdijk S. , R. Smeets, and R. Zwinkels, 2008, "The Impact of Horizontal and Vertical FDI on Host's Country Economic Growth", International Business Review, Vol. 17 (4), 452 – 472.

[45] Beveren, I. V. , 2012, "Total Factor Productivity Estimation: A Practical Review", Journal of Economic Surveys, Vol. 26 (1), 98 – 128.

[46] Bhattacharya, R. , I. Patnaik, and A. Shah, 2012, "Export versus FDI in Services", The World Economy, Vol. 35 (1), 61 – 78.

[47] Blinder, A. , 2009, "How Many US Jobs Might be Off shorable?", World Economics, Vol. 10 (2), 41 – 78.

[48] Bloom N. , and J. Van Reenen, 2007, "Measuring and Explaining Management Practices Across Firms and Countries", Quarterly Journal of Economics, Vol. 122 (4), 1351 – 1408.

[49] Blundell, R. , and S. Bond, 1998, "Initial Conditions and Moment Restrictions in Dynamic Panel Data Models", Journal of Econometrics, Vol. 87 (1), 115 – 143.

[50] Boudier, E. , and J. Lochard, 2013, "How do Cress – Border Mergers & Acquisitions Answer to Deregulation in Services?", The World Economy, Vol. 36 (11), 1424 – 1441.

[51] Brakman, S. , H. Garretsen, and C. van Marrewijk, 2006, "Cross – Bor-

der Mergers & Acquisitions: The Facts as A Guide for International Economics", CESifo Working Paper, No. 1823.

[52] Brainard, L. S., 1993, "An Empirical Assessment of Proximity - Concentration Tradeoff between Multinational Sales and Trade", American Economic Review, Vol. 87 (4), 520 - 544.

[53] Breinlich, H. and C. Criscuolo, 2011, "International Trade in Services: A Portrait of Importers and Exporters", Journal of International Economics, Vol. 84 (2), 188 - 206.

[54] Bush, C. M., and A. Lipponer, 2004, "FDI versus Cross - Border Financial Services: The Globalisation of German banks", Geutsche Bundesbank Discussion Paper, No. 05/2004.

[55] Bush, C. M., and A. Lipponer, 2007, "FDI versus Exports: Evidence from German Banks", Journal of Banking & Finance, Vol. 31 (3), 805 - 826.

[56] Bush, C. M., C. T. Koch, and M. Koetter, 2009, "Margins of Inyernational Banking: Is There A Productivity Pecking Order in Banking, too?", Geutsche Bundesbank Discussion Paper, No. 12/2009.

[57] Buch, C. M., I. Kesternich, A. Lipponer, and M. Achnitzer, 2010a, "Financial Constraints and the Marggins of FDI", Deutsche Bundesbank Discussion Paper, No. 29/2009.

[58] Buch, C. M., I. Kesternich, A. Lipponer, and M. Achnitzer, 2010b, "Export versus FDI Revisited: Does Fiance Matter", CEPR Working Paper, No. DP7839.

[59] Byun, H. S., H. H. Lee, and C. Y. Park, 2012, "Assessing Factors Affecting M&As versus Greenfield FDI in Emerging Countries", ADB Economics Working Paper Series, No. 293.

[60] Cabral L. M. B., and J. Mata, 2003, "On the Evolution of the Firm Size Distribution: Facts and Theory", American Economic Review, Vol. 93 (4), 1075 - 1090.

[61] Campa, J. M., and J. M. Shaver, 2002, "Exporting and Capital Investment: On the Strategic Behavior of Exporters", IESE Research Papers, No. D/468.

[62] Castellani, D. and A. Zanfei, 2007, "Internationalisation, Innovation and Productivity: How Do Firms Differ in Italy", The World Economy, Vol. 30

(1), 156 – 176.

[63] Castellani, D., and G. Givannetti, 2010, "Productivity and the International Firms: Dissecting Heterogeneity", Journal of Economic Policy Reform, Vol. 13 (1), 25 – 42.

[64] Cavallari, L., 2007, "A Macroeconomic Model of Entry with Exporters and Multinationals", The B. E. Journal of Macroeconomics, Vol. 7 (1), 1 – 13.

[65] Cavallari, L., 2008, "Macroeconomic Interdependence with Trade and Multinational Activities", Review of International Economics, Vol. 16 (3), 537 – 558.

[66] Cavallari, L., 2010, "Exports and Foreign Direct Investment in an Endogenous – Entry Model with Real and Nominal Uncertainty", Journal of Macroeconomics, Vol. 32 (1), 300 – 313.

[67] Chang, H. H., and C. van Marrewijk, 2013, "Firm Heterogeneity and Development: Evidence from Latin American", The Journal of International Trade & Economic Development, Vol. 22 (1), 11 – 52.

[68] Chaney, T., 2013, "Liquidity Constrained Exporters", NBER Working Paper, No. 19170.

[69] Chen, M., 2010, "Interdependence in Multinational Production Networks", Canadian Journal of Economics, Vol. 44 (3), 930 – 956.

[70] Chen, M. X., and M. Moore, 2010, "Location Decision of Heterogeneous Multinational Firms", Journal of International Economics, Vol. 80 (2), 188 – 199.

[71] Cheptea, A., 2013, "Border Effects and European Integration", CESifo Economic Studies, Vol. 59 (2), 277 – 305.

[72] Chor, D., 2009, "Subsidies for FDI: Implications from A Model with Heterogeneous Firms", Vol. 78 (1), 113 – 125.

[73] Cieślik, A., and M. Ryan, 2009, "Firm Heterogeneity, Foreign Market Entry Mode and Ownership Choice", Japan and the World Economy, Vol. 21 (3), 213 – 218.

[74] Cohen, W., and D. Levinthal, 1989, "Innovation and Learning: The Two Faces of R&D", Economic Journal, Vol. 99 (397), 569 – 596.

[75] Cohen, W., and D. Levinthal, 1990, "Absorptive Capacity: A New Perspective on Learning and Innovation", Administrative Science Quarterly, Vol. 35 (1), 128 – 152.

[76] Conconi, P. , A. Sapir, and M. Zznardi, 2013, "The Internationalization Process of Firms: from Exports to FDI", GRASP Working Paper, No. 37.

[77] Conti, G. , A. Lo Turco, and D. Maggioni, 2010, "Exporters in Services: New Evidence from Italian Firms", Applied Economics Quarterly, Vol. 56 (1), 73 -98.

[78] Costinot, A. , 2009, "On the Origins of Comparative Advantage", Journal of International Economics, Vol. 77 (2), 255 -264.

[79] Crespo N. andM. P. Fontoura, 2007, "Determinant Factors of FDI Spillovers - What Do We Really Know?", World Development, Vol. 35 (3), 410 -425.

[80] Cristina J. , 2012, "Horizontal and Vertical Technology Spillovers from FDI in Eastern Europe" , Université d'Orléans Document de Recherche, No. 12.

[81] Damijan, J. P. , M. Glazar, and J. Prasnikar, 2004, "Export vs. FDI Behavior of Heterogeneous Firms in Heterogeneous Markets: Evidence from Slovenia", LICOS Discussion Papers, No. 147.

[82] Damijan, J. P. , S. Polanec, and J. Prasnikar, 2007, "Outward FDI and Productivity: Micro - Evidence from Slovenia", The World Economy, Vol. 30 (1), 135 -155.

[83] Decker, R. , and X. Zhao, 2004, "SME's Choice of Foreign Market Entry Mode: A Normative Approach", International Journal of Business and Economics, Vol. 3 (3), 181 -200.

[84] Desai, M. A. , C. F. Foley, and J. R. Hines Jr. , 2009, "Domestic Effects of the Foreign Activities of US Multinationals", American Economic Journal: Economic Policy, Vol. 1 (1), 181 -203.

[85] Dunning, J. H. , 1977, "Trade, Location if Economic Activity and the MNE: A Search for an Eclectic Approach", in Ohlin, B. , P. O. Hesselborn, and P. J. Wijkman (eds.), The International Allocation of Economic Activity, London: Macmillan, 395 -431.

[86] DunningJ. H. and S. M. Lundan, 2008, "Multinational Enterprises and the Global Economy (2rd ed.)", Cheltenham: Edward Elgar.

[87] Engel, D. , V. Procher, and C. M. Schmidt, 2010, "The Asymmetries of A Small World: Entry into and Withdrawal from International Markets by French Firms", Ruhr Economic Papers, No. 192.

[88] Engel, D. , and V. Procher, 2012, "Export, FDI and Firm Productivity", Applied Economics, Vol. 44 (15), 1931 - 1940.

[89] Ericson, R. , and A. Pakes, 1995, "Markov - Perfect Industry Dynamics: A Framework for Empirical Work", Review of Economic Studies, Vol. 62 (1), 53 - 82.

[90] Erkoyuncu, J. A. , C. Durugbo, E. Shehab, R. Roy, R. Parker, A. Gath, and D. Howell, 2013, "Uncertainty Driven Service Cost Estimation for Decision Support at the Bidding Stage", International Journal of Production Research, Vol. 51 (9), 5771 - 5788.

[91] Evenson, R. E. , and L. E. Westphal, 1995, "Technological Change and Technology Strategy", in J. Behrman and T. N. Srinivasan (eds.), Handbook of Development Economics, Vol. 3, North - Holland, Amsterdam, Chapter 37, 2209 - 2299.

[92] Fare, R. , S. Grosskopf, M. Norris, and Z. Y. Zhang, 1994, "Productivity Growth, Technical Progress, and Efficiency Change in Industrialized Countries", American Economic Review, Vol. 84 (1), 66 - 83.

[93] Farinas, J. C. , and S. Ruano, 2005, "Firm Productivity, Heterogeneity, Sunk Costs and Market Selection", International Journal of Industrial Organization, Vol. 23 (7 - 8), 505 - 534.

[94] Federoco, S. , 2010, "Outsouring versus Integration at Home or Abroad and Firm Heterogeneity", Empirica, Vol. 37 (1), 47 - 63.

[95] Federico, S. , and E. Tosti, 2012, "Exporter and Importer of Services; Firm - Level Evidence on Italy", Temi di Discussione, Working Paper, No. 877.

[96] Feinberg, D. and M. Keane, 2006, "Accounting for the Growth of MNC - Based Trade Using a Structural Model of U. S. MNCs", The American Economic Review, Vol. 96 (5), 1515 - 1558.

[97] Fernandes, A. , and H. Tang, 2012, "The Determinants of Vertical Integration in Export Processing: Theory and Evidence from China", Journal of Development Economics, Vol. 99 (2), 396 - 414.

[98] Flanagan, R. J. , 1999, "Macroeconomic Performance and Collective Bargaining: An International Perspective", Journal of Economic Literature, No. 37 (3), 1150 - 1175.

[99] Franco, C. , 2013, "Exports and FDI Motivations: Empirical Evidence from U. S. Foreign Subsidiaries" International Business Review, Vol. 22 (1), 47 - 62.

[100] Freixas, X., and J. C. Rocher, 1998, "Microeconomic of Banking", Cambridge: MIT Press.

[101] Gao, Y., and J. Whalley, 2013, "Heterogeneous Firms in A Product Fragmentation", CESifo Working Paper, No. 4229.

[102] Garetto, S., 2013, "Input Souring and Multinational Production", American Economic Journal: Macroeconomics, Vol. 5 (2), 118 - 151.

[103] Griffith, R., S. Redding, and H. Simpson, 2004, "Foreign Ownership and Productivity: New Evidence from the Service Sector and the R&D Lab", Oxford Review of Economic Policy, Vol. 20 (3), 440 - 456.

[104] Griliches, Z., and J. Mairesse, 1991, "R&D and Productivity Growth: Comparing Japanese and U.S. Manufacturing Firms", NBER Working Paper, No. 1778.

[105] Girma, S., H. Görg, and S. Eric, 2004, "Exports, International Investment, and Plant Performance: Evidence from A Non - Parametric Test", Economics Letters, Vol. 83 (3), 317 - 324.

[106] Girma, S., R. Kneller, and M. Pisu, 2005, "Exports versus FDI: An Empirical Test", Review of World Economics, Vol. 141 (2), 193 - 218.

[107] Görg, H., H. Mühlen, and P. Nunnenkamp, 2009, "Firm Heterogeneity, Industry Characteristics and Types of FDI: The Case of German FDI in the Czech Republic", Kiel Institute Working Papers, No. 1544.

[108] Görg, H., H. Mühlen, and P. Nunnenkamp, 2010, "FDI Liberalization, Firm Heterogeneity and Foreign Ownership: German Firm Decision in Reforming India", Journal of Development Studies, Vol. 46 (8), 1367 - 1384.

[109] Gopinath, G., P. O. Gourinchas, C. T. Hsieh, and N. Li, 2009, "Estimating the Border Effect: Some New Evidence" NBER Working Paper, No. 14938.

[110] Gouyette, C., and S. Perelman, 1997, "Productivity Convergence in OECD Service Industries", Structural Change and Economic Dynamics, Vol. 8 (3), 279 - 295.

[111] Greenaway, D., and R. Kneller, 2007, "Firm Heterogeneity, Exporting and Foreign Direct Investment: A Survey", The Economic Journal, Vol. 117 (517), 134 - 161.

[112] Grossman, G. M., and E. Helpman, 1991, Innovation and Growth in the

Global Economy, MIT Press, Cambridge MA.

[113] Grossman, G. M., E. Helpman, and A. Szeidl, 2006, "Optimal Integration Strategies for the Multinational Firm", Journal of International Economics, Vol. 70 (1), 216 - 238.

[114] Grubljesic, T., and J. Damijan, 2011, "Differences in Export Behavior of Services and Manufacturing Firms in Slovenia", Economic and Business Review, Vol. 13 (1 - 2), 77 - 105.

[115] Hagemejer, J., and M. Kolasa, 2011, "Internationalisation and Economic Performance of Enterprises: Evidence from Polish Firm - Level Data", The World Economy, Vol. 34 (1), 74 - 100.

[116] Hanson, G. H., R. J. Mataloni, and M. J. Slaughter, 2005, "Vertical Production Networks in Multinational Firms", The Review of Economics and Statistics, Vol. 87 (4), 664 - 678.

[117] Haller, S. A., 2012, "Intra - Firm Trade, Exporting, Importing, and Firm Performance", Canadian Journal of Economics, Vol. 45 (4), 1397 - 1430.

[118] Hayakawa, K., and T. Matsuura, 2011, "Complex Vertical FDI and Firm Heterogeneity: Evidence from East Asia", Journal of the Japanese and International Economies, Vol. 25 (3), 273 - 289.

[119] Head, K., and J. Ries, 2003, "Heterogeneity and the FDI versus Export Decision of Japanese Manufacturers", Journal of the Japanese and International Economies, Vol. 17 (4), 448 - 467.

[120] Helpman, E., M. J. Melitz, and S. R. Yeaple, 2003, "Export Versus FDI", NBER Working Paper, No. 9439.

[121] Helpman, E., M. J. Melitz, and S. R. Yeaple, 2004, "Export Versus FDI with Heterogeneous Firms", American Economic Review, Vol. 94 (1), 300 - 316.

[122] Helpman, E., 2006, "Trade, FDI, and the Organization of Firms", Journal of Economic Literature, Vol. 44 (3), 589 - 630.

[123] Helpman, E., 2014, "Foreign Trade and Investment: Firm - Level Perspectives", Economica, Vol. 81 (321), 1 - 14.

[124] Hijzen, A., H. Görg, and M. Manchin, 2007, "Cross - Border Mergers Acquisitions and the Role of Trade Costs", CEPR Discussion Papers, No. 6397.

[125] Hijzen, A., S. Jean, and T. Mayer, 2011, "The Effects at Home of Ini-

tiating Production Abroad Evidence from Matched French Firms", Review of World Economics, Vol. 147 (3), 457 -483.

[126] Hu, A., G. Jefferson, and J. Qian, 2005, "R&D and Technology Transfer: Firm - Level from Chinese Insudtry", Review of Economics and Statistics, Vol. 87 (4), 780 -786.

[127] Huang, C. H., T. C. T. Hou, and C. H. Yang, 2013, "FDI Modes and Parent Firms' Productivity in Merging Economies: Evidence from Taiwan", The Journal of International Trade & Economic Development: An International and Comparative Review, Vol. 22 (8), 1240 -1268.

[128] Hummels, E., J. Ishii, and K. M. Yi, 2001, "The Nature and Growth of Vertical Specialization in World Trade", Journal of International Economics, Vol. 54 (1), 75 -96.

[129] Hopenhayn, H. A., 1992, "Entry, Exit and Firm Dynamics in Long Run Equilibrium", Econometrica, Vol. 60 (5), 1127 -1150.

[130] Irarrazabal, A., A. Moxnes, and L. D. Opromolia, 2013, "The Margins of Multinational Production and Role of Intra - Firm Trade", Journal of Political Economy, Vol. 121 (1), 74 -126.

[131] Jensen, J. B., and L. Kletzer, 2010, "Measuring Tradable Services and the Task Content of Offshorable Services Jobs", In K. Abraham, M. Harper and J. Spletzer, eds., Labor in the New Economy, University of Chicago Press.

[132] Kalkbrenner, E., 2010, "Acquired versus Non - Acquired Subsidiaries - Which Entry Mode do Paprent Firms Prefer", Labor & Welfare State Working Paper, No. 1022.

[133] Katayama, S., S. Lahin, and E. Tomiura, 2011, "Cost Heterogeneity and the Destination of Japanese Foreign Direct Investment: A Theoretical and Empirical Analysis", Japan and the World Economy, Vol. 23 (3), 170 -177.

[134] Kelle, M., K. Jörn, R. Horst, and T. Farid, 2013, "Cross - Border and Foreign - Affiliate Sales of Services: Evidence from German Micro - data", The World Economy, Vol. 36 (11), 1373 -1392.

[135] Kersting, E. K., 2013, "International Organization of Production with Heterogeneous Firms", Review of International Economics, Vol. 21 (3), 585 -599.

[136] Keuschnigg, C., 2008, "Exports, Foreign Direct Investment, and the Costs

of Corporate Taxation", International Tax and Public Finance, Vol. 15 (4), 460 -477.

[137] Kinoshita, Y., 2001, "R&D and Technology Spillover through FDI: Innovation and Absorptive Capacity", CEPR Discussion Papers, No. 2775.

[138] Kimura, F. and K. Kiyota, 2006, "Exports, FDI, and Productivity: Dynamic Evidence from Japanese Firms", Review of World Economics, Vol. 142 (4), 695 -719.

[139] Kleinert, J., and F. Toubal, 2011, "Production versus Distribution - Oriented FDI", Review of World Economic, Vol. 149 (3), 423 -442.

[140] Kneller, R., and M. Pisu, 2011, "Barriers to Exporting: What are They and Who do They Matter to?", The World Economy, Vol. 34 (6), 893 -930.

[141] Konings, J., and A. Murphy, 2006, "Do Multinational Enterprises Relocate Employment to Low - Wage Regions? Evidence from European Multinationals", Review of World Economics, Vol. 142 (2) 267 -286.

[142] Kox, H. L. M., and H. R. Romagosa, 2010, "Exports and Productivity Selection Effects for Dutch Firms", De Economist, Vol. 158 (3), 295 -322.

[143] Kremer, M., 1993, "The O - Ring Theory of Economic Development", The Quarterly Journal of Economics, Vol. 108 (3), 551 -575.

[144] Krugman, P. and A. J. Venables, 1995, "Globalisation and the Inequality of Nations", Quarterly Journal of Economics, Vol. 110 (4), 857 -880.

[145] Kun - Ming Chen, R. Hsiu - Hua, and Chia - Ching Lin, 2006, "The Impact of Exchange Rate Movements on Foreign Direct Investment: Market - Oriented versus Cost - Oriented" The Developing Economies, Vol. 44 (3), 269 -287.

[146] Kwon, H. U., 2010, "Export, FDI, and Productivity: Evidence from Japanese Manufacturing Firms", Market Economy Research, Vol. 39 (3), 25 -43.

[147] Lankhuizen, M, and H. L. F. de Groot, and G. M. Linders, 2011, "The Trade - Off between Foreign Direct Investments and Exports: The Role of Multiple Dimensions of Distance", The World Economy, Vol. 34 (8), 1395 -1416.

[148] Larry, D. Q., 2008, "Cross - Border Strategic Alliances and Foreign Market Entry", Canadian Economics Association Workering paper, No. 0529.

[149] Lehner, M., 2009, "Entry Mode Choice of Multinational Banks", Journal of Banking & Finance, Vol. 33 (10), 1781 -1792.

[150] Levinsohn, J., and A. Petrin, 2003a, "Estimating Production Functions

Using Inputs to Control for Unobservables", Review of Economic Studies, Vol. 70 (2), 317 - 341.

[151] Levinsohn, J., and A. Petrin, 2003b, "On the Micro - Foundations of Productivity Growth", http://www. econ. umn. edu/ ~ petrin/papers/microfoundations. pdf.

[152] Lewis, L. T., 2014, "Exporters versus Multinational Production under Nominal Uncertainty", Journal of International Economics, Vol. 94 (2), 371 - 386.

[153] Loecker, J. D., 2011, "Product Differentiation, Multiproduct Firms, and Estimating the Impact of Trade Liberalization on Productivity", Econometrica, Vol. 79 (5), 1407 - 1451.

[154] Lommerud, K. E., F. Meland, and L. Sørgard, 2003, "Unionised Oligopoly, Trade Liberalization and Location Choice", Economic Journal, Vol. 113 (490), 782 - 800.

[155] Lööf, H., 2010, "Are Services Different Exporters?", Applied Economics Quarterly, Vol. 56 (1), 99 - 117.

[156] Love, J. H., and M. A. Mansury, 2009, "Exporting and Productivity in Business Services: Evidence from the United States", International Business Review, Vol. 18 (6), 630 - 642.

[157] McCallum, J., 1995, "National Borders Matter: Canada - U. S. Regional Trade Patterns" American Economic Review, Vol. 85 (3), 615 - 623.

[158] MacDougall, 1960, "The Benefits and Costs of Private Investment from Abroad: A Theoretical Approach", Economic Record, Special Issue, 13 - 35.

[159] Manova, K., 2013, "Credit Constraints, Heterogeneous Firms, and International Trade", Review of Economic Studies, Vol. 80 (4), 711 - 744.

[160] Markusen, J. R., 1984, "Multinational, Multi - Plant Economies and the Gain from Trade", Journal of International Economics, Vol. 16 (3 - 4), 205 - 216.

[161] Marschak, J., J. Andrews, and H. William, 1944, "Random Simultaneous Equations and the Theory of Production", Econometrica, Vol. 12 (3/4), 143 - 205.

[162] Matsuura, T., K. Motohashi, and K. Hayakawa, 2008, "How Does FDI in East Asia Affect Performance at Home?: Evidence from Electrical Machinery Manufacturing Firms", RIETI Discussion Paper Series, No. 08 - E - 034.

[163] Matsuura, T., and K. Hayakawa, 2012, "The Role of Trade Costs in

FDI Strategy of Heterogeneous Firms: Evidence from Japanese Firm \ level Data", Economic Research Institute for ASEAN and East Asia (ERIA) Working Papers, No. DP - 2012 - 04.

[164] Mayer, T. , and S. Zignago, 2011, "Notes on CEPII's Distances Measures: The GeoDist Database" CEPII Working Paper, No. 2011 - 25.

[165] McGregor, N. F. , A. Isaksson, and F. Kaulich, 2014, "Outward Foreign Direct Investment, Exporting and Firm - Level Performance in Sub - Saharan Africa", The Journal of Development Studies, Vol. 50 (2), 244 - 257.

[166] Melitz, M. , 2003, "The Impact of Trade on Intra - industry Reallocations and Aggregate Industry Productivity", Econometrica, Vol. 71 (6), 1695 - 1725.

[167] Melitz, M. , Ottaviano, G. , 2008, "Market Size, Trade, and Productivity", Review of Economic Studies, Vol. 75 (1), 295 - 316.

[168] Minondo, A. , 2011, "Exporters of Services in Spain", Orkestra Working Paper Series in Territorial Competitiveness, No. 2011 - R04.

[169] Minondo, A. , 2013, "Trading Firms in the Spanish Services Sector", Revusta de Economia Aplicada, Vol. XXI (63), 5 - 28.

[170] Minondo, A. , 2014, "The Relationship between Export Status and Productivity in Services: A Firm - level Analysis for Spain", Bulletin of Economic Research, Vol. 66 (S1), S138 - S146.

[171] Mrazova, M. , and J. P. Neary, 2013, "Selection Effects with Heterogeneous Firms", CEPR Discussion Papers, No. 9288.

[172] Mukherjee, A. , 2008, "Unionised Labour Market and Strategic Production Decision of A Multinational", Economic Journal, Vol. 118 (532), 1621 - 1639.

[173] Mukherjee, A. , and S. Marjit, 2009, "Firm Productivity and Foreign Direct Investment: A Non - Monotonic Relationship", Economics Bulletin, Vol. 29 (2), 1 - 8.

[174] Mukherjee, A. , 2010, "A Note on Firm - Productivity and Foreign Direct Investment", Economics Bulletin, Vol. 30 (3), 2107 - 2111.

[175] Müller, T. , 2007, "Analyzing Modes of Foreign Entry: Greenfield Investment versus Acquisition", Review of International Economics, Vol. 15 (1), 93 - 111.

[176] Mundell, R. A. , 1957, "International Trade and Factor Mobility", American Economic Review, Vol. 47 (3), 321 - 335.

[177] Munoz, M. C. L., 2009, "The Economic Analysis of Multinationals and Foreign Direct Investment: A Review", Revista de Economia Pública, Vol. 191 (4), 97 - 126.

[178] Murakami, Y., 2005, "Are Multinational Enterprises More Productive? A Test of the Selection Hypothesis", Journal of Asian Economics, Vol. 16 (2), 327 - 339.

[179] Navaretti, G. B., D. Castellani, and A. C. Disdier, 2010, "How Does Investing in Cheap Labour Countries Affect Performance at Home? Firm - level Evidence from France and Italy", Oxford Economic Papers, Vol. 62 (2), 234 - 260.

[180] Neary, J. P., 2002, "Foreign Direct Investment and the Single Market", Manchester School, Vol. 70 (3), 192 - 314.

[181] Neary, J. P., 2009, "Trade Costs and Foreign Direct Investment", International Review of Economics & Finance, Vol. 18 (2). 207 - 218.

[182] Nefussi, B., 2006, "Export versus FDI: Evidence from two French Industries", mimeo, http: //www. uclouvain. be/cps/ucl/doc/core/documents/nefussi. pdf.

[183] Neureiter, M., and P. Nunnenkamp, 2010, "Outsourcing Motives, Location Choice and Labour Market Implications: An Empirical Analysis for European Countries", General & Introductory Economics, Vol. 63 (2), 206 - 230.

[184] Niazi, A., J. S. Dai, S. Balabani, and L. Seneviratne, 2006, "Product Cost Estimation: Technique Classification and Methodology Review", Journal of Manufacturing Science and Engineering, Vol. 128 (2), 563 - 575.

[185] Nocke, V., and S. Yeaple, 2007, "Cross - Border Mergers and Acquisitions versus Greenfield Foreign Direct Investment: The Role of Firm Heterogeneity", Journal of International Economics, Vol. 72 (2), 336 - 365.

[186] Nocke, V., and S. Yeaple, 2008, "An Assignment Theory of Foreign Direct Investment", Review of Economic Studies, Vol. 75 (2), 529 - 557.

[187] Norbäck, P. J., and L. Persson, 2008, "Cross - Border Mergers & Acquisitions Policy in Service Markets", Journal of Industry, Competition and Trade, Vol. 8 (3 - 4), 269 - 293.

[188] Novy, D., 2013, "Gravity Redux: Measuring International Trade Costs with Panel Data", Economic Inquiry, Vol. 51 (1), 101 - 121.

[189] Oberhofer, H., and M. Pfaffermayr, 2012, "FDI versus Exporters: Multiple Host Countries and Empirical Evidence", The World Economy, Vol. 35 (3),

316 - 330.

[190] Oldenski, L. , 2010, "Export versus FDI: A Task-Based Approach", Mortara Center Working Paper, No. 2011 - 1, Washington, D. C. : Mortara Center for international Studies.

[191] Oldenski, L. , 2012, "Export versus FDI and the Communication of Complex Information", Journal of International Economics, Vol. 87 (2), 312 - 322.

[192] Olley, S. G. , and A. Pakes, 1996, "The Dynamics of Productivity in the Telecommunications Equipment Industry", Vol. 64 (6), 1263 - 1297.

[193] Ottaviano, G. , T. Tabuchi, and J. F. Thisse, 2002, "Agglomeration and Trade Revisited", International Economic Review, Vol. 43 (2), 409 - 435.

[194] Pavcnik, N. , 2002, "Trade Liberalization, Exit, and Productivity Improvements: Evidence from Chilean Plants", Review of Economic Studies, Vol. 69 (1), 245 - 276.

[195] Petrin, A. , B. P. Poi, and J. Levinsohn, 2004, "Production Function Estimation in Stata Using Input to Control for Unobservables", The Stata Journal, Vol. 4 (2), 113 - 123.

[196] Petrin, A. , and J. Levinsohn, 2012, "Measuring Aggregate Productivity Growth Using Plant-Level Data", RAND Journal of Economics, Vol. 43 (4), 705 - 725.

[197] Philipp, J. , Gelübcke, W. , 2013, "Foreign Ownership and Firm Performance in German Services: First Evidence Based on Official Statistics", The Service Industries Journal, Vol. 33 (15 - 16), 1564 - 1598.

[198] Pietrovito, F. , A. F. Pozzolo, and L. Salvatici, 2012, "Exports vs. Foreign Direct Investment: Evidence from Cross-Country Industry Data", SEGeS Economics & Statistics Discussion Paper, No. 064/12.

[199] Poncet, S. , 2003, "Measuring Chinese Domestic and International Integration" China Economic Review, Vol. 14 (1), 1 - 21.

[200] Raff, H. , M. Ryan, and F. Stähler, 2012, "Firm Productivity and the Foreign-Market Entry Decision", Journal of Economics & Management Strategy, Vol. 21 (3), 849 - 871.

[201] Ramada-Sarasola, M. , 2009, "Determinants in the Choice of Entry Mode for MNCs Going Offshore", Towers Watson Technical Paper, No. 1398836.

[202] Ramasubbu, N. , and R. K. Balan, 2012, "Overcoming the Challenges in Cost Estimation for Distributed Software Projects", Proceedings of the 2012 International Conference on Sofeware Engineering, 91 - 101.

[203] Ramondo, N. , V. Rappoport, and K. J. Ruhl, 2013a, "The Proximity-Concentration Tradeoff under Uncertainty", Review of Economic Studies, Vol. 80 (4), 1582 - 1621

[204] Ramondo, N. , V. Rappoport, and K. J. Ruhl, 2013b, "Horizontal versus Vertical Foreign Direct Investment: Evidence from U. S. Multinationals", http: // personal. lse. ac. uk/rappopor/ papers/ VerticalHorizontal. pdf.

[205] Requena, F. , and C. Llano, 2010, "The Border Effects in Spain: An Industry-Level Analysis" Empirica, Vol. 37 (4), 455 - 476.

[206] Rutkauskas, J. , and E. Paulaviciene, 2005, "Concept of Productivity in Service Sector", Engineering Economics, Vol. 43 (3), 29 - 34.

[207] Saliola, F. , and M. Seker, 2011, "Total Factor Productivity Across the Developing World", World Bank Working Paper-Enterprise Note Series, No. 23.

[208] Schiffbauer, M. , I. Siedscglag, and F. Ruane, 2009, "Do Foreign Mergers and Acquisitions Boost Firm Productivity?", ESRI Working Paper, No. 305.

[209] Shepherd, B. , 2014, "Export and FDI Premia among Services Firms in the Developing World", Applied Economics Letters, Vol. 21 (3), 176 - 179.

[210] Spearot, A. C. , 2012, "Firm Heterogeneity, New Investment, and Acquisitions", The Journal of Industrial Economics, Vol. 60 (1), 1 - 45.

[211] Stepanok, I. , 2015, "Cross-Border Mergers and Greenfield Foreign Direct Investment", Review of International Economics, Vol. 23 (1), 111 - 136.

[212] Stiebale, J. , and M. Trax, 2011, "The Effects of Cross-Border M&As on the Acquirers' Domestic Performance: Firm-Level Evidence", Canadian Journal of E-conomics, Vol. 44 (3), 957 - 990.

[213] Syverson, C. , 2011, "What Determines Productivity?", Journal of Economic Literature, Vol. 49 (2), 326 - 365.

[214] Takechi, K. , 2013, "Understanding the Productivity Effect of M&A in Japan: An Empirical Analysis of the Electronics Industry from 1989 to 1998", Japan and World Economy, Vol. 25 - 26, 1 - 9.

[215] Tanaka, K. , 2015, "Firm Heterogeneity and FDI in Distribution Serv-

ices", The World Economy, Vol. 38 (8), 1295 - 1311.

[216] Tanaka, A., 2011, "Multinationals in the Services and Manufacturing Sectors: A Firm-level Analysis Using Japanese Data", Research Institute of Economy, Trade and Industry (RIETI) Discussion Papers, No. 11 - E - 059.

[217] Tanaka. A., 2012, "Firm Productivity and the Number of FDI Destinations: Evidence from a Non-Parametric Test", Economics Letters, Vol. 117 (1), 1 - 4.

[218] Temouri, Y., and N. L. Driffield, 2009, "Does German Foreign Direct Investment Lead to Job Losses at Home", Applied Economics Quarterly, Vol. 55 (3), 243 - 263.

[219] Temouri, Y., A. Vogel, and J. Wagner, 2013, "Self-selection into Export Markets by Business Services Firms-Evidence from France, Germany and the United Kingdom", Structural Change and Economic Dynamics, Vol. 25 (c), 146 - 158.

[220] Tintelnot, F., 2013, "Global Production with Export Platforms", Society for Economic Dynamics Meeting Papers, No. 211.

[221] Todo, Y., 2011, "Quantitative Evaluation of Determinants of Export and FDI: Firm-Level Evidence from Japan", The World Economy, Vol. 34 (3), 355 - 381.

[222] Tomiura, E., 2007, "Foreign Outsourcing, Exporting and FDI: A Productivity Comparison at the Firm Level", Journal of International Economics, Vol. 72 (1), 113 - 127.

[223] Toshiyuki, M., M. Kazuyuki, and H. Kazunobu, 2008, "Hoe Does FDI in East Asia Affect Performance at Home?: Evidence from Electrical Machinery Manufacturing Firms", RIETI Working papers, No. 08034.

[224] Triplett, A. E., and P. B. Barry, 2003, "Productivity Measurement Issues in Services Industries: 'Baumol' s Disease' Has Been Cured", Economic Policy Review, Vol. 9 (3), 23 - 33.

[225] Tybout, J. R., and M. D. Westbrook, 1995, "Trade Liberalization and Dimensions of Efficiency Change in Mexican Manufacturing Industries", Journal of International Economics, Vol. 31 (1 - 2), 53 - 78.

[226] Tybout, J. R., 2000, "Manufacturing Firms in Developing Countries: How Well Do They Do and Why?" Journal of Economic Literature, Vol. 38 (1), 11 - 44.

[227] UNCTAD, 2004, "World Investment Report 2004", Geneva: United Nations.

[228] UNCTAD, 2010, "World Investment Report 2012", Geneva: United Nations.

[229] UNCTAD, 2012, "World Investment Report 2012", Geneva: United Nations.

[230] UNCTAD, 2013, "World Investment Report 2013", Geneva: United Nations.

[231] Van Biesebroeck, J., 2006, "Exporting Raises Productivity in Sub-Saharan African Manufacturing Firm", Journal of International Economics, Vol. 67 (2), 373 – 391.

[232] Vogel, A., 2011, "Exporter Performance in the German Business Services Sector", Services Industries Journal, Vol. 31 (7), 1015 – 1031.

[233] Vogel, A., and J. Wagner, 2011, "Robust Estimates of Exporter Productivity Premia in German Business Services Enterprises", Economic and Business Review, Vol. 13 (1 – 2), 7 – 26.

[234] Wagner, J., 2006, "Exports, Foreign Direct Investment, and Productivity: Evidence from German Firm Level Data", Applied Economics Letters, Vol. 13 (6), 347 – 349.

[235] Wagner, J., 2012, "International Trade and Firm Performance: A Survey of Empirical Studies since 2006", Review of World Economics, Vol. 148 (2), 235 – 267.

[236] Wagner, J., 2014, "Exports, Foreign Direct Investments and Productivity: Are Services Firms Different?", The Service Industries Journal, Vol. 34 (1), 24 – 37.

[237] Wakasugi, R. and A. Tanaka, 2009, "Firm Heterogeneity and Different Modes of Internationalization: Evidence from Japanese Firms", KIER Working Papers, No. 681.

[238] Wakasugi, R. and H. Zhang, 2012, "Productivity Heterogeneity and the Internationalization of Chinese Firms", CEGS Discussion Paper, No. 2012 – CEGS – 01.

[239] Wedervang, F., 1965, "Development of a Population of Industrial Firms: the Structure of Manufacturing Industries in Norway", Oslo: Scandinavian University.

[240] Wernerfelt, B., 1984, "A Resource-Based View of the Firm", Strategic Management Journal, Vol. 5, 171 – 180.

[241] Windmeijer, F., 2005, "A Finite Sample Correction for the Variance of Linear Efficient Two-step GMM Estimators," Journal of Econometrics, Vol. 126 (1), 25 – 51.

[242] Wooldrige, J. M., 2009, "On Estimating Firm-Level Production Func-

tions Using Proxy Variables to Control for Unobservables", Economics Letters, Vol. 104 (3), 112 - 114.

[243] World Bank, 1993, The East Asian Miracle, New York: Oxford University Press.

[244] World Bank, 1997, World Development Report 1997, New York: Oxford University Press.

[245] Xie, Y., 2011, "Exporting, Licensing, FDI and Productivity Choice: Theory and Evidence from Chilean Data", http://spot.colorado.edu/~xiey/Download/JMP_ YiqingXie.pdf.

[246] Yasar, M., and C. J. M. Paul, 2007, "International Linkages and Productivity at the Plant Level: Foreign Direct Investment, Export, Imports and Licensing", Journal of International Economics, Vol. 71 (2), 373 - 388.

[247] Yeaple, S. R., 2009, "Firm Heterogeneity and the Structure of U. S. Multinational Activity", Journal of International Economics, Vol. 78 (2), 206 - 215.

[248] Yeaple, S. R., 2013, "The Multinational Firm", Annual Review of Economics, Vol. 5 (1), 193 - 217.

附录 A

投资动机生产率溢价的样本与稳健性检验结果

表 A1　投资动机生产率溢价分析中所采取的服务企业样本

样本国家	样本期	企业数目	样本国家	样本期	企业数目
低收入国家 (29 个，6617 家服务企业)：					
孟加拉	2006 2012	466	贝宁	2008	78
布基纳法索	2003－05 2008	387	布隆迪	2003－05	131
柬埔寨	2000－05	317	刚果（金）	2003－05 2010	377
厄立特里亚	2008	78	埃塞俄比亚	2010	323
冈比亚	2003－05	127	几内亚	2003－05	81
肯尼亚	2006	261	吉尔吉斯斯坦	1999－04 2008	353
卢旺达	2003－05	304	马达加斯加	2008	241
马拉维	2008	76	马里	2006－09	387
尼日尔	2008	86	塔吉克斯坦	1999－04 2007	458
坦桑尼亚	2003－05	130	乌干达	2005	232
阿富汗	2007	411	中非	2010	113
乍得	2008	90	利比里亚	2008	77
莫桑比克	2006	138	尼泊尔	2008－12	470
塞拉利昂	2008	82	多哥	2008	119
津巴布韦	2010	224			

续表

样本国家	样本期	企业数目	样本国家	样本期	企业数目
中低收入国家（39个，13503家服务企业）：					
亚美尼亚	1999－04 2008	461	玻利维亚	2003－05 2009	361
喀麦隆	2003－05 2008	309	佛得角	2003－05 2008	139
萨尔瓦多	2003－05 2009	408	格鲁吉亚	1999－04 07 12	768
危地马拉	2000－05 2009	402	圭亚那	2009	93
洪都拉斯	2003－06 2009	289	印度	1999－05	1952
印度尼西亚	2008	257	老挝	2008－11	352
莱索托	2008	88	毛里塔尼亚	2003－05	109
摩尔瓦多	1999－04 2008	511	蒙古	2001－03 2008	232
尼加拉瓜	2003－05 2009	285	巴基斯坦	1999－01 2006	202
巴拉圭	2003－05 2009	334	菲律宾	2008	340
塞内加尔	2006	247	斯威士兰	2003－05	205
斯里兰卡	2010	248	乌克兰	1999－04 2007	870
越南	2002－04 2007	480	乌兹别克斯坦	1999－04 2007	593
赞比亚	1999－01 2006	180	河西岸和加沙	2003－05 2012	323
不丹	2008	155	约旦河西岸和加沙刚果（布）	2008	113
加纳	2006	202	科特迪瓦	2008	317
科索沃	2008	167	密克罗尼西亚	2009	59
尼日利亚	2006	943	萨摩亚	2009	82
东帝汶	2008	87	瓦努阿图	2008	113
也门	2009	226			
中高收入国家（44个，17053家服务企业）：					
阿尔巴尼亚	1999－04 2006	383	阿尔及利亚	1999－01	15
阿根廷	2003－05 2009	547	安哥拉	2003－05 2009	378
阿塞拜疆	1999－04 2008	454	白俄罗斯	1999－04 07 12	740
波黑	1999－04	208	巴西	2008	319
保加利亚	1999－04 06 08	1120	博茨瓦纳	2003－08 2009	381
中国	1999－02 2011	2328	哥伦比亚	2003－05 2009	503
哥斯达黎加	2009	216	多米尼加	2009	238
厄瓜多尔	2003－05 2009	484	马其顿	1999－04	473

续表

样本国家	样本期	企业数目	样本国家	样本期	企业数目
匈牙利	1999 - 04	535	牙买加	2001 - 03 2009	262
约旦	2003 - 05	116	哈萨克斯坦	1999 - 04 2008	669
黎巴嫩	2003 - 05	161	毛里求斯	2002 - 04 2008	174
墨西哥	2003 - 05 2009	594	黑山	2000 - 02 2008	120
纳米比亚	2003 - 05	212	巴拿马	2003 - 05 2009	419
秘鲁	2003 - 05 2009	491	罗马尼亚	1999 - 04 2008	682
塞黑	1999 - 03	346	塞尔维亚	2000 - 02 2008	429
南非	2000 - 02 2006	264	土耳其	1999 - 04 2007	911
委内瑞拉	2003 - 05 2009	415	伯利兹	2009	78
波黑	2008	235	多米尼克	2009	122
斐济	2008	115	加蓬	2008	142
格林纳达	2009	128	伊拉克	2010	281
圣卢西亚	2009	87	苏里南	2009	77
汤加	2008	96	圣文森特	2009	105

高收入国家
（23 个，12308 家服务企业）：

智利	2001 - 05 2009	728	克罗地亚	1999 - 04 2006	471
捷克	1999 - 04 2008	505	爱沙尼亚	1999 - 04 2008	444
德国	2002 - 04	726	希腊	2002 - 04	382
爱尔兰	2002 - 04	275	拉脱维亚	1999 - 04 2008	470
立陶宛	1999 - 04 2008	469	阿曼	2000 - 02	144
波兰	1999 - 04 2008	972	葡萄牙	2004	312
俄罗斯	1999 - 04 08 11	3779	斯洛伐克	1999 - 04 2008	463
斯洛文尼亚	1999 - 04 2008	414	韩国	2002 - 04	311
西班牙	2002 - 04	367	安提瓜巴布达	2009	117
巴哈马	2009	108	圣基茨尼维斯	2009	121
巴巴多斯	2009	79	特里尼达多巴哥	2009	247
乌拉圭	2003 - 05 2009	404			

注：埃及、马来西亚、摩洛哥和泰国只针对制造业企业进行了调查，故删除这 4 个样本国家；叙利亚符合本书样本要求的服务企业仅有 1 家，因此将这一样本国家剔除。

数据来源：世界银行企业调查数据库（www. enterprisesurveys. org）。

表 A2　　不同收入水平国家的本土服务企业中出口与非出口企业的构成

单位：%

	非出口企业	出口企业	企业成立到开始出口时间				出口形式	
			当年	1—3 年	4—10 年	10 年以上	直接出口	间接出口
所有样本国家：								
总体	89.88	10.12	35.12	21.40	23.52	19.95	72.95	27.05
低收入国家：								
总体	94.70	5.30	36.95	31.03	20.69	11.33	56.51	43.49
马里	91.50	8.50	26.09	30.43	26.09	17.39	34.62	65.38
布吉纳瓦索	92.67	7.33	42.86	42.86	14.29	0.00	41.67	58.33
吉尔吉斯斯坦	94.08	5.92	38.46	38.46	7.69	15.38	77.78	22.22
尼泊尔	92.78	7.22	43.75	25.00	21.88	9.38	54.55	45.45
中低收入国家：								
总体	93.93	6.07	38.26	20.29	20.00	21.45	63.25	36.75
乌克兰	87.35	12.65	31.25	25.00	28.13	15.63	79.17	20.83
乌兹别克斯坦	95.72	4.28	46.67	20.00	0.00	33.33	82.61	17.39
危地马拉	82.79	17.21	36.36	9.09	27.27	27.27	70.69	29.31
菲律宾	93.62	6.38	46.15	7.69	15.38	30.77	47.37	52.63
中高收入国家：								
总体	87.24	12.76	33.76	20.06	24.93	21.25	74.35	25.65
中国	94.16	5.84	34.62	29.49	23.08	12.82	56.10	43.90
墨西哥	92.41	7.59	10.00	20.00	40.00	30.00	70.73	29.27
土耳其	76.12	23.88	45.39	9.21	21.71	23.68	74.74	25.26
保加利亚	84.40	15.60	34.19	26.50	23.08	16.24	85.43	14.57
高收入国家：								
总体	86.38	13.62	35.00	21.06	24.09	19.85	79.06	20.94
智利	85.58	14.42	10.64	29.79	27.66	31.91	74.47	25.53
波兰	85.51	14.49	27.27	23.64	30.91	18.18	82.64	17.36
俄罗斯	94.26	5.74	26.67	26.67	36.67	10.00	62.93	37.07
德国	92.68	7.32	—	—	—	—	89.80	10.20

注：企业数据库中本土服务企业第一次出口年份数据有较多异常值（第一次出口年份早于企业成立年份），将这些异常样本剔除之后所剩样本较少，尤其是低收入国家和中低收入国家，因此这两类收入水平国家的服务企业成立到开始出口时间分布可能会稍微偏离实际状况；德国本土服务企业第一次出口年份数据在剔除异常值之后所剩样本较少，故未给出其服务企业从成立到开始出口的时间分布。

表 A3　　各收入水平国家服务企业投资动机生产率溢价的稳健性检验结果（A）

	总体	低收入国家	中低收入国家	中高收入国家	高收入国家	中国
export (*only*)	0.30**	9.60***	0.27**	0.84**	−3.19***	0.35***
	(1.97)	(3.34)	(2.02)	(2.03)	(−8.61)	(3.23)
import (*only*)	0.25***	2.58***	4.40***	0.12**	−0.38*	0.16**
	(2.76)	(8.51)	(55.59)	(2.59)	(−1.90)	(2.41)
export	0.27*	13.72***	5.33***	0.56**	−3.10***	0.40***
	(1.74)	(5.58)	(32.08)	(2.61)	(−7.52)	(3.15)
import	0.27***	1.191***	3.05***	0.19***	−0.13	0.22**
	(1.74)	(21.40)	(10.32)	(2.81)	(−1.80)	(2.41)
年份虚拟变量	yes	yes	yes	yes	yes	yes
行业虚拟变量	yes	yes	yes	yes	yes	yes
企业特征	yes	yes	yes	yes	yes	yes
最大滞后期	2 期	2 期	2 期	2 期	1 期	1 期
R^2	0.093	0.949	0.969	0.261	0.359	0.146

注：表中各列是采取表 3－1 中总体投入产出系数所得 TFP 的估计结果；其他注释见表 3－6。

表 A4　　各收入水平国家服务企业投资动机生产率溢价的稳健性检验结果（B）

	总体	低收入国家	中低收入国家	中高收入国家	高收入国家	中国
export (*only*)	0.35***	9.93**	0.33** *	0.85**	−0.72***	0.34***
	(3.71)	(2.67)	(2.44)	(1.97)	(−2.41)	(3.16)
import (*only*)	0.34**	2.87***	4.538***	0.12	−0.09	
	(1.91)	(9.49)	(46.13)	(0.55)	(−1.56)	
export	0.14*	18.40***	1.32***	0.85**	−0.82**	0.34***
	(1.75)	(6.00)	(4.49)	(2.00)	(−2.49)	(3.16)

续表

	总体	低收入国家	中低收入国家	中高收入国家	高收入国家	中国
import	0.75*** (6.58)	1.41*** (23.92)	5.08*** (17.34)	0.07 (0.34)	-0.11 (-1.37)	
年份虚拟变量	yes	yes	yes	yes	yes	yes
行业虚拟变量	yes	yes	yes	yes	yes	yes
企业特征	yes	yes	yes	yes	yes	yes
最大滞后期	2期	2期	2期	2期	1期	1期
R^2	0.166	0.939	0.849	0.246	0.217	0.150

注：表中各列是将出口（进口）企业界定为直接和间接出口（进口）额所占比重大于等于10%的企业；在重新界定进出口服务企业后，中国外资企业中无进口企业；其他注释见表3-6。

表A5　不同收入水平国家和行业的制造业本土企业中出口与非出口企业的构成

单位:%

	非出口企业	出口企业	企业成立到开始出口时间				出口形式	
			当年	1—3年	4—10年	10年以上	直接出口	间接出口
所有样本国家:								
总体	69.04	30.96	26.37	20.43	23.27	29.93	75.38	24.62
不同收入水平国家:								
低收入	76.08	23.92	41.22	25.09	15.38	18.30	74.86	25.14
中低收入	72.62	27.38	30.89	20.58	21.67	26.86	73.52	26.48
中高收入	64.79	35.21	21.12	18.79	26.17	33.91	75.31	24.69
高收入	64.33	35.67	22.64	21.84	23.22	32.30	80.11	19.89
不同制造业行业:								
(1)	60.97	39.03	26.19	21.29	20.06	32.47	73.11	26.89
(2)	77.24	22.76	25.98	20.60	21.58	31.84	75.49	24.51
(3)	56.06	43.94	35.96	20.48	20.68	22.88	76.23	23.77
(4)	72.28	27.72	32.07	18.59	19.76	29.58	76.50	23.50
(5)	79.01	20.99	24.79	17.09	25.64	32.48	84.42	15.58

续表

	非出口企业	出口企业	企业成立到开始出口时间				出口形式	
			当年	1—3 年	4—10 年	10 年以上	直接出口	间接出口
(6)	67.31	32.69	16.23	18.99	26.75	38.03	80.09	19.91
(7)	78.51	21.49	24.79	22.28	23.62	29.31	73.67	26.33
(8)	69.33	30.67	20.57	19.49	27.06	32.88	77.58	22.42
(9)	71.18	28.82	26.31	22.57	24.36	26.76	73.50	26.50
(10)	72.39	27.61	19.58	22.36	27.38	30.68	76.17	23.83
(11)	63.34	36.66	31.97	21.70	21.80	24.53	69.14	30.86
(12)	21.95	78.05	0.00	0.00	0.00	100.00	93.75	6.25
(13)	68.39	31.61	17.09	20.41	23.58	38.92	72.21	27.79
(14)	47.96	52.04	11.90	11.90	23.81	52.38	82.35	17.65
(15)	68.44	31.56	33.71	20.46	22.07	23.76	72.55	27.45

注：行业（1）—（14）分别是指纺织业、皮革制品业、服装业、食品业、饮料业、冶金机械业、电子产品业、化学品与医药制品业、木材和家具业、非金属及塑胶制品业、造纸业、体育用品业、汽车及其零部件业、其他运输设备业、其他制造业。

数据来源：根据世界银行企业调查数据库公布数据自行整理。

表 A6　　各服务行业服务企业投资动机生产率溢价的稳健性检验结果（A）

	服务行业						
	(1)	(2)	(3)	(4)	(5)	(6)	(7)
export (*only*)	0.24 (1.11)	1.62*** (7.22)	2.69 (1.02)	2.37*** (3.71)		−2.50*** (−5.62)	0.59*** (3.39)
import (*only*)	0.39*** (5.59)	0.73** (2.33)	0.16 (1.46)	0.63* (1.77)	2.38*** (3.60)		0.25*** (3.76)
export	0.23 (0.83)	3.05*** (32.50)	1.18 (0.81)	2.50*** (5.26)		−2.50*** (−5.62)	0.68*** (3.00)
import	0.58*** (5.55)	0.73** (2.33)	0.18 (1.20)	0.63* (1.77)	2.38*** (3.60)		0.29** (3.24)
年份虚拟变量	yes	yes	yes	yes	yes	yes	yes

续表

	服务行业						
	(1)	(2)	(3)	(4)	(5)	(6)	(7)
国家收入水平	yes	yes	yes	yes	yes	yes	yes
企业特征	yes	yes	yes	yes	yes	yes	yes
最大滞后期	2 期	1 期	1 期	2 期	1 期	1 期	2 期
R^2	0.165	0.167	0.430	0.655	1.000	0.883	0.365

注：表中各列是采取表 3－1 中总体投入产出系数所得 TFP 的估计结果；其他注释见表 3－7。

表 A7　　各服务行业服务企业投资动机生产率溢价的稳健性检验结果（B）

	服务行业						
	(1)	(2)	(3)	(4)	(5)	(6)	(7)
export	0.16	1.97***	2.80***	2.40***		－2.49***	0.63***
(*only*)	(0.93)	(8.83)	(3.21)	(3.72)		(－7.81)	(2.15)
import	0.62***	1.08**		0.283	2.63***		0.54***
(*only*)	(8.05)	(2.75)		(0.16)	(2.80)		(5.57)
export	0.58	1.10**	2.80***	2.14***		－2.49***	0.59***
	(0.23)	(2.00)	(3.21)	(6.63)		(－7.81)	(2.19)
import	0.82***	3.20***		0.26	2.63***		0.40**
	(10.92)	(3.66)		(0.59)	(2.80)		(3.37)
年份虚拟变量	yes	yes	yes	yes	yes	yes	yes
国家收入水平	yes	yes	yes	yes	yes	yes	yes
企业特征	yes	yes	yes	yes	yes	yes	yes
最大滞后期	2 期	1 期	2 期	2 期	1 期	1 期	2 期
R^2	0.124	0.167	0.260	0.487	1.000	0.916	0.198

注：表中各列是将出口（进口）企业界定为直接和间接出口（进口）额所占比重大于等于 10% 的企业；其他注释见表 3－7。

附录 B

各类服务企业市场份额的推导过程

由式（4－3）以及式（4－14）中的 $B^i=(1-\lambda)A^i/\lambda^{1-\varepsilon}$，可以得出：

$$B=\frac{(1-\lambda)A^i}{\lambda^{1-\varepsilon}}=\frac{(1-\lambda)\beta E^i}{\lambda^{1-\varepsilon}\int_0^{n^i}p^i(v)^{1-\varepsilon}dv} \tag{B－1}$$

其中，E^i是国家 i 的总体支出水平；$p^i(v)$ 是国家 i 中服务产品 v 的消费者价格；n^i是 i 国消费者可得到的服务产品种类，且由于服务企业可以通过对外直接投资向外国提供服务产品，故假设不同国家的服务产品种类是相同的。

由于在均衡时，服务企业的利润为 0，因此，国家 i 的支出与劳动收入是相等的，即：

$$E^i=L^i \tag{B－2}$$

为了便于分析，本书在接下来的分析中对效率寻求型服务企业仅考虑将服务产品全部输回母国时的情况，即 $s=0$。事实上，$s=0$ 时仅是 $0<s<1$ 的一个特例，对接下来的分析不会造成影响。根据式（B－1）和式（B－2）可以得到均衡时国家 i 中服务企业的数目（n_E^i，$i=1,2,\cdots,N$）是由如下线性矩阵得出：

$$\begin{bmatrix} v_D & v_{PM} & \cdots & v_{PM} \\ v_{PM} & v_D & \cdots & v_{PM} \\ \vdots & \vdots & \ddots & \vdots \\ v_{PM} & v_{PM} & v_{PM} & v_D \end{bmatrix}\begin{bmatrix} n_E^1 \\ n_E^2 \\ \vdots \\ n_E^N \end{bmatrix}=\frac{(1-\lambda)\ \beta}{B}\begin{bmatrix} L^1 \\ L^2 \\ \vdots \\ L^N \end{bmatrix} \tag{B－3}$$

由于 i 国生产所有种类的服务产品，那么根据表 4－2，当服务生产者的边际成本为 a 时，本土服务企业和效率寻求型跨国服务企业的附属公司面临的消费者价格是 a/λ；市场寻求型跨国附属服务企业的附属公司面临的消费者价格是 $\delta a/\lambda$。因此，可以得出：

$$\int_0^{n^i} p^i(v)^{1-\varepsilon} dv = n_E^i \int_0^{a_D} \left(\frac{a}{\lambda}\right)^{1-\varepsilon} dG(a) + \sum_{j \neq i} \left[\int_0^{a_P} \left(\frac{a}{\lambda}\right)^{1-\varepsilon} dG(a) + \int_{a_P}^{a_M} \left(\frac{\delta a}{\lambda}\right)^{1-\varepsilon} dG(a) \right]$$

$$= \frac{v_D n_E^i + v_{PM} \sum_{j \neq i} n_E^j}{\lambda^{1-\varepsilon}} \qquad (B-4)$$

因此，在式（B－3）中，$v_D = V(a_D)$；$v_{PM} = V(a_P) + \delta^{1-\varepsilon}[V(a_M) - V(a_P)]$，且满足 $v_D > v_{PM} > 0$。

为了确保求解出的 i 国的服务产品种类（n_E^i）满足 $n_E^i > 0$，我们作如下假设：

$$\frac{L^i}{\sum_j L^j} > \frac{v_{PM}}{(N-1)v_{PM} + v_D} \qquad (B-5)$$

式（B－5）意味着国家之间的规模差异较小，即 L^i 较小。事实上，当假设所有国家同等规模时，n_E^i 也满足，$n_E^i > 0$，因为 $v_D > v_{PM} > 0$，式（B－5）的右边小于 1/N，所以当所有国家的 L^i 都相等时，式（B－5）仍成立。

由式（B－3），可以求解出 n_E^i，即：

$$n_E^i = \frac{(1-\lambda)\beta}{B\det(v)} \{[(N-1)v_{PM} + v_D]L^i - v_{PM} \sum_j L^j\} \qquad (B-6)$$

其中，det(v) 是矩阵 v 的行列式，该矩阵的主对角元素是 v_D，其他元素均为 v_{PM}，且由于 $v_D > v_{PM} > 0$，所以 $\det(v) > 0$。

采取 S_D^i 代表 i 国在国内生产和销售服务产品的本土企业的市场份额；采取 S_M^i 代表国外市场寻求型跨国附属服务公司在 i 国的市场份额；采取 S_P^i 代表 i 国效率寻求型服务企业在本国的市场份额。此外，三类服务企业的市场份额满足：$S_D^i + S_M^i + S_P^i = 1$。那么，根据式（B－7），i 国各类服务企业的市场份额分别是：

$$S_D^i = \frac{BV(a_D)\ n_E^i}{(1-\lambda)\ \beta L^i} \qquad (B-8)$$

$$S_M^i = \frac{B\delta^{1-\varepsilon}[V(a_M) - V(a_P)] \sum_{j \neq i} n_E^j}{(1-\lambda)\beta L^i} \qquad (B-9)$$

$$S_P^i = \frac{BV(a_P) \sum_{j \neq i} n_E^j}{(1-\lambda)\beta L^i} \qquad (B-10)$$

当 $0 < s < 1$ 时，效率寻求型服务企业在东道国所生产的服务产品中，有部分向第三国消费者提供（比例为 s），输回母国的比例为 1－s。因此，i 国效率寻求型跨国服务企业的附属公司在本国的市场份额为：

$$S_P^i = (1-s)^{1-\varepsilon} \frac{BV(a_P) \sum_{j \neq i} n_E^j}{(1-\lambda)\beta L^i} \qquad (B-11)$$

附录 C

美国行业及国家层面的与组织外部沟通成本

表 C1　2003—2012 年美国服务业和制造业各职位的平均就业比重（%）

SOC	职位类别	服务业	制造业	其他
11	管理职位	4.90	5.28	5.25
13	业务及采取运作职位	2.75	5.32	3.44
15	与计算机和数学相关职位	1.46	3.59	0.88
17	建筑和工程职位	4.10	0.87	3.45
19	与生命科学、物理和社会科学相关职位	0.96	0.53	1.49
21	社区及社会服务职位	0.00	0.81	0.00
23	法律职位	0.04	0.46	0.22
25	教育、培训和图书馆职位	0.01	2.14	0.01
27	艺术、设计、娱乐、体育和媒体职位	0.75	3.41	0.10
29	医疗从业职位和技术职位	0.13	2.82	0.19
31	医疗支援职位	0.01	1.58	0.02
33	保护服务相关职位	0.12	1.20	0.23
35	食物准备及服务相关职位	0.20	4.04	0.05
37	建筑和地面的情节和维护职位	0.58	2.40	0.61
39	个人护理用品和服务职位	0.02	4.10	0.21
41	销售及相关职位	3.35	17.84	1.36
43	办公室及行政支持职位	10.04	20.66	10.20

续表

SOC	职位类别	服务业	制造业	其他
45	农林牧渔业职位	0. 27	0. 14	14. 68
47	建筑及采掘职位	1. 82	1. 02	33. 48
49	安装、维护和修理职位	5. 21	5. 44	8. 49
51	生产职位	53. 12	2. 47	5. 68
53	交通运输及物料搬运职位	10. 15	13. 73	9. 99
55	军事特殊职位	0. 00	0. 00	0. 00

注：各职位是按照 1987 版 SOC（Standard Occupational Classification）标准的 2 位代码进行分类的；表中各数据是指 2003—2012 年的年平均就业比重。其中，各年服务业数据是指 2002 版 NAICS（North American Industry Classification System）标准下 3 位代码中 423—999 所指行业的平均值；各年制造业数据是指 311—339 所指行业的平均值；其他是指 113—238 所指行业的平均值。

数据来源：美国劳工统计局（Bureau of Labor Statistics，BLS）。

表 C2　　美国服务业与制造业各项工作活动的成本差异

序号	工作活动	总体	服务业	制造业	服务业—制造业
1	与组织外部人员沟通	2. 77	2. 90	2. 25	0. 65
2	与公众直接沟通	2. 53	2. 70	2. 05	0. 65
3	解决冲突和与他人谈判	2. 61	2. 71	2. 29	0. 43
4	向消费者营销推广	2. 00	2. 11	1. 71	0. 40
5	执行管理活动	2. 15	2. 25	1. 89	0. 36
6	建立和维护人际关系	3. 46	3. 55	3. 26	0. 29
7	使用计算机交流	2. 32	2. 40	2. 13	0. 27
8	帮助和关心他人	2. 16	2. 23	1. 98	0. 25
9	获取信息	3. 08	3. 15	2. 92	0. 24
10	补充组织单位	1. 56	1. 61	1. 40	0. 22
11	组织和规划工作	3. 30	3. 36	3. 15	0. 21
12	向他人提供咨询和建议	2. 26	2. 31	2. 11	0. 20
13	发展目标和战略	2. 16	2. 20	2. 03	0. 17
14	信息归档和记录	2. 52	2. 58	2. 41	0. 17
15	向他人诠释信息含义	2. 28	2. 33	2. 16	0. 17
16	分析数据或信息	2. 56	2. 61	2. 44	0. 16

续表

序号	工作活动	总体	服务业	制造业	服务业—制造业
17	调度工作和活动	2.48	2.51	2.36	0.15
18	更新和使用相关知识	3.28	3.32	3.19	0.14
19	培训和发展他人	2.41	2.45	2.32	0.13
20	信息加工	2.93	2.97	2.85	0.11
21	协调他人的工作和活动	2.52	2.53	2.43	0.11
22	监管和控制资源	2.10	2.12	2.02	0.10
23	指导、指引和激励下属	2.13	2.14	2.05	0.09
24	发展和组建团队	2.08	2.10	2.01	0.09
25	与同事的企业内部沟通	3.22	3.24	3.16	0.09
26	明确目标、动作和事件	3.02	3.05	2.99	0.06
27	创造性思维活动	2.70	2.72	2.67	0.05
28	信息评估以确定是否符合标准	2.63	2.65	2.61	0.04
29	决策制定和问题解决	3.14	3.14	3.14	0.01
30	向他人培训和教学	2.41	2.41	2.41	0.00
31	判断事物、服务和人员的质量	2.63	2.62	2.70	-0.07
32	估计产品、事件和信息的数量特征	2.11	2.06	2.24	-0.18
33	过程、材料或环境的监督	2.94	2.89	3.14	-0.25
34	电子设备的维护和维修	1.43	1.32	1.72	-0.41
35	车辆、机械化设备或设备的操作	1.58	1.44	1.86	-0.41
36	技术设备和零部件图纸绘制	1.46	1.34	1.77	-0.42
37	常规体育活动参与	2.30	2.11	2.76	-0.65
38	设备、结构或材料的检测	2.20	2.03	2.68	-0.65
39	机械设备的维修和维护	1.72	1.52	2.28	-0.76
40	处理和移动物体	2.78	2.52	3.52	-1.00
41	机械和过程的控制	2.09	1.79	2.99	-1.20

注：相关数据是根据公式（5-4）得出，且表中仅给出了2003—2012年的平均值；原始工作活动名称为英文，本书将其译为中文可能出现一定误差，原始英文名称见O*NET Online数据库（http://www.onetonline.org）；2012年美国各行业产值数据未公布，本书根据1998—2011年年均增长率近似得出。

数据来源：职位就业数据来源于美国劳工统计局（Bureau of Labor Statistics）；职位工作活动数据来源于O*NET Online数据库（http://www.onetonline.org）；各行业产值数据来源于美国经济分析局（Bureau of Economic Analysis，BEA）。

表 C3　　2003—2012 年美国各行业与组织外部沟通的成本指数

NAICS	行业	2003 年	2004 年	2005 年	2006 年	2007 年	2008 年	2009 年	2010 年	2011 年	2012 年	平均
113	林业及伐木业	6.03	6.01	6.00	6.02	6.01	6.12	6.01	6.03	6.03	6.04	6.03
115	农业和林业的相关支持行业	6.03	6.02	6.03	6.03	6.02	6.12	6.00	6.01	6.02	6.03	6.03
211	石油和天然气开采业	6.88	6.92	7.01	7.04	7.02	7.02	6.93	6.93	6.97	7.05	6.98
212	其他采矿业（石油和天然气除外）	6.34	6.34	6.36	6.37	6.39	6.49	6.38	6.40	6.39	6.40	6.38
213	采矿业的相关支持行业	6.71	6.71	6.71	6.70	6.68	6.79	6.68	6.70	6.68	6.68	6.70
221	公用事业	6.73	6.71	6.68	6.69	6.69	6.76	6.70	6.68	6.66	6.67	6.70
236	房屋建筑业	7.00	7.01	7.00	7.01	7.01	7.10	7.01	7.02	7.02	7.03	7.02
237	重型和土木工程建筑业	6.77	6.77	6.77	6.77	6.76	6.86	6.75	6.75	6.76	6.75	6.77
238	专业贸易承包商	6.82	6.81	6.81	6.81	6.81	6.91	6.82	6.83	6.84	6.84	6.83
311	食品制造业	5.90	5.87	5.86	5.85	5.86	5.96	5.85	5.85	5.85	5.86	5.87
312	饮料和烟草产品制造业	6.39	6.42	6.42	6.40	6.40	6.52	6.45	6.46	6.47	6.52	6.45
313	纺织厂	5.77	5.81	5.79	5.79	5.78	5.90	5.83	5.81	5.82	5.81	5.81
314	纺织制品厂	5.84	5.83	5.84	5.84	5.86	5.94	5.85	5.87	5.90	5.89	5.86
315	服装制造业	5.82	5.89	5.82	5.84	5.83	5.93	5.86	5.93	6.00	6.05	5.90
316	皮革及其制品制造业	5.82	5.82	5.81	5.79	5.75	5.89	5.76	5.88	5.87	5.98	5.84
321	木制品制造业	5.90	5.90	5.89	5.88	5.88	5.99	5.89	5.89	5.90	5.90	5.90
322	造纸业	5.91	5.90	5.92	5.91	5.89	6.00	5.91	5.93	5.94	5.94	5.93
323	印刷及相关支持行业	6.22	6.22	6.25	6.25	6.24	6.33	6.25	6.25	6.27	6.29	6.26
324	石油及煤制品制造业	6.31	6.28	6.23	6.22	6.28	6.36	6.28	6.32	6.35	6.37	6.30
325	化工品制造业	6.48	6.47	6.43	6.43	6.47	6.54	6.48	6.48	6.45	6.44	6.47
326	塑料及橡胶制品业	5.99	5.83	5.81	5.82	5.83	5.94	5.84	5.87	5.88	5.89	5.87
327	非金属矿物制造业	6.01	6.00	5.99	5.99	6.00	6.10	6.02	6.04	6.05	6.05	6.03
331	初级金属制造业	5.85	5.85	5.84	5.85	5.83	5.93	5.85	5.87	5.89	5.87	5.86
332	金属制品业	5.96	5.97	5.93	5.94	5.93	6.04	5.95	5.97	5.99	5.99	5.97

续表

NAICS	行业	2003 年	2004 年	2005 年	2006 年	2007 年	2008 年	2009 年	2010 年	2011 年	2012 年	平均
333	机械制造业	6.19	6.18	6.16	6.15	6.14	6.24	6.18	6.20	6.22	6.23	6.19
334	计算机及电子品制造业	6.67	6.73	6.74	6.75	6.75	6.77	6.77	6.80	6.82	6.83	6.76
335	电气、电子设备及其零部件制造业	6.01	6.04	6.04	6.03	6.04	6.15	6.10	6.13	6.16	6.17	6.09
336	交通运输设备制造业	6.08	6.09	6.06	6.08	6.07	6.16	6.14	6.19	6.18	6.17	6.12
337	家具及相关品制造业	5.83	5.84	5.85	5.86	5.86	5.98	5.88	5.89	5.92	5.93	5.88
339	其他制造业	6.17	6.20	6.20	6.21	6.21	6.29	6.22	6.24	6.25	6.27	6.23
423	耐用品批发业	7.38	7.37	7.36	7.38	7.39	7.44	7.40	7.42	7.43	7.43	7.40
424	非耐用品批发业	7.18	7.15	7.16	7.17	7.17	7.24	7.18	7.18	7.16	7.16	7.18
425	电子市场批发代理业	7.93	7.84	7.91	8.01	8.05	8.09	8.04	8.06	8.07	8.13	8.01
441	汽车及其零部件经销业	7.59	7.58	7.59	7.61	7.62	7.69	7.62	7.62	7.63	7.62	7.62
442	家具和家庭用品经销业	8.18	8.14	8.23	8.22	8.25	8.32	8.30	8.35	8.39	8.44	8.28
443	电子及电器经销业	8.18	8.26	8.31	8.33	8.39	8.45	8.45	8.46	8.46	8.56	8.38
444	建材和园艺品经销业	8.22	8.23	8.32	8.32	8.32	8.35	8.35	8.38	8.43	8.47	8.34
445	食品和饮料经销业	7.87	7.86	7.88	7.90	7.92	7.99	7.94	7.97	7.98	7.97	7.93
446	卫生和个人护理店	7.99	7.92	7.91	7.92	7.89	7.88	7.84	7.84	7.84	7.87	7.89
447	加油站	8.76	8.83	8.81	8.84	8.88	8.96	8.92	8.96	9.01	9.00	8.90
448	服装及相关饰品经销业	9.20	9.24	9.28	9.29	9.28	9.27	9.28	9.30	9.34	9.35	9.28
451	体育用品、乐器和书籍经销业	8.97	9.00	9.04	9.04	9.04	9.08	9.09	9.10	9.10	9.10	9.06
452	一般性经销商店	8.55	8.46	8.56	8.54	8.41	8.44	8.39	8.41	8.44	8.46	8.47
453	杂货零售业（有店面）	8.54	8.53	8.59	8.60	8.63	8.69	8.66	8.68	8.68	8.69	8.63
454	无店面零售业	7.22	7.20	7.19	7.17	7.16	7.22	7.13	7.11	7.09	7.11	7.16
481	航空运输业	6.69	6.66	6.66	6.68	6.70	6.79	6.71	6.43	6.44	6.45	6.62
482	铁路运输	6.22	6.16	6.09	6.09	6.11	6.22	6.11	6.10	6.09	6.12	6.13
483	水路运输	6.45	6.45	6.28	6.27	6.22	6.45	6.34	6.29	6.28	6.25	6.33

续表

NAICS	行业	2003 年	2004 年	2005 年	2006 年	2007 年	2008 年	2009 年	2010 年	2011 年	2012 年	平均
484	货车运输	6. 02	6. 01	6. 00	5. 99	5. 98	6. 07	6. 00	5. 99	5. 99	5. 98	6. 00
485	交通及地面客运	5. 99	5. 98	5. 96	5. 96	5. 95	6. 05	5. 96	5. 92	5. 87	5. 90	5. 95
486	管道运输	6. 53	6. 56	6. 52	6. 49	6. 46	6. 55	6. 46	6. 45	6. 40	6. 43	6. 49
487	旅游运输	6. 52	6. 52	6. 56	6. 54	6. 52	6. 59	6. 50	6. 40	6. 40	6. 43	6. 50
488	与运输相关的支持行业	6. 47	6. 49	6. 52	6. 50	6. 53	6. 58	6. 52	6. 50	6. 50	6. 49	6. 51
491	邮政业	—	7. 27	7. 27	7. 26	7. 26	7. 30	7. 25	7. 26	7. 21	7. 21	7. 26
492	邮差业	6. 14	6. 15	6. 12	6. 13	6. 13	6. 22	6. 14	6. 16	6. 15	6. 12	6. 15
493	仓储业	6. 41	6. 37	6. 32	6. 30	6. 28	6. 35	6. 25	6. 25	6. 24	6. 23	6. 30
511	出版业（互联网除外）	7. 52	7. 50	7. 51	7. 66	7. 58	7. 61	7. 62	7. 67	7. 70	7. 71	7. 61
512	电影和唱片业	7. 67	7. 65	7. 67	7. 66	7. 66	7. 71	7. 66	7. 66	7. 67	7. 65	7. 67
515	广播业（互联网除外）	7. 88	7. 88	7. 90	7. 88	7. 89	7. 91	7. 89	7. 86	7. 85	7. 87	7. 88
516	互联网出版和广播业	7. 76	7. 79	7. 83	7. 83	7. 82	—	—	—	—	—	7. 80
517	电信业	7. 37	7. 37	7. 38	7. 38	7. 40	7. 44	7. 39	7. 41	7. 39	7. 39	7. 39
518	数据处理、托管及相关服务业	7. 55	7. 54	7. 55	8. 07	7. 57	7. 51	7. 54	7. 55	7. 57	7. 57	7. 60
519	其他信息服务业	7. 52	7. 47	7. 55	7. 55	7. 55	7. 71	7. 71	7. 73	7. 74	7. 76	7. 63
521	中央银行	7. 45	7. 45	7. 44	7. 44	7. 48	7. 47	7. 49	7. 52	7. 52	7. 54	7. 48
522	银行业	7. 62	7. 62	7. 64	7. 65	7. 66	7. 66	7. 65	7. 66	7. 67	7. 69	7. 65
523	其他金融业	8. 03	8. 04	8. 05	8. 04	8. 00	7. 91	8. 03	8. 05	8. 08	8. 10	8. 03
524	保险业	7. 84	7. 85	7. 87	7. 88	7. 89	7. 89	7. 90	7. 91	7. 92	7. 93	7. 89
525	证券业	7. 67	7. 66	7. 66	7. 64	7. 67	7. 67	7. 73	7. 70	7. 72	7. 72	7. 68
531	房地产	7. 31	7. 31	7. 37	7. 40	7. 41	7. 45	7. 41	7. 43	7. 43	7. 45	7. 40
532	租赁服务业	7. 85	7. 83	7. 80	7. 79	7. 81	7. 86	7. 80	7. 78	7. 70	7. 64	7. 79
533	非金融无形资产出租业	7. 68	7. 76	7. 75	7. 78	7. 76	7. 73	7. 69	7. 75	7. 80	7. 84	7. 75
541	专业、科学和技术服务业	7. 48	7. 48	7. 49	7. 49	7. 50	7. 49	7. 50	7. 52	7. 52	7. 52	7. 50

续表

NAICS	行业	2003 年	2004 年	2005 年	2006 年	2007 年	2008 年	2009 年	2010 年	2011 年	2012 年	平均
551	企业管理服务业	7.46	7.46	7.47	7.48	7.49	7.48	7.51	7.53	7.53	7.53	7.49
561	公共管理服务业	6.82	6.81	6.81	6.82	6.83	6.91	6.89	6.89	6.86	6.83	6.85
562	水利、环境和公共设施管理业	6.40	6.39	6.39	6.38	6.37	6.45	6.37	6.38	6.40	6.42	6.40
611	教育服务业	7.43	7.44	7.45	7.45	7.45	7.44	7.46	7.46	7.46	7.47	7.45
621	门诊医疗服务业	6.75	6.75	6.75	6.75	6.74	6.78	6.74	6.73	6.74	6.74	6.75
622	医院	6.73	6.72	6.72	6.73	6.73	6.75	6.73	6.73	6.73	6.73	6.73
623	护理及居住服务设施业	6.52	6.51	6.50	6.50	6.49	6.53	6.47	6.47	6.48	6.50	6.50
624	社会援助业	7.27	7.26	7.25	7.24	7.24	7.26	7.24	7.22	7.22	7.21	7.24
711	艺术、体育及相关行业	7.45	7.43	7.49	7.48	7.51	7.53	7.50	7.48	7.51	7.49	7.49
712	博物馆、历史遗址及相似行业	7.46	7.44	7.43	7.43	7.43	7.47	7.43	7.45	7.46	7.46	7.45
713	个人娱乐服务业	7.06	7.04	7.08	7.06	7.06	7.14	7.06	7.07	7.08	7.10	7.07
721	住宿业	6.78	6.78	6.78	6.78	6.78	6.86	6.78	6.78	6.78	6.78	6.79
722	餐饮业	6.58	6.56	6.54	6.52	6.52	6.63	6.53	6.53	6.53	6.52	6.55
811	维修及保养服务业	6.32	6.32	6.32	6.32	6.32	6.42	6.32	6.33	6.34	6.35	6.34
812	个人洗衣服务业	6.81	6.80	6.82	6.83	6.86	6.94	6.86	6.83	6.83	6.83	6.84
813	宗教及类似组织	7.38	7.38	7.39	7.40	7.40	7.41	7.42	7.43	7.44	7.42	7.41
999	政府服务	7.12	7.11	7.11	7.12	7.12	7.15	7.13	7.12	7.12	7.12	7.12

注：表中各行业是按照 NAICS 三位编码进行分类的；原始行业名称为英文，本书将其译为中文可能出现一定误差，原始行业名称见：http：//www. bls. gov/oes；对外沟通成本指数是指四类工作活动成本指数的加总，分别是与组织外部人员沟通（Communicating with Persons Outside Organization）、向他人诠释信息含义（Interpreting the Meaning of Information for Others）、与公众直接沟通（Performing for or Working Directly with the Public）、向消费者营销推广（Selling or Influencing Others）；表中最后一列“平均”是指 2003—2012 年成本指数的算术平均值。

数据来源：职位就业数据来源于美国劳工统计局（Bureau of Labor Statistics）；职位工作活动数据来源于 O＊NET Online 数据库（http：//www. onetonline. org）。

表 C4　　2003—2012 年美国跨国企业与东道国（地区）组织外部的沟通成本指数

行业 国（地区）别	服务业					制造业					总体				
	2003 年	2006 年	2009 年	2012 年	平均	2003 年	2006 年	2009 年	2012 年	平均	2003 年	2006 年	2009 年	2012 年	平均
加拿大	21.15	21.21	21.17	21.18	21.18	17.71	17.66	17.74	17.83	17.75	20.31	20.32	20.42	20.37	20.35
奥地利	27.33	27.40	27.35	27.36	27.37	23.04	22.99	23.08	23.19	23.09	26.28	26.30	26.41	26.36	26.33
比利时	27.14	27.20	27.16	27.16	27.17	22.87	22.82	22.91	23.02	22.92	26.09	26.11	26.22	26.17	26.14
捷克	28.01	28.08	28.03	28.04	28.05	23.63	23.57	23.67	23.78	23.68	26.94	26.95	27.07	27.01	26.99
丹麦	26.50	26.56	26.51	26.52	26.53	22.32	22.27	22.36	22.46	22.37	25.48	25.49	25.60	25.55	25.52
芬兰	29.50	29.57	29.52	29.53	29.54	24.91	24.85	24.95	25.07	24.96	28.38	28.39	28.52	28.46	28.43
法国	28.43	28.50	28.45	28.46	28.46	23.99	23.93	24.03	24.14	24.04	27.34	27.36	27.48	27.42	27.39
德国	30.96	31.04	30.98	30.99	31.00	26.17	26.11	26.22	26.34	26.23	29.79	29.81	29.94	29.87	29.84
匈牙利	26.76	26.82	26.77	26.78	26.79	22.54	22.49	22.58	22.69	22.59	25.73	25.74	25.85	25.80	25.77
爱尔兰	14.06	14.10	14.07	14.08	14.08	11.59	11.55	11.61	11.67	11.61	13.45	13.46	13.53	13.50	13.48
意大利	31.04	31.12	31.06	31.08	31.08	26.24	26.18	26.29	26.41	26.30	29.87	29.89	30.02	29.95	29.92
卢森堡	25.99	26.05	26.01	26.02	26.02	21.88	21.83	21.92	22.02	21.93	24.99	25.00	25.11	25.06	25.03
荷兰	31.14	31.21	31.16	31.17	31.17	26.32	26.26	26.37	26.49	26.38	29.96	29.98	30.10	30.04	30.01
挪威	28.43	28.50	28.45	28.46	28.47	23.99	23.93	24.03	24.14	24.04	27.34	27.36	27.48	27.42	27.39
波兰	31.33	31.40	31.35	31.36	31.36	26.49	26.42	26.53	26.65	26.54	30.14	30.16	30.29	30.22	30.20
葡萄牙	27.70	27.76	27.72	27.73	27.73	23.35	23.30	23.40	23.51	23.41	26.64	26.65	26.77	26.71	26.68
俄罗斯	31.31	31.38	31.33	31.34	31.34	26.47	26.41	26.51	26.63	26.52	30.12	30.14	30.27	30.20	30.18
西班牙	30.24	30.31	30.26	30.27	30.28	25.55	25.49	25.59	25.71	25.60	29.09	29.11	29.24	29.17	29.15
瑞典	27.90	27.96	27.91	27.92	27.93	23.53	23.47	23.57	23.68	23.58	26.83	26.84	26.96	26.90	26.88
瑞士	28.88	28.95	28.90	28.91	28.91	24.37	24.32	24.42	24.53	24.43	27.78	27.79	27.91	27.85	27.83
土耳其	32.86	32.94	32.88	32.89	32.90	27.81	27.74	27.86	27.98	27.87	31.62	31.64	31.78	31.71	31.68
英国	14.28	14.32	14.29	14.29	14.30	11.77	11.74	11.80	11.86	11.80	13.67	13.67	13.74	13.71	13.69
阿根廷	29.66	29.73	29.68	29.69	29.69	25.05	24.99	25.09	25.21	25.10	28.53	28.55	28.67	28.61	28.58

续表

国（地区）别 \ 行业	服务业					制造业					总体				
	2003 年	2006 年	2009 年	2012 年	平均	2003 年	2006 年	2009 年	2012 年	平均	2003 年	2006 年	2009 年	2012 年	平均
巴西	33.96	34.04	33.99	34.00	34.00	28.76	28.70	28.81	28.94	28.82	32.69	32.71	32.85	32.78	32.75
智利	32.03	32.11	32.05	32.06	32.07	27.09	27.03	27.14	27.27	27.15	30.82	30.84	30.97	30.91	30.88
哥伦比亚	32.26	32.34	32.28	32.29	32.30	27.29	27.23	27.34	27.46	27.35	31.05	31.06	31.20	31.13	31.10
秘鲁	34.37	34.45	34.39	34.40	34.41	29.11	29.04	29.16	29.29	29.17	33.08	33.10	33.24	33.17	33.14
墨西哥	33.85	33.93	33.88	33.89	33.89	28.67	28.60	28.72	28.85	28.73	32.58	32.60	32.74	32.67	32.64
埃及	31.49	31.57	31.51	31.52	31.53	26.63	26.57	26.67	26.80	26.69	30.30	30.32	30.45	30.38	30.36
尼日利亚	18.79	18.84	18.80	18.81	18.82	15.67	15.63	15.70	15.78	15.71	18.03	18.04	18.12	18.08	18.06
南非	30.07	30.14	30.08	30.10	30.10	25.40	25.34	25.44	25.56	25.45	28.92	28.94	29.07	29.00	28.98
澳大利亚	18.39	18.43	18.40	18.41	18.41	15.32	15.28	15.35	15.43	15.36	17.64	17.65	17.73	17.69	17.67
中国	30.31	30.38	30.33	30.34	30.35	25.61	25.55	25.66	25.77	25.67	29.16	29.18	29.30	29.24	29.21
中国香港	29.82	29.89	29.84	29.85	29.86	25.19	25.13	25.23	25.35	25.24	28.69	28.70	28.83	28.77	28.74
印度	31.59	31.67	31.61	31.63	31.63	26.72	26.66	26.76	26.89	26.77	30.40	30.42	30.55	30.48	30.46
印度尼西亚	29.17	29.24	29.18	29.19	29.20	24.62	24.56	24.66	24.78	24.67	28.05	28.07	28.19	28.13	28.10
日本	25.97	26.03	25.98	25.99	26.00	21.86	21.81	21.90	22.00	21.91	24.96	24.98	25.09	25.03	25.01
韩国	30.11	30.18	30.13	30.14	30.15	25.44	25.38	25.48	25.60	25.49	28.97	28.98	29.11	29.05	29.02
马来西亚	34.13	34.21	34.15	34.16	34.17	28.90	28.84	28.95	29.08	28.96	32.85	32.87	33.01	32.94	32.91
新西兰	12.87	12.91	12.88	12.89	12.89	10.56	10.53	10.58	10.64	10.59	12.31	12.31	12.38	12.34	12.33
中国台湾	32.72	32.79	32.74	32.75	32.76	27.69	27.62	27.73	27.86	27.74	31.49	31.50	31.64	31.57	31.54
泰国	33.45	33.53	33.47	33.48	33.49	28.32	28.26	28.37	28.50	28.38	32.20	32.21	32.35	32.28	32.25

注：美国与各国（地区）的沟通成本的详细解释见正文 5.1；2012 年美国各行业产值数据根据 1998—2011 年年均增长率近似得出。

数据来源：职位就业数据来源于美国劳工统计局（Bureau of Labor Statistics）；职位工作活动数据来源于 O * NET Online 数据库（http://www.onetonline.org）；各行业产值数据来源于美国经济分析局（Bureau of Economic Analysis，BEA）；各国（地区）不同语言的人口比重数据来源于美国中央情报局（CIA World Factbook）；各国（地区）对其他国家（地区）人员的信任度数据来源于世界价值调查（World Value Survey，WVS）数据库和欧盟价值调查（European Value Survey，EVS）数据库。

附录 D

投资动机选择效应的稳健性检验结果

表 D1　　选择效应的稳健性检验结果：东道国视角

	(1)	(2)	(3)	(4)	(5)	(6)
$lnfdi_{-1}$	0.24*** (14.31)	0.23*** (13.78)	0.23*** (13.94)	0.23*** (13.79)	0.25*** (14.74)	0.26*** (14.67)
lnappp1 (lnlabp1)	0.22*** (4.35)		0.25*** (5.38)		0.22*** (4.82)	
lngmmp1 (lnolsp1)		0.22*** (5.65)		0.19*** (4.79)		0.16*** (4.17)
lntccost (lnoccost)	-2.98*** (-5.60)	-2.73*** (-5.39)	-2.92*** (-5.55)	-2.80*** (-5.30)	-1.96*** (-3.61)	-1.68*** (-3.09)
lnsize	-0.09 (-1.17)	-0.02 (-0.26)	-0.05 (-0.74)	-0.11 (-1.41)	-0.14** (-2.25)	-0.18*** (-2.67)
lnlcost	0.13 (1.18)	0.11 (1.15)	0.11 (1.02)	0.18* (1.88)	0.11 (1.03)	0.18* (1.69)
lnprofit	0.03*** (4.17)	0.02*** (3.06)	0.02*** (3.21)	0.03*** (4.58)	0.03*** (4.39)	0.03*** (5.68)
language	-1.11*** (-4.03)	-0.92*** (-3.40)	-1.09*** (-4.00)	-1.28*** (-4.74)	-0.81*** (-3.03)	-0.87*** (-3.32)
institu	0.20 (0.71)	0.24 (0.95)	0.24 (0.90)	-0.21 (-0.81)	0.14 (0.56)	-0.19 (-0.81)

续表

	(1)	(2)	(3)	(4)	(5)	(6)
常数项	7.85*** (3.82)	6.62*** (3.33)	3.76** (2.54)	4.16*** (2.78)	5.54*** (2.99)	5.04*** (2.68)
样本量	440	440	440	440	385	385
Wald 统计量	749.1***	741.6***	754.2***	709.9***	700.5***	657.7***
AR（2）	0.38	0.41	0.42	0.39	0.24	0.24
Sargan	31.81	37.08	35.85	33.50	28.08	30.07

注：括号内为 t 统计量；*、**、*** 分别表示在 10%、5% 和 1% 的显著性水平上显著；表中各变量检验结果均为采取从业人数所得生产率变量的 sys-GMM 一步估计结果；AR（2）和 Sargan 检验为两步估计结果，其中 AR（2）给出的是二阶自相关检验的 P 值；lnfdi 表示的是 ln（fdip/fdim）；表中稳健性检验将因变量、生产率变量、lntccost 和 lnlcost 视为内生变量，并将上述两类内生变量的两阶及更高阶滞后项分别作为其相应差分变量的工具变量，其他变量的工具均是自身；lnlabp1 和 lnolsp1 分别是第（1）列和第（2）列的生产率变量；lnoccost 是（3）—（4）列的沟通成本变量。

表 D2　　选择效应的稳健性检验结果：母国视角

	(1)	(2)	(3)	(4)	(5)	(6)	(7)	(8)
$lnfdi_{-1}$	0.37*** (5.68)	0.37*** (5.56)	0.43*** (8.47)	0.43*** (8.53)	0.43*** (8.77)	0.42*** (8.48)	0.40*** (6.96)	0.39*** (6.78)
lnappp2 (lnlabp2)	−0.16 (−0.96)		−0.07 (−0.49)		−0.15 (−1.07)		−0.13 (−0.90)	
lngmmp2 (lnolsp2)		−0.15 (−0.89)		−0.15 (−1.03)		−0.10 (−0.71)		−0.09 (−0.60)
lntccost (lnoccost)	−2.13 (−0.55)	−2.21 (−0.59)	−1.23 (−0.44)	0.52 (0.19)	1.75 (0.87)	1.23 (0.61)	0.86 (0.27)	0.49 (0.15)
lntax	0.24* (1.89)	0.24* (1.92)	0.08 (0.90)	0.13 (1.55)	0.16* (1.92)	0.15* (1.81)	0.22** (2.10)	0.20* (1.92)
lnlcost	−2.63*** (−3.20)	−2.57*** (−3.20)	−2.37*** (−4.01)	−2.40*** (−3.94)	−2.25*** (−3.63)	−2.20*** (−3.66)	−2.19*** (−2.85)	−2.15*** (−2.86)

续表

	(1)	(2)	(3)	(4)	(5)	(6)	(7)	(8)
lnprofit	0. 01	0. 01	0. 01	0. 01	0. 01	0. 01	0. 01	0. 01
	(0. 97)	(0. 86)	(0. 55)	(0. 71)	(0. 88)	(0. 78)	(0. 54)	(0. 40)
常数项	2. 36	2. 41	1. 45	-2. 74	-3. 77*	-3. 25	-4. 27	-3. 36
	(0. 27)	(0. 28)	(0. 22)	(-0. 43)	(-1. 68)	(-1. 43)	(-0. 57)	(-0. 44)
样本量	259	259	291	291	291	291	225	225
Wald 统计量	72. 9***	71. 4***	135. 6***	144. 5***	152. 9***	143. 9***	94. 2***	88. 8***
AR (2)	0. 70	0. 71	0. 69	0. 67	0. 62	0. 58	0. 71	0. 77
Sargan	21. 61	21. 60	23. 79	22. 09	22. 13	21. 48	18. 38	16. 63

注：见第 6 章表 6 - 3 的注释。